긍정적 행동지원 시리즈 ❷

도전행동을 보이는 장애유아와 일반유아를 위한

유아프로그램에서의 예방·교수·강화 모델

Glen Dunlap · Kelly Wilson · Phillip Strain · Janice K. Lee 공저

박지연 · 김지원 공역

학지사

역자 서문

『**유아프로그램에서의 예방 · 교수 · 강화 모델**(Prevent-Teach-Reinforce for Young Children: PTR-YC)』은 학지사가 국내에 소개 중인 긍정적 행동지원 시리즈 세 권 중 두 번째 책입니다. 이 책은 이 시리즈의 첫 번째 책인 『**학교에서의 예방 · 교수 · 강화 모델**(Prevent-Teach-Reinforce: PTR)』을 유아프로그램에서 실행할 수 있도록 특화한 것으로, 긍정적 행동지원 분야의 권위자인 Dunlap 교수가 유아의 행동지원과 관련된 연구 및 현장 경험이 풍부한 세 명의 공저자와 함께 2013년에 출간하였습니다. 이 책에서 말하는 유아프로그램에는 유치원과 어린이집을 비롯하여 일반유아와 장애유아를 위한 다양한 형태의 교육 및 보육 프로그램이 모두 포함됩니다.

문제 상황의 예방, 체계적인 친사회적 행동의 교수, 도전행동에 대한 강화 중단과 교체행동에 대한 일관성 있는 강화 제공을 핵심으로 하는 행동지원 모델을 소개한다는 점에서 이 책은 시리즈에 포함된 다른 두 권의 책과 일맥상통합니다. 또한 많은 역할과 책임으로 매 순간이 분주한 현장 전문가들이 최소한의 시간과 노력으로 기능평가 실시, 중재 전략 선택, 지속적인 자료 수집을 할 수 있도록 기능평가 체크리스트와 중재 목록을 제공하고 자료 수집 방법을 단순화하여 제시하였다는 점도 이 시리즈를 구성하는 세 권의 공통점이라 할 수 있습니다. 그러나 이 책은 중재 전략에 대한 설명과 예시를 유아에게만 집중하고 있다는 점에서 특별합니다. 많은 행동지원 저 · 역서가 초중등학교의 교과과정 및 일과를 전제로 하고 있으며 교직원과 학생 간의 관계, 친구 관계, 학부모의 참여 정도 측면에서도 초중등학교 상황을 기본값으로 삼고 있는 탓에 유아프로그램에 종사하는 전문가들은 여러 저·역서에 소개된 중재 전략을 유아의 발달단계와 유아프로그램 환경에 맞게 각자 '알아서' 응용해야 했습니다. 이 책은 정신없이 돌아가는 유아프로그램의 바쁜 일과를 염두에 두었다는 점, 유아기가 사회정서 발달의 결정적 시기임을 고려하여 도전행동의 감소뿐 아니라 친사회적 행동의 형성과 유지에 중점을 두고 있다는 점, 유아에게 미치는 가족의 영향이 지대한 시기임을 고려하여 가족 참여에 대한 별도의 장을 포함하고 있다는 점에서 유아의 도전행동으로 고심하고 있는 전문가들에게 큰 도움이 될 것입니다. 또한 가족 환경과 행동 특성이 서로 다른 네 명의 유아를 가상으로 설정하고, 각 장 마지막에 그 유아들을 위한 예방·교수·강화 모델의 진행 절차를 상세히 설명함으로써 각 장 앞부분의 설명이 행동지원 실제에서 어떻게 구현되는지를 생생하게 보여 주고 있는데, 이 점 또한 현장 전문가들이 이 모델을 좀 더 잘 이해하고 실천하는 데 도움이 되리라 생각됩니다.

어릴 때 젓가락질을 제대로 배우지 못해 지금도 젓가락질이 서툴고 이 버릇이 정말 안 고쳐진다고 말하는 성인을 종종 만나 보셨을 것입니다. 유아기의 행동지원이 갖는 중요성을 설명할 때 젓가락질 이상의 비유는 없을 듯합니다. 아주 사소한 행동도 매일 반복하면 서서히 몸에 배고 어느 순간 바꾸기 힘든 삶의 일부가 되어 평생을 함께하게 됩니다. 도전행동을 보이는 유아가 친사회적이고 바람직한 행동을 매일 조금씩 배우고 반복할 수 있도록 환경을 조성하고 성인의 반응을 조정한다면, 이들은 좋은 습관과 긍정적인 인간관계를 갖춘 안정적이고 행복한 성인으로 성장할 수 있습니다. 그런 점에서 유아프로그램에서의 행동지원이 갖는 중요성은 아무리 강조해도 지나치지 않습니다. 모쪼록 이 책이 심각한 도전행동을 보이는 유아에게 밝은 미래를 선물해 주고 싶은 유아프로그램 전문가를 위한 유익한 참고서가 되기를 바랍니다. 마지막으로, 이 책의 출간을 위해 애써 주신 학지사 김진환 사장님과 이영민 선생님께 깊은 감사의 마음을 전합니다.

2021년 2월

역자 일동

추천사

교육실습 첫 주에 내가 대집단 활동을 이끌고 있을 때 루시(Lucy)라는 아이가 손을 들었다. 루시는 미소를 지으며 이렇게 말하였다. "선생님, 이 빌어먹을 활동이 지겨워요." 그런 행동은 무시하라고 배웠기 때문에 나는 활동을 계속하며 루시의 말을 못 들은 척하였다. 몇 초가 채 지나지 않아 루시는 고래고래 소리를 지르며 차마 여기에 적을 수 없는 욕을 하기 시작하였다. 루시의 도전행동은 매우 자주 발생하였고, 파괴적이었으며, 종종 위험하기까지 해서 누구도 루시를 진정시킬 엄두를 내지 못했다. 행동관리에 대해 알고 있다고 생각하였지만 나 역시 루시에 대해서는 무엇부터 시작해야 할지 알 수 없었다. 유아와 일해 본 사람이라면 누구나 자신의 교실에서 '루시' 같은 아이를 만난 적이 있을 것이다. 루시 같은 유아를 가르치는 것은 경험이 많은 교사에게도 당황스럽고 힘든 일이다. 교사들은 도전행동을 보이는 유아를 다루는 것이 자신의 직업 만족도에 가장 많은 영향을 미치는 요소이며 가장 연수를 받고 싶은 주제라고 말한다(Burke, Greenglass, & Schwarzer, 1996; Hemmeter, Corso, & Cheatham, 2006).

몇 년 전 나는 동료들과 함께 '유아의 사회정서 능력 증진을 위한 피라미드 모델'(Fox, Dunlap, Hemmeter, Joseph, & Strain, 2003)을 개발하였다. 피라미드 모델은, ① 모든 유아의 사회정서 능력을 증진하기 위한 보편적 중재, ② 사회·정서·행동상의 문제가 있거나 문제를 보일 소지가 있는 유아를 위한 2차 중재, ③ 계속하여 발생하는 심각한 문제행동을 보이는 유아를 위한 3차 중재를 포함하는 다층적 모델이다. 유아프로그램의 모든 유아가 가진 필요를 다루려면 이 세 차원의 실제를 동시에 실행해야 한다. 2000년부터 우리는 피라미드 모델을 연구해 왔고, 수천 명의 유아교육 전문가가 피라미드 모델과 관련된 실제를 사용하도록 훈련하였으며, 모든 유아 서비스 전달 체계에서 이 모델이 실행되게 하기 위한 지원 시스템을 구축하고자 여러 주의 많은 프로그램을 지원하였다. 이 과정에서 우리는 피라미드 모델 실행에서 가장 어려운 점 중의 하나가 계속하여 심각한 도전행동을 보이는 유아를 위한 3차 중재를 개발하고 적용하는 것임을 알게 되었다. 많은 유아교육 교사가 도전행동 예방과 행동지원 실제에 관한 훈련을 받았지만, 지속적이고 심각한 도전행동을 보이는 유아에게 필요한 중재 접근을 제대로 배운 사람은 극소수였다.

지금 당신 앞에 있는 책 『**유아프로그램에서의 예방 · 교수 · 강화 모델**(Prevent-Teach-Reinforce for Young Children: PTR-YC)』은 유아교육 교사들이 가장 심각한 도전행동을 보이는 유아를 위한 3차 지원을 설계하고 실행하도록 지원할 교재가 필요하다는 요구에 부응하기 위해 집필되었다. 좀 더 나이가 든 유아를 위한 개별화된 행동지원을 다루는 자료들에 비해 유아를 위한 개별화된 행동지원계획의 개발 절차를 명확하게 알려 주는 자료는 지극히 부족하다. PTR-YC는 '지속적이고 심각한 도전행동을 보이는 유아를 위한 3차 지원의 설계와 실행'을 주제로 여러 해에 걸쳐 수행된 연구에 기반을 두고 있다(예: Dunlap & Fox, 2011; Sailor, Dunlap, Sugai, & Horner, 2009). 이 연구들의 결과로 다양한 환경(예: 유아프로그램, 초중등학교 교실, 가정, 어린이집)에서 다양한 사람(예: 교사, 가족 구성원)이 실행할 수 있는 효과적인 개별화된 행동지원을 개발하고 전달하기 위한 명확한 절차가 정립되었다. 개별화된 행동지원계획의 주요 요소(예: 팀 구성, 기능평가, 중재계획)는 유아 연령에 관계없이 비슷하지만, 절차와 전략은 유아의 발달 요구와 유아프로그램 환경의 고유한 특성에 맞아야 한다(Fox & Hemmeter, 2009).

PTR-YC가 유아의 고유한 요구와 유아프로그램 환경의 특성을 잘 반영할 수 있도록 저자들은 유아와 유아기 사회정서발달에 대한 일련의 지침 가정(guiding assumptions)을 다음과 같이 제시하였다. 이 지침 가정은 발달에 적합한 실제(developmentally appropriate practice)를 위한 지침(Copple & Bredekamp, 2009)과 일맥상통하는 것으로 PTR-YC의 모든 절차에 반영되어 있다.

1. **건강한 사회정서발달**은 유아기에 가장 중시되어야 하는 것으로, 유아의 학습이 이루어지는 토대다.
2. 사회적 행동은 사회적 맥락에서 학습되므로 도전행동을 보이는 유아는 또래에게 많은 기술을 배울 수 있는 환경에 **통합되어야** 한다.
3. 많은 도전행동과 그 행동의 심각성은 보편적 차원의 효과적인 행동증진 및 예방 전략을 통해 **예방할 수 있다**.
4. 도전행동의 해결을 위해 **포괄적** 접근이 필요한 유아도 있다.
5. **가족 참여와 가족을 위한 지원**은 개별 유아를 위한 행동지원계획을 개발하는 과정에 반드시 포함되어야 한다.

도전행동을 예방하고 사회정서 능력을 증진하기 위한 보편적인 교실 실제의 실행은 PTR-YC의 핵심이다. 저자들은 개별화된 중재계획을 실행하기 전에 정착되어 있어야 하는 다섯 가지 보편적 교실 실제를 자세히 소개하고 있다. 보편적 실제는 개별화된 중재계획보다 실행 시간이 적게 걸린다. 또한 모든 유아를 지원하므로 일부 유아의 경우 좀 더 강력한 중재를 해야 할 필요가 줄어들기도 한다. 또한 보편적 실제를 성실하게 실행하면 개별화된 행동지원의 실행에 도움이 되는 중요한 환경이 조성된다. 저자들은 건강한 사회정서발달을 증진하고 도전행동을 예방하는 다양한 증거기반의 접근을 바탕으로 PTR-YC를 실행할 것을 제안한다. PTR-YC는 행동지원의 다층적 모델 중 3차 중재를 개발하는 절차다.

PTR-YC 절차의 목표는 유아의 도전행동에 대한 이해와 유아가 속한 환경에서 일어나는 사건이 그 도전행동이 미치는 영향에 대한 지식을 바탕으로 개별화된 행동지원계획을 개발하는 것이다. PTR-YC 절차는 다음 세 가지 행동원칙을 기반으로 한다. 첫째, 도전행동은 일종의 의사소통이다. 둘째, 도전행동은 후속결과에 의해 유지된다. 셋째, 도전행동은 맥락 안에서 발생한다. 이 세 원칙은 행동지원계획의 세 가지 구성요소(즉, **예방** 전략, **교수** 전략, **강화** 전략) 각각에 해당하는 전략을 찾아내기 위한 기능평가 절차를 안내한다. 유아의 도전행동이 일종의 의사소통임을 이해하고 나면, 좀 더 적절하게 의사소통하는 방법을 유아에게 지도할 전략을 고안하게 된다. 유아의 행동이 맥락 안에서 발생한다는 점을 이해하고 나면, 적절한 행동을 증진하고 도전행동을 예방할 수 있는 방향으로 환경이나 선행사건을 조정하게 된다. 마지막으로 유아의 행동이 성인과 또래의 사회적 반응에 의해 유지된다는 점을 이해하고 나면, 강화와 같은 후속결과의 수정과 관련된 전략을 고려하게 된다. 저자들은 행동원칙을 행동지원계획의 각 요소와 연결함으로써 행동지원계획의 세 요소가 모두 필요한 이유와 이 절차가 효과적으로 문제행동을 감소시킬 가능성이 큰 이유를 이해할 수 있게 해 주었다.

이 책은 행동지원계획의 각 요소인 **예방 · 교수 · 강화**에 해당하는 광범위한 전략 목록을 포함하고 있으며, 저자들은 각 전략에 대한 자세한 설명, 그 전략을 사용하는 이유, 전략 적용의 예시, 실행 단계, 유의점, 근거 문헌을 제공하고 있다. 전략 목록과 각 전략에 대한 설명은 매우 상세하고 사용자 친화적으로 작성되어 있어 이것만으로도 유아교육 교사들에게는 유용한 자원이 된다. 이 전략들은 개별화된 행동지원계획을 위해 개발되었지만, 모든 유아의 지원에 적용할 수 있다.

PTR-YC 절차는, ① 팀 구성과 목표 설정, ② 자료 수집, ③ PTR-YC 평가(기능평가), ④ PTR-YC 중재(행동지원계획 개발), ⑤ 자료의 활용과 다음 단계라는 다섯 단계로 실행된다. 이 책에는 필요한 모든 활동이 완료되었는지를 확인할 때 팀이 사용할 수 있는 각 단계별 자기 평가 체크리스트가 제공되어 있으며, 각 단계가 어떻게 실행되는지에 대한 예를 보여 주기 위해 네 편의 사례연구가 포함되어 있다. 이 사례연구에서는 유아 특성, 가족 상황, 환경, 지원하는 전문가 면에서 서로 다른 여러 사례를 소개한다. 마지막으로, 이 책에는 중재계획의 실행을 준비하고 평가하는 방법에 대한 자세한 설명이 제시되어 있다. 이는 중재계획을 높은 충실도로 실행하는 데 필수적인 단계다.

이 책의 저자들은 PTR-YC를 실행하려면 시간과 자원을 투자해야 한다고 말하는데, 일부 유아프로그램에서는 그것이 어려울 수도 있다. 저자들은 이 책 전체를 통해 PTR-YC의 필요를 줄이는 한 방편인 예방을 부각하는 데 많은 시간을 할애하고 있다. 한편으로, 저자들은 적절한 행동의 증진과 도전행동의 예방을 위한 실제가 실행되고 있더라도 더 강력한 지원이 필요한 도전행동을 보이는 유아가 있기 마련이라는 점도 강조한다. 저자들은 '절차가 충실하게 실행되게 하는 것'과 '절차를 교실 환경에서 현실적으로 실행할 수 있게 만드는 것' 사이에서 균형을 잘 잡고 있다.

PTR-YC는 유아프로그램에서의 행동지원계획 실행을 지원하는 중요한 과정을 대표한다. 저자들은 행동지원 절차의 개발자로서 이 절차를 설명하고 있는데, 이 절차는 증거기반 실제와 '현실 세계' 환경에서의 실행이라는 두 측면 모두를 염두에 둔 것이다.

저자들의 축적된 지식은 이 책 전체를 통해 명백히 드러난다. 저자들은 도전행동을 보이는 유아의 부모, 교사, 행정가, 훈련자 그리고 연구자로 다년간 일한 경험이 있다. 이러한 경험은 진행 절차와 예시의 설명, 팀의 실행 충실도를 이끌어 주는 서식과 자료의 제공, 절차의 장단점에 대한 정직한 의견의 진술에 명백하게 드러난다. 또한 저자들은 효과적이고 현실적일 뿐만 아니라, 유아프로그램들이 수용할 수 있는 절차를 만들었다. 즉, 좀 더 나이든 학생에게 효과적이었던 접근을 그대로 가져오는 대신 유아들의 요구, 유아프로그램의 맥락, 유아교육 교사들의 신념과 책임을 주의 깊게 고려하였다. 저자들은 유아교육 교사들에게 익숙하지 않을 수도 있는 용어(예: 응용행동분석, 긍정적 행동지원)를 명확히 설명하고, 철학적으로 어렵게 느껴질 수 있는 쟁점(예: 타임아웃, 칭찬)을 다루었다. 이처럼 저자들은 우리 분야에 더할 나위 없이 귀중한 도구를 선사해 주었다. 이제 유아와 함께 일하는 우리 분야가 도전해야 할 과제는 유아와 그 가족을 돕는 모든 프로그램에서 이 절차를 실행할 전문가들을 훈련하고 지원할 시스템을 설계하는 것이다.

Mary Louise Hemmeter, Ph.D.
미국 밴더빌트대학교 특수교육과 부교수
미국 밴더빌드대학교 부설 수잔 그레이 스쿨 교장

추천사 참고문헌

Burke, R. J., Greenglass, E. R., & Schwarzer, R. (1996). Predicting teacher burnout over time: Effects of work stress, social support, and self-doubts on burnout and its consequences. *Anxiety, Stress, & Coping, 9*, 261-275.

Copple, C., & Bredekamp, S. (2009). *Developmentally appropriate practice in early childhood programs serving children from birth through age 8* (3rd ed.). Washington, DC: National Association for the Education of Young Children.

Dunlap, G., & Fox, L. (2011). Function-based interventions for children with challenging behavior. *Journal of Early Intervention, 33*, 333-343.

Fox, L., Dunlap, G., Hemmeter, M. L., Joseph, G. E., & Strain, P. S. (2003). The Teaching Pyramid: A model for supporting social competence and preventing challenging behavior in young children. *Young Children, 58*, 48-52.

Fox, L., & Hemmeter, M. L. (2009). A program-wide model for supporting social emotional development and addressing challenging behavior in early childhood settings. In W. Sailor, G. Dunlap, G. Sugai, & R. Horner (Eds.), *Handbook of positive behavior support* (pp. 177-202). New York, NY: Springer.

Hemmeter, M. L., Corso, R., & Cheatham, G. (2006, February). *A national survey of early childhood educators: Training needs and strategies*. Paper presented at the Conference on Research Innovations in Early Intervention, San Diego, CA.

Sailor, W., Dunlap, G., Sugai, G., & Horner, R. H. (Eds.). (2009). *Handbook of positive behavior support*. New York, NY: Springer.

차례

제1장

유아프로그램에서의 예방 · 교수 · 강화 소개

- PTR-YC의 기본 신념과 원칙
- 예방
- 도전행동 이해하기
- PTR-YC의 절차
- 연구기반
- PTR-YC의 효과에 기여하는 요인
- 제한점과 적용상의 유의점

이 책은 유아의 심각한 도전행동을 해결하기 위한 '유아프로그램에서의 예방 · 교수 · 강화 모델(Prevent-Teach-Reinforce for Young Children: PTR-YC)'을 다룬다. 이 책의 집필 목적은 두 가지인데, 첫 번째는 이 모델을 자세히 설명하는 것이고, 두 번째는 이 모델을 실행하기 위한 사용자 매뉴얼을 개발하는 것이다. 첫 번째 목적을 위해서는 PTR-YC의 이론적 근거, 배경, 절차를 제시할 것이다. 두 번째 목적을 위해서는 매우 심각하고 만성적인 도전행동을 해결하려는 유아 전문가들이 이 모델의 각 단계를 충실하게 실행하는 데 필요한 모든 것을 자세히 나열할 것이다.

PTR-YC는 유아원, 유아교육기관, 어린이집에 다니는 유아의 도전행동 감소를 위해 설계된 연구기반의 전략이다. 이 모델은 심각한 도전행동으로 인해 긍정적인 관계 맺기, 우정 형성, 타인과의 놀이, 나이에 맞는 기술 학습 등을 제대로 하지 못하는 유아를 돕기 위한 것이다.

여기서 도전행동이란 위와 같은 능력의 저해를 초래하는 모든 행동 또는 행동 패턴을 말한다. 가장 흔한 '도전'행동에는 과도하고 부적절한 울음, 폭발적인 탠트럼, 물건 던지기, 차기, 때리기, 밀기, 침 뱉기, 소리 지르기, 뛰기, 과도하게 오래 지속되는 반복적이거나 고집스러운 행동이 포함된다. 도전행동의 패턴에는 과도하게 말을 듣지 않는 것(또는 불순응), 타인에게 반응하거나 타인과 상호작용하는 행동을 현저하게 하지 않는 것도 포함된다.

사실상 거의 모든 유아프로그램이나 어린이집 환경에서 이러한 행동들이 드물지 않게 나타나기 때문에 유아 전문가들은 이러한 행동에 익숙한 편이다. 그러나 PTR-YC는 모든 종류의 도전행동을 위한 전략으로 개발되었다기보다는, 개별 유아가 여러 주에 걸쳐 반복적으로 보이는 도전행동이 교실에서 일상적으로 적용하는 안내, 재지시, 교수 전략으로는 해결되지 않을 때 사용하는 접근이다. PTR-YC를 위해서는 교직원의 성실한 헌신 그리고 체계적인 중재 전략을 개발하고 실행하려는 리더십이 필요하며, PTR-YC가 효과를 거두려면 주의 깊고 일관성 있는 전략 실행 노력이 필요하다. 그러므로 PTR-YC는 개별 유아가 도전행동의 패턴을 극복하고 또래 및 성인과 좀 더 긍정적으로 상호작용하기 위해 추가적인 도움과 주의 깊게 설계된 지원이 명백히 필요할 때를 위한 것이다.

사회정서발달을 명백히 방해하는 도전행동을 반복적으로 보이는 모든 유아에게 PTR-YC를 고려해야 한다.

그렇다면 PTR-YC를 고려해 보아야 할 유아는 누구일까? 한마디로 답하자면, 사회정서발달을 명백히 방해하는 도전행동을 반복적으로 보이는 모든 유아다. 이 모델은 30개월에서 유치원 입학까지의 유아와 아동을 위해 개발되었다. 이 모델은 도전행동을 보이지만 다른 면에서는 일반적인 발달을 보이는 유아, 발달장애를 가진 것으로 판별된 유아, 장애 위험 유아 모두에게 적용할 수 있다. PTR-YC는 자폐성장애, 지적장애, 정서장애를 가진 유아에게도 적용할 수 있고, 비장애유아에게도 적용할 수 있다. PTR-YC는 또한 유아원, 헤드 스타트(Head Start) 교실, 어린이집, 그 외 모든 유아프로그램에서 사용할 수 있다.

PTR-YC는 도전행동을 보이는 유아를 담당하고 있으며 그 도전행동을 염려하는 프로그램(또는 학급) 내의 성인들이 팀을 이루어 진행한다. 팀 구성원의 수는 다양하지만, 대부분의 경우 주 교사(lead teacher)나 서비스 제공자 그리고 가족 구성원 중 한 명은 반드시 팀에 포함된다. 그 외에 프로그램 책임자, 보조 인력, 행동 전문가, 정신건강 코디네이터, 관련 서비스 인력도 종종 포함된다. 유아와 자주 만나는 확대가족 구성원, 친구, 자원봉사자도 팀원이 될 수 있다. 유아에게 안내, 돌봄, 또는 교육을 제공하는 데 직접 관여하는 모든 사람을 팀에 포함하는 것이 바람직하며, PTR-YC의 절차와 내용에 매우 익숙하여 촉진자(facilitator)나 리더의 역할을 할 수 있는 한두 명의 팀원이 있어야 한다. 이들 촉진자와 리더들은 모든 팀원을 안내하는 역할을 담당할 것이다. 이 책은 바로 이 리더와 촉진자들을 위한 것이다.

PTR-YC의 기본 신념과 원칙

이 책을 집필한 우리는 수십 년간 수많은 공·사립 유아프로그램, 헤드 스타트 센터, 어린이집, 영유아프로그램에서 유아들을 가르쳐 왔다. 우리는 교사, 행정가, 행동전문가, 연구자, 자문가 등의 역할을 담당하며 교실과 가정에 적용할 모델 프로그램을 개발하고 실행하였다. 이러한 역할을 하는 중에 우리는 유아와 유아기 사회정서발달에 관한 특정 원칙의 중요성을 확신하게 되었는데, PTR-YC 모델은 바로 이러한 근본적인 원칙에 기반을 두고 있다. 다음은 그 원칙에 대한 간단한 설명이다.

삶의 필수적 기반이 되는 건전한 사회성 발달

모든 종류의 학습은 본질상 사회적 현상이며, 인간이 생애 전반에 걸쳐 경험하는 최고의 기쁨, 성취, 만족은 타인과의 관계 및 상호작용에서 온다. 그러므로 유아를 돌보고 교육하는 프로그램은 유아의 사회적 상호작용 기술, 우정, 복잡한 사회적 상황에 대처하는 건전한 정서적 반응을 발달시키는 데 최우선적 가치를 두어야 한다. 유아교육 전문가들은 사회정서발달의 잠재적 문제를 선별하고, 친사회적 행동을 증진하는 교육적 실제를 적용하며, 어려움을 겪고 있는 유아를 위해 추가의 지원을 실행할 수 있어야 한다.

통합

사회적 행동은 사회적 맥락에서 학습되므로, 도전행동을 포함한 발달문제나 발달지체를 가진 유아들은 이미 긍정적 상호작용 패턴을 습득한 또래와 정기적으로 상호작용할 수 있는 충분한 기회를 가져야 한다. 장애를 가진 유아를 분리된 프로그램에서 교육받게 하는 학습 준비도 모델은 장기적 효과를 거두지 못하고 있다. 반면, 적절한 지원만 제공되면 통합 프로그램이 모든 유아의 사회정서 및 관계 맺기 능력의 향상에 매우 유익하다는 것이 많은 연구를 통해 입증되었다. 장애유아를 위한 통합 프로그램이 불가능한 상황이나 지역도 있겠지만, 추가의 서비스를 마련해서라도 장애유아에게 충분한 통합의 경험을 제공할 필요가 있다. 성공적인 사회 참여의 기회를 충분히 갖는 것은 모든 유아에게 중요하며, 발달지체나 사회적 상호작용에 어려움이 있는 유아들에게는 더욱 중요하다.

예방

일반적으로, 사회정서 문제와 도전행동이 발생한 후 교정하려는 노력보다는 사전 예방이 더 유익하고 비용 효율적이다. 회복력을 증진하고 사회정서 문제를 예방할 수 있는 많은 보편적 전략이 있다. 예방에 대해서는 이 장 후반부 그리고 이 책 전체에서 더 자세히 다룰 것이다.

포괄성

유아를 위한 서비스를 설계하고 실행할 때는 유아와 가족 기능의 모든 측면을 고려하여 이를 서비스에 포함하여야 한다. 이 책은 도전행동을 해결하는 절차에 초점을 두고 있지만, 이러한 절차는 일련의 포괄적 서비스 중 일부일 뿐이다.

가족 중심주의

유아의 사회정서 요구는 가족의 요구를 반영하는데, 대부분의 경우 유아가 접근할 수 있는 가장 중요한 자원은 가족이 가진 자원이다. 모든 제안과 지원 노력에는 가족 전체가 고려되어야 하며 유아에 대한 개별 지원은 가족의 의견과 목표를 중심으로 이루어져야 한다. 가족의 다양성도 반드시 존중되어야 한다. 가족 중심주의와 가족 관점에 대한 존중이란 프로그램에 참여하는 각 가족과 유아의 문화적 · 언어적 특성에 민감하게 반응하는 것을 말한다.

예방

저자들은 이 책에 제시된 절차를 최대한 실제적이고 효과적이며 편리하게 만들기 위해 최선을 다했지만, PTR-YC를 실행하려면 어느 정도의 시간과 노력, 그리고 진정한 헌신이 필요하다. PTR-YC를 고려하게 되었다면 프로그램에 오는 유아 중 최소한 한 명이 심각한 도전행동 패턴을 보이기 시작했다는 의미일 것이다. 두말할 필요도 없이 도전행동이 아예 발생하지 않게 할 수 있다면 더 바랄 나위가 없다. 즉, 도전행동을 어떻게든 예방할 수 있다면 그것이 최선이다.

그러나 모든 도전행동을 예방할 수는 없다. 어떤 아이들은 심한 장애를 포함한 많은 위험요인을 가지고 있어서 어느 정도의 도전행동은 불가피하게 발생할 수밖에 없다. 이러한 아이들의 도전행동이 눈에 띄게 명백해진 상태라면 PTR-YC 같은 개별화된 중재가 유아의 서비스 계획에 필수적으로 포함되어야 한다.

그러나 거의 모든 도전행동은 아예 발생하지 않게 예방하는 것이 가능하며 이는 발달 및 지적 장애를 가진 아이들에게도 적용된다. 예방이 사후 개입보다 좋은 일이므로 이 절에서는 도전행동의 예방을 위한 적절한 접근에 대해 잠시 다루고자 한다.

건전한 사회정서발달을 증진하고 도전행동을 예방하는 광범위하고 타당한 접근은 양질의 환경을 구축하고 유지하는 것이다. 이러한 환경은 명료함, 안전, 구조화, 예측 가능성, 재미있고 풍부한 자극을 제공하는 자료와 활동, 유아가 어떻게 행동해야 하는지에 대한 명백한 기대를 특징으로 한다. 양질의 환경을 조성한다는 의미에는 물리적 환경뿐 아니라 성인과 유아 간의 상호작용 방식에 대한 고려도 포함된다. 미국 유아교육협회는 발달에 적합한 실제에 대한 지침서를 출간하였고(Bredekamp & Copple, 1997), 특수아동협회(Council for Exceptional Children)의 유아분과(Division for Early Childhood: DEC)는 발달문제를 가진 유아의 요구에 주목하여 여러 가지 위험요인과 장애를 가진 유아를 위해 권장되는 실제를 다룬 세부 지침서를 출간하였다(Hemmeter, Smith, Sandall, & Askew, 2005; Sandall, Hemmeter, Smith, & McLean, 2005). 이러한 실제들은 선행연구에서 추출된 것이며, 다양한 방식으로 그 타당성이 입증된 것이다. 이러한 지침서를 따르면 긍정적인 사회성 발달을 촉진하고 모든 도전행동까지는 아니더라도 많은 도전행동을 예방할 수 있다.

DEC가 권장한 실제에 더하여, 건전한 사회정서발달을 촉진하고 도전행동 발생을 예방하며 이미 발생한 도전행동을 중재하기 위한 증거기반 전략들을 계층적 체계로 구조화한 프레임워크가 등장하였다. 이 프레임워크를 계층적 또는 다층적 접근이라고 부른다. 사회정서 행동과 관련하여 널리 알려진 프레임워크 중 하나가 바로 피라미드 모델(Pyramid Model)이다(Fox, Dunlap, Hemmeter, Joseph, & Strain, 2003). 많은 다층적 접근과 마찬가지로 피라미드 모델은 세 차원으로 구성되며, 각 차원은 증거기반 실제와 연계되어 있다.

피라미드 모델은 세 단계로 구성되며, 각 단계는 증거기반 실제와 연계되어 있다.

보편적 차원의 중재는 이 피라미드의 기반으로서, 유아의 발달 상태가 어떠한지에 관계없이 프로그램의 모든 유아에게 적용할 수 있는 전략들로 구성된다. 보편적 차원의 중재에는 유아가 또래 및 성인과 긍정적이고 반응적인(responsive) 관계를 맺게 해 주는 전략들이 포함된다. 보편적 차원에서는 양질의 환경 조성을 위한 전략도 제공한다. 피라미드 모델의 두 번째 차원인 2차 전략은 위험요인을 가진 유아 또는 사회적 상호작용의 어려움을 보일 소지가 있는 유아를 위한 것이다. 2차 전략은 안내와 지원의 제공, 교수의 특수성, 가족 참여의 정도, 진단과 진보 점검 자료의 수집을 더욱 개별화하고 강도 높게 제공하는 것이다. 2차 중재가 필요한 유아 중 일부는 사회성 기술, 문제해결 기술, 또는 정서적 문해력(emotional literacy)을 다루는 특별한 교육과정이 권장된다(Joseph & Strain, 2003). 유아가 2차 중재에 적절하게 반응하지 않고 도전행동 패턴이 더욱 심해질 경우 좀 더 강력하고 개별화된 중재가 필요하다. 이것이 바로 피라미드 모델의 꼭대기에 해당하는 3차 중재이며, 개별화된 긍정적 행동지원(individualized positive behavior support)이라고도 알려져 있다. 이 책은 바로 이 3차 중재를 개발하고 실행하는 방법을 다룬다. 다시 말해서 PTR-YC는 3차 중재 전략이다.

피라미드 모델은 미국 전역의 많은 프로그램에서 실행되고 있으며 수많은 출판물을 통해 소개되었다. 연구들은 이 모델의 효과를 입증해 왔으며(예: Branson & Demchak, 2011; Snyder, Crowe, Miller, Hemmeter, & Fox, 2011), 피라미드 모델의 실행을 위한 체계적 지침도 마련되어 있다(예: Fox & Hemmeter, 2009; Hemmeter, Ostrosky, & Fox, 2006). 이 모델에 포함된 구체적인 실제에 대한 설명은 이 책의 범위를 벗어나지만, 유아프로그램들은 3차 전략의 실행을 고려하기 전에 피라미드 모델의 보편적 전략과 2차 전략을 먼저 실행하는 것이 좋다. 보편적 전략과 2차 전략의 실행은 도전행동의 발생을 어느 정도 예방할 수 있고, 이미 발생한 도전행동에 대한 3차 중재를 좀 더 효과적이고 효율적이 되게 해 준다. 피라미드 모델과 이 모델의 실행 절차 및 전략에 대한 자세한 정보는 http://www.challengingbehavior.org에서 얻을 수 있다.

피라미드 모델의 모든 면을 소개하는 것은 이 책의 범위를 벗어나지만, PTR-YC 모델은 유아를 위한 프로그램 환경과 이 프로그램 내의 모든 유아에게 실행할 수 있는 많은 핵심적 실제를 평가하고 실행하기 위한 전략을 포함한다. 이러한 실제의 실행은 바람직한 사회적 행동의 촉진과 많은 도전행동의 예방에 유익하다. 이러한 실제를 충실하게 실행하면 일부 유아의 도전행동이 완전히 해결되어 PTR-YC를 적용할 필요가 없어질 것이라는 예측은 상당히 합리적인 기대라 할 수 있다.

도전행동 이해하기

팀이 중재가 필요하다는 결정을 내릴 만큼 도전행동이 심하게 나타난다면, 팀원 모두가 환경이 행동에 어떻게 영향을 미치는지를 설명하는 자연법칙을 이해하는 것이 매우 중요하다. 이는 효과적인 행동중재가 환경 사건과 유아의 행동 발생 간의 관계를 규정하는 원칙에 기반을 두고 있기 때문이다. PTR-YC는 이러한 자연법칙에 기초한 것으로, 우리의 모든 행동은 이 법칙에 좌우된다. 이 절에서는 도전행동이 언제, 어떻게, 왜 발생하는지를 이해하는 데 도움이 되는 핵심 원칙을 간단히 살펴본다. 도전행동이 언제, 어떻게, 왜 발생하는지를 더 잘 이해하게 되면 도전행동을 어떻게 해결할지에 대한 통찰력도 얻게 될 것이다.

원칙 1. 도전행동은 일종의 의사소통이다

대부분의 도전행동은 말, 비구어적 제스처, 표정 등과 같은 여러 형태의 의사소통과 동일한 목적으로 발생한다.

이 기본 원칙은 대부분의 도전행동이 말, 비구어적 제스처, 표정 등과 같은 여러 형태의 의사소통과 동일한 목적으로 발생함을 의미한다. 즉, 도전행동은 어떤 것에 대한 요구일 때가 많다. 예를 들면, 네 살짜리 남자아이가 소리를 지르며 탠트럼을 보이는 것은 먹을 것을 달라는 요구일 것이다. 또, 세 살짜리 여자아이의 울음은 대집단 활동으로 전이하지 말고 모래 놀이를 더 하게 해 달라는 요구일 수 있다. 유아원 운동장에서 또래를 때리고 차는 남자아이의 행동은 또래가 가진 장난감 트럭을 혼자 가지고 놀게 해 달라는 요구일 가능성이 크다. 도전행동은 또한 관심을 달라는 표현으로 발생할 때도 있고 활동에서 벗어나고 싶어서 발생하기도 하며 음식이나 장난감을 얻기 위해 발생하기도 한다. 요컨대 유아가 도전행동을 자주 사용하는 것은 다른 형태의 의사소통이 환경에 작용하는 방식과 매우 유사하게 도전행동이 사회적 환경에 작용하기 때문이다. 이러한 이유로 말(또는 기타 의사소통)을 아직 잘 하지 못하거나 말을 하더라도 도전행동만큼 효과적으로 하지 못하는 유아가 더 많은 도전행동을 보인다.

이 원칙과 관련하여 몇 가지 주의할 점이 있다. 첫째, 도전행동이 본질상 의사소통일 수는 있지만, 그렇다고 해서 도전행동이 의식적으로 또는 고의로 하는 행동은 아니다. 도전행동을 의사소통적 속성의 측면에서 이해한다는 것은 행동이 인지적으로 결정되었다거나 사전에 계획된 것이라는 의미가 아니다. 둘째, 행동의 형태(행동이 어떻게 보이고 들리는지)는 특정 의사소통 의도와 무관하다. 예를 들면, 유아가 자신을 미술 활동에 참여시킨 교사에게 침을 뱉은 경우, 행동의 형태는 '침 뱉기'지만 행동의 의도(또는 기능)는 미술 활동에서 벗어나는 것일 수 있다. 행동이 갖는 특정 의사소통의 의미를 이해하려면 행동의 형태를 판별하는 것과는 다른 종류의 평가가 필요하다. 유아가 보이는 도전행동의 의사소통적 목적(또는 기능)을 이해하는 과정은 PTR-YC의 중요한 요소 중 하나이며 제4장에서 설명할 것이다. 셋째, 서로 다른 상황에서 발생한 도전행동이 비슷해 보이거나 비슷하게 들릴 수는 있지만, 상황이 다르면 의사소통 목적도 다를 수 있음을 이해해야 한다. 예를 들면, 특정 일과에서 탠트럼이 뜻하는 바와 또 다른 일과나 환경에서 탠트럼이 갖는 의미는 다를 수 있다.

원칙 2. 도전행동은 후속결과에 의해 유지된다

강화의 원칙은 행동 과학에서 가장 기본적인 법칙일 것이다. 이 원칙의 요점은 행동 직후에 정적 강화제(positive reinforcer)가 주어지면 그 행동은 유지된다는 것이다. 여기서 정적 강화제는 보상(reward)으로 이해해도 무방하다. 의사소통적 성격을 가진 도전행동의 경우, 도전행동을 통해 유아가 얻게 된 물건이나 활동이 보상으로 작용한다. 예를 들면, 관심을 받으려고 탠트럼을 보이는 유아에게는 탠트럼을 통해 얻게 된 교사의 관심이 보상으로 작용한다. 또래의 장난감 트럭을 갖고 싶어서 또래를 때린 유아에게는 실제로 손에 넣게 된 트럭이 보상으로 작용한다. 모래 놀이를 더 하고 싶어서 울음을 터뜨린 유아에게는 대집단 활동 영역으로 가라는 교사의 지시가 중단된 것이 보상으로 작용한다. 후속결과에는 많은 종류가 있다. 이를 쉽게 이해하는 한 가지 방법은 무언가(예: 관심, 음식, 장난감)를 얻는 후속결과와 무언가(예: 무언가를 하라는 요구, 싫어하는 활동, 싫어하는 친구)를 제거해 주는 후속결과로 구분하여 생각하는 것이다. 여기서 핵심은 후속결과가 매우 중요하다는 점이다. 보상으로 작용할 후속결과가 뒤따르지 않을 때 도전행동은 유지되지 않는다. 같은 원리로, 보상으로 작용할 후속결과가 뒤따르지 않으면 바람직한 행동이 발생하거나 증가하지 않을 것이다.

원칙 3. 도전행동은 맥락 안에서 발생한다

도전행동은 맥락이나 환경에 따라 발생 비율이나 강도가 달라진다. 예를 들면, 어떤 유아는 소근육 과제를 하라고 하면 자주 소리를 지르지만, 간식 시간이나 야외 활동 시간에는 전혀 소리를 지르지 않는다. 또 다른 유아는 소근육 과제를 할 때는 전혀 탠트럼을 보이지 않지만, 간식 시간에는 울고 떼쓰는 행동을 보인다. 세 번째 유아는 교사인 프라인(Prine)의 담당 구역에서는 자리를 떠나 돌아다니고 통제가 불가능하지만, 보조교사인 조니(Jhonnie)의 담당 구역에서는 늘 조용하게 자기 할 일을 한다. 행동이 무작위로 발생하는 것이 아니라 특정 상황에 따라 예측 가능하게 발생하는 경향이 있다는 인식은 유아의 도전행동을 해결하려는 노력에 매우 유용하다.

행동은 무작위로 발생하는 것이 아니라 특정 상황에 따라 예측 가능하게 발생하는 경향이 있다.

앞의 세 원칙은 환경에서 발생하는 사건이 어떻게 유아의 도전행동에 영향을 미치는지를 이해하게 해 주는 기본이다. 이후 이 책의 장에서 설명하겠지만, 도전행동에 대한 이해 과정은 효과적이고 효율적이며 유아의 개별성을 존중하는 중재 전략을 개발하는 데 필수적이다. 각 유아의 도전행동을 이해하려면 기능평가(functional assessment)라고 알려진 명확한 과정을 거쳐야 하는데, 이에 대해서는 제5장에서 설명할 것이다. 유아의 행동이 맥락에 따라 어떻게 나타나는지를 이해하고 나면 '예방(prevent)' 범주에 속하는 환경 조성 전략 또는 선행사건 조정 전략을 개발할 수 있는데, 이 전략들은 바람직한 행동을 증진하고 도전행동의 발생을 미연에 방지한다. 유아의 도전행동이 의사소통적 목적을 달성하는 방식을 이해하고 나면 유아가 좀 더 바람직한 방법으로 의사소통하도록 지도하는 전략을 개발할 수 있는데 이 전략들은 '교수(teach)' 범주로 분류된다. 마지막으로 후속결과가 어떻게 도전행동을 유지하는지를 이해하고 나면 후속결과, 특히 정적 강화제를 수정하는 전략을 개발할 수 있으며, 이 전략들은 '강화(reinforce)' 범주에 포함된다. 이러한 이유로 우리는 이 모델을 '예방 · 교수 · 강화'라고 부르는 것이다.

PTR-YC의 절차

PTR-YC의 절차는 수백 편의 논문과 단행본 그리고 많은 웹사이트에서 자세히 소개하고 있는 개별화된 긍정적 행동지원의 단계별 절차와 유사하지만, 각 단계가 실행되는 방식에는 차이가 있다. PTR-YC의 절차는 유아프로그램 환경에 속한 유아에게 맞추어 특화된 것으로, 절차의 각 단계를 실행하는 전략이 매우 실제적으로 설계되어 있다. 또한 유아가 바람직한 성과를 거둘 가능성을 최대화하기 위해 팀이 각 단계를 정확하고 일관성 있게 실행하게 하는 데 중점을 두고 있다. 각 단계에 대한 설명은 이 책의 나머지 장에 자세히 제시되어 있다. 다음은 절차에 대한 간단한 설명이다.

1단계: 팀 구성과 목표 설정

PTR 절차의 첫 번째 단계는 교실기반의 팀을 구성하고 팀의 역할과 기능에 대한 동의를 이끌어 내며 초기 단기목표를 명확하게 정하는 것이다. 팀원의 수가 따로 정해져 있지는 않지만, 중재계획의 실행을 담당할 사람(주로 담임교사나 돌봄 제공자)은 반드시 포함되어야 한다. 또한 부모나 가족 구성원, 자원 활용을 잘 할 수 있는 사람(예: 프로그램 책임자, 행정가), 보조교사도 포함되어야 한다. 그 외에 심리학자, 언어치료사, 상담가, 또는 사회복지사가 포함될 수도 있다. 또한 최소한 한 명의 팀원은 행동이론, 응용행동분석, 기능평가, 중재계획의 수립과 실행에 대한 지식과 경험을 갖추고 있는 것이 좋다. 팀은 최소한 한 명의 팀원을 리더 또는 촉진자로 선정하게 되는데, 이 사람은 이 책에 설명된 내용과 서식을 숙지해야 한다. PTR-YC 절차를 진행하는 동안 팀은 여러 번의 회의를 하게 되며, 모든 절차를 최대한 충실하게 실행할 책임을 갖는다.

팀의 첫 번째 임무는 PTR-YC 절차를 위한 명확한 목표를 수립하는 것이다. 목표 설정은 다음 두 가지 목적을 갖는다. 첫째는 해결해야 할 초기 도전행동을 판별하고 정의하는 것이고, 둘째는 유아의 도전행동을 대신하여 장려하고 지도해야 할 바람직한 행동(주로 사회적, 의사소통적 행동)을 선택하고 정의하는 것이다.

2단계: 자료 수집

팀은 도전행동과 바람직한 행동의 발생 정도 측정을 위한 실용적인 자료 수집 체계를 수립해야 한다. 측정은 중재를 시작하기 전부터 시작되어야 하는데 이는 측정된 자료를 통해 중재가 성공적인지 아니면 중재를 수정해야 하는지를 판단할 수 있기 때문이다. 행동을 측정하고 진보를 점검하는 수많은 방법이 있지만, 이 책에서는 지속적으로 많은 역할을 담당해야 하는 교사와 그 외 교실에서 일하는 인력들이 실용적으로 사용할 수 있는 전략만 추천하고자 한다. 저자들이 가장 자주 추천하는 전략은 5점 척도의 행동 평정이다(Dunlap, Iovannone, Kincaid, et al., 2010; Kohler & Strain, 1992). PTR-YC 행동 평정 척도를 사용하는 절차는 제4장에 자세히 설명되어 있다. 이 행동 평정 척도는 사용자의 편리를 고려하여 설계된 것으로, 교실에서 일하는 모든 인력이 최소한의 시간과 노력만으로 사용할 수 있는 측정 체계임이 여러 차례 입증되었다.

3단계: PTR-YC 평가(기능평가)

이 단계에서는 환경이 도전행동에 영향을 미치는 방식을 파악하는 데 필요한 정보를 수집하고 정리하게 되는데, 이러한 작업은 효과적이고 효율적인 중재계획의 개발에 매우 중요하다. PTR-YC 평가는 기능평가의 한 형태로, 세 가지 범주, 즉 행동 이전에 일어나는 변인(예방), 기능과 교체 변인(교수), 행동 직후의 변인(강화)을 체크리스트 형태로 만든 서식에 응답하는 방식으로 실시된다. 체크리스트에 포함된 응답 옵션들은 유아프로그램과 어린이집에서 흔히 접할 수 있는 것들이며 적절한 답이 없으면 빈칸에 직접 적어 넣어도 된다. 모든 팀원 그리고 유아의 삶에 관련된 여러 사람이 개별적으로 이 체크리스트를 작성하게 되며, 작성이 끝나면 회의를 통해 그 내용을 논의하고 요약하는데, 이러한 과정은 목표행동과 관련된 환경 사건에 대해 팀원들이 가진 인식의 차이를 살펴보고 통합하게 해 준다. PTR-YC 평가의 목표는 다음 세 가지에 대한 합의에 이르는 것이다. 이는, 첫째, 도전행동의 발생 가능성을 급격하게 증가 또는 감소시키는 선행사건, 둘째, 도전행동의 목적 또는 기능, 셋째, 도전행동의 발생 직후에 전형적으로 뒤따르는 사건과 중재 시 정적 강화제로 사용할 수 있는 물건이나 활동(보상)이다. 이러한 PTR-YC 평가의 결과는 중재계획을 개발하는 데 사용된다.

4단계: PTR-YC 중재

평가가 끝나고 환경이 도전행동에 미치는 영향과 환경-행동 간 관계를 파악한 후에는 팀 회의의 초점이 중재계획의 개발로 옮겨 간다. 세 가지 범주에서 중재 절차를 선택하는 과정과 평가 자료를 중재에 연계하는 방법은 제6장에 자세히 설명되어 있다. 세 범주에 포함된 증거기반 전략에 대한 설명과 각 전략의 실행방법에 대한 정보는 이 책 마지막에 수록된 부록에 제시되어 있다. 제6장은 또한 선택된 중재 전략을 바탕으로 행동중재계획을 작성하는 절차를 명료하게 설명하고 있으며, 중재 전략을 누가 언제 어떻게 실행할지를 구체적으로 제시한다. 마지막으로, 이 단계에는 교실 내 인력이 중재 전략을 실행할 수 있도록 준비시키기 위해 필요한 절차도 포함된다.

5단계: 자료의 활용과 다음 단계

이 단계는 자료(주로 PTR-YC 행동 평정 척도 자료)를 검토하면서 기대했던 만큼 진보가 있었는지 또는 아직 진보가 부족한지를 판단하는 작업으로 시작된다. 만약 바람직한 진보가 나타났다면 그러한 진보를 유지하게 하거나 더 많은 진보가 나타나게 할 방법을 찾는 것이 다음 단계가 될 것이다. 만족스러울 정도의 진보가 나타나지 않았다면, 고려해 보아야 할 많은 옵션이 있다(제7장 참조).

앞서 다섯 단계로 진행되는 절차를 설명하였지만, 기능평가기반의 개별화된 중재를 필요로 할 것처럼 보였던 많은 도전행동이 모든 유아를 대상으로 적용한 교실차원의 우수한 실제를 통해 해결되는 경우도 많다. 이에 저자들은 교실 전체의 운영과 관련된 추가 자료를 3단계와 4단계(평가와 중재)에 포함해 두었다. 이 두 단계를 다루는 제5장과 제6장에 설명된 실제들은 일부 도전행동을 충분히 해결하여 개별화된 행동중재계획이 필요하지 않게 만들 것이다.

PTR-YC 절차는 보통 2~4개월에 걸쳐 진행되며, 다면적인 중재를 계획하고 조정하기 위한 회의는 평균 3~4회 정도 소집된다. PTR-YC 패키지의 주요 특징은 다음에 제시된 다섯 가지로, 앞서 설명한 다섯 단계의 절차 및 개별화된 중재를 실행하는 팀의 충실도(fidelity)를 높이기 위한 것이다. 이는, 첫째, 전문가 주도 방식(expert-driven) 대신 팀 기반으로 진행되는 평가와 의사결정, 둘째, 모든 팀원의 관찰 결과를 반영할 수 있는 손쉬운 기능평가 방법, 셋째, PTR의 각 요소에 포함된 수많은 증거기반 실제를 옵션으로 제공하는 목록선택 중심의 중재계획 수립 절차, 넷째, 각 단계가 성공적으로 완료되었는지를 파악하기 위한 자기 평가(self-evaluations), 다섯째, 신뢰도를 갖춘 동시에 실용적인 진보 점검 자료를 지속적으로 수집하고 요약해야 하는 의무다. 여기에 더하여 저자들은 각 장마다 자기 평가를 위한 보충자료로 PTR-YC 팀 실행 지침(Team Implementation Guide: TIG)을 제공하였다. TIG는 전체 과정을 간결하게 요약하고 점검하게 해 주며, 제7장 마지막 부분에 제시되어 있다([그림 7-6] 참조). 팀 리더와 촉진자들은 PTR-YC 절차를 시작하기 전에 TIG를 검토해 두는 것이 좋다.

이 책의 목적은 PTR-YC 절차의 각 단계를 명확하게 설명하고, 당신과 당신의 팀이 이 절차를 효과적으로 실행하는 데 도움을 줄 지침과 서식*을 제공하는 것이다. 제2장부터는 이 절차의 각 단계에 대한 자세한 설명을 담고 있다. 제2장은 가족에 대한 논의로 시작되며, 가족을 PTR-YC 과정에 참여시키는 방법을 다룬다. 제3장에서는 팀 구성과 명확한 목표 설정 절차를 설명한다. 제4장에서는 자료 수집을 시작하는 전략을 소개한다. 제5장은 PTR-YC 평가 절차를 다루고, 제6장은 행동중재계획의 개발을 다룬다. 제7장에서는 자료를 활용하여 절차의 다음 단계로 진행하는 방법을 제시한다. 이러한 단계들이 주의 깊고 일관성 있게 실행된다면 대부분의 도전행동을 해결할 수 있으며, 이러한 지원을 받은 유아는 건강한 사회정서발달의 유익을 누리게 될 것이다. 저자들은 각자의 경험과 그간 수행했던 연구를 통해 이를 확신한다. 우리의 확신은 이 모든 절차가 다양한 응용연구에 기반을 두고 있다는 데서 비롯된 것이기도 하다.

연구기반

PTR-YC 절차는 잘 정립된 행동원칙과 도전행동의 중재 전략을 다룬 수많은 현장 연구에서 도출된 것이다. PTR-YC의 기반이 된 중재 연구는 응용행동분석(Applied

* PTR-YC에 사용되는 서식은 학지사 홈페이지(hakjisa.co.kr)의 『유아프로그램에서의 예방 · 교수 · 강화 모델』 도서 상세정보에서 내려받을 수 있다.

Behavior Analysis: ABA)과 긍정적 행동지원(Positive Behavior Support: PBS)이라는 밀접하게 관련된 두 접근에 뿌리를 두고 있다.

ABA는 학습 원리를 적용하여 개인의 행동에 사회적으로 의미 있는 변화가 일어나게 하는 광범위한 학문 분야로, 교육학, 사회복지학, 심리학, 유아발달학, 경영학을 포함한 수많은 분야에 영향을 미쳤을 뿐 아니라 그 분야들의 발전에 기여해 왔다. ABA의 타당성과 수많은 공헌은 1960년대부터 이루어진 여러 연구를 통해 명백히 입증되었다. ABA가 매우 다양한 방식으로 활용되다 보니 이 용어에 대한 오해도 생겨났다는 점을 이해할 필요가 있다. 예를 들면, 어떤 사람들은 ABA를 자폐성장애아동의 치료를 위한 유일한 교육과정이자 고도로 구조화된 교육과정이라고 말한다. 그러나 ABA는 특정 프로그램의 틀에 국한되기에는 너무나 넓은 접근으로, 사실 거의 모든 맥락에서 모든 사람에게 적용이 가능하다. ABA를 충실히 따르는 프로그램 중에는 개념적 · 철학적 기초가 같은데도 상당히 달라 보이는 것들이 있다(Cooper, Heron, & Heward, 2007).

PBS 역시 매우 광범위한 접근인데, 부분적으로는 ABA에서 비롯되었다고 할 수 있다. PBS는 행동 적응의 문제를 가진 개인이 자신의 능력과 삶의 질을 높일 수 있도록 환경적 · 사회적 · 교육적인 전략과 체계 관련 전략을 구조화하는 접근이다. PBS는 행동문제의 감소를 추구하는데, 이는 도전행동이 학습을 방해하고 선호하는 생활방식을 추구하지 못하게 하며 또래 및 성인과 긍정적 관계를 맺는 능력을 저해하기 때문이다. PBS는 가혹하고 낙인이 되는 벌을 지양하고 바람직한 성과를 성취하기 위한 교수와 환경 조성을 강조한다는 점에서 긍정적인 접근이다. 1980년대 중반, 유용한 접근의 하나로 시작된 PBS는 까다로운 행동을 해결하고 삶의 질을 증진하는 전략으로 점점 더 널리 알려지게 되었다(Bambara & Kern, 2005; Carr et al., 2002; Dunlap, 2006; Dunlap, Carr, Horner, Zarcone, & Schwartz, 2008; Sailor, Dunlap, Sugai, & Horner, 2009).

PTR-YC 모델은 PBS 접근 중 하나로 볼 수 있으며, ABA의 원칙과 절차에 기초를 두고 있다. 우리가 이 모델의 배경을 논의하는 것은 유아교육 전문가들이 PTR-YC, PBS, ABA 간 차이에 대한 질문을 받을 수 있기 때문이다. 이러한 질문에 대한 답을 간단하게 요약하면 다음과 같다. 첫째, PTR-YC는 PBS 접근과 전적으로 일치되는 동시에 유아를 위해 특화된 모델이다. 둘째, PBS는 ABA에 기초를 두고 있지만, 이 두 가지는 서로 다른 명칭으로 구분될 만큼의 뚜렷한 차이가 있다(Dunlap et al., 2008). 셋째, ABA는 수많은 실제와 프로그램에 적용 가능한 광범위한 학문 분야를 일컫는 용어다.

어떤 용어를 쓰든 간에, PBS와 ABA는 행동문제의 해결 절차를 다루는 방대한 연구 기반을 구축하였다. 이러한 연구를 통해 축적된 증거들은 다음과 같은 중요한 사실을 알려 주었다.

- 도전행동은 의사소통으로 이해될 수 있으며 유아의 의사소통 의도를 이해하면 효과적인 중재가 가능하다.
- 기능평가 절차는 중재를 위한 유용한 정보를 알려 주며, 기능평가를 기반으로 한 중재는 그렇지 않은 중재에 비해 좋은 성과를 거둘 수 있다.
- 선행사건의 구체적 조작(예방), 기능평가를 기반으로 한 교수 전략(교수), 후속결과기반의 중재(강화)를 통해 유의한 도전행동의 감소와 바람직한 대안행동의 향상이 가능함을 보여 주는 강력한 증거들이 있다.
- 단일 요소 중재보다 다중 요소 중재가 신속할 뿐 아니라 더 오래 지속되는 효과를 거둔다는 증거가 있다(Carr et al., 1999; Dunlap & Carr, 2007).

유아의 도전행동을 위한 중재

도전행동에 관한 대부분의 연구는 5세 이상의 유아를 대상으로 실시되었다. 그러나 1990년대부터는 그보다 더 어린 유아를 대상으로 한 연구가 증가하여, 그러한 연구 결과를 종합하고 일반적 결론을 내릴 수 있게 되었다. 연구 참여자의 나이가 2~5세인 선행연구를 고찰한 한 연구는 이러한 연구들의 결과가 좀 더 나이가 든 아동을 다룬 연구의 결과와 크게 다르지 않다고 보고한다(Conroy, Dunlap, Clarke, & Alter, 2005). 즉, 기능평가와 이를 기반으로 한 중재의 적용이 다양한 어린이집, 헤드 스타트 프로그램, 유아원, 그리고 가정에서 생활하는 유아에게 효과적이라는 수많은 증거가 있다(Blair, Umbreit, & Bos, 1999; Blair, Umbreit, Dunlap, & Jung, 2007; Conroy, Davis, Fox, & Brown, 2002; Duda, Dunlap, Fox, Lentini, & Clarke, 2004; Dunlap & Fox, 2009, 2011). 또한 유아를 위한 교수기반 중재의 실행 가능성과 효과를 입증한 많은 개별 연구가 있다(예: Dunlap, Ester, Langhans, & Fox, 2006; Reeve & Carr, 2000). 선행사건 조정과 후속결과기반 중재의 긍정적 효과를 보여 주는 자료도 있다(예: Asmus et al., 1999; Conroy et al.,

2005). 학습의 기본 원리가 갖는 보편성을 고려할 때 이러한 일치가 그리 놀라운 일은 아니다.

효과적인 중재들 사이에는 공통점이 존재하고, 이러한 중재들은 평가를 기반으로 개발된다는 점도 공통이지만, 도전행동이 유아에게서 나타날 때 추가로 고려해야 할 주의점이 있다. 예를 들면, 유아의 발달 상태가 어떠한지에 따라 좀 더 나이가 든 아동에게 효과적이었던 많은 중재 전략이 영유아들에게 통하지 않을 수 있다. 마찬가지로 중재가 실행되는 장소나 맥락도 전혀 다를 수 있다. 유아기에는 놀이가 가장 중요한 활동 맥락이며, 좀 더 큰 아이들에 비해 가정환경의 중요성이 훨씬 더 크다. 그러므로 기능평가에서는 이러한 환경과 맥락의 특성을 고려해야 하며, 가족 참여가 모든 연령의 아동에게 중요하지만, 아직 유치원에 들어가기 전인 유아에게는 더욱 중요하다. PTR-YC는 유아와 관련된 이 모든 차이점을 고려한 모델이다.

예방 · 교수 · 강화

PTR-YC 모델은 앞서 개발된 중재이자 무작위 집단 설계 연구를 통해 엄격하게 평가되고 있는 예방 · 교수 · 강화(PTR) 모델(Dunlap, Iovannone, Kincaid, et al., 2010)의 구성요소에 기반을 두고 있다(Iovannone et al., 2009). 2009년에 발표된 이 연구에는 플로리다와 콜로라도주에 위치한 5개 교육구(school district)의 유치원, 초등학교, 중학교 학생 247명이 참여하였다. 연구 참여자들은 다양한 문화적 · 경제적 배경을 가진 학생들이었으며, 일반학생뿐 아니라 다양한 장애를 가진 특수교육 대상 학생도 포함되어 있었다. 연구 결과, 평소와 같은 정도의 중재를 받은 학생에 비해 PTR 조건에 무작위로 배치된 학생의 문제행동, 사회성 기술, 학업참여 시간이 통계적으로 유의하게 향상된 것으로 나타났다. 또한 PTR을 실행한 교사들의 중재 충실도 점수가 높았으며, 중재 수용 정도를 측정하는 사회적 타당도 검사 점수도 높았다(Iovannone et al., 2009).

학령기 아동을 위한 PTR 중재는 단일대상실험설계와 준실험설계(quasi-experimental designs)를 통해 평가되어 왔다(Dunlap, Iovannone, Wilson, Kincaid, & Strain, 2010; Strain, Wilson, & Dunlap, 2011). Strain과 그 동료들은 대상자 간 중다기초선설계를 적용하여 PTR 적용 후 기초선 조건에 비해 어떤 변화가 나타났는지를 고찰하였다. 연구 참여자는 일반교육 환경에 배치된 3명의 자폐성장애학생(5세, 8세, 9세)이었다. 연구 결과,

PTR의 실행에 따라 도전행동의 감소와 학업참여행동의 개선이 명확하고 일관성 있게 나타났다. 즉, 실제 학교 상황에서 다양한 특성을 가진 학생들에게 이 접근을 적용하면 매우 큰 효과를 거둘 수 있다는 강력한 증거들이 PTR 접근을 지지하고 있다.

PTR-YC의 효과에 기여하는 요인

많은 요소가 PTR-YC의 효과에 영향을 미친다. 이런 요소들이 최대화될수록 PTR-YC가 도전행동을 더 잘 해결할 수 있다.

예방

> 유아프로그램이나 유아들의 학급이 최상의 환경적 특성을 갖추고 성인-유아 간 상호작용을 격려하면 심각한 도전행동이 예방될 가능성이 커진다.

예방에 관해서는 앞에서 이미 논의하였으나, 예방의 중요성은 아무리 강조해도 지나치지 않다. 유아프로그램이나 유아들의 학급이 최상의 환경적 특성을 갖추고 성인-유아 간 상호작용을 격려하면 심각한 도전행동이 예방될 가능성이 커진다. 이러한 예방적 실제가 일상적으로 이루어지면, 더 많은 유아가 또래 및 성인과 잘 어울릴 수 있는 바람직한 행동을 배울 수 있다. 도전행동이 이미 발생했더라도 우수한 교실 환경이 조성되어 있고 긍정적인 성인-유아 간 상호작용이 일어나는 학급에서는 PTR-YC의 실행이 쉬울 뿐 아니라 그 효과도 크며 도전행동의 개선된 정도를 유지하기도 쉽다.

유아의 성공적 성과를 위한 헌신

PTR-YC를 효과적으로 실행하는 능력은 유아프로그램이 장애를 가졌거나 걱정스러운 행동 패턴을 보이는 유아를 포함한 모든 유아의 성공에 얼마나 헌신하고 있는지에 달려 있다. 프로그램 입장에서는 유별난 유아가 있을 경우 다른 프로그램이 더 잘 맞을 거라고 말하면서 유아를 내보내거나 부모에게 다른 유아프로그램 환경을 찾아보라고 부탁함으로써 문제를 해결하는 것이 더 쉬워 보일 수 있다. 그러나 PTR-YC가 가장 큰 효과를 거둘 수 있는 프로그램은 모든 유아에게 지원을 전달하는 것과 관련된 명백한 정책이 있고, 프로그램 책임자와 핵심 교직원이 모든 유아의 성공을 위해 기꺼이 추가의 노력을 하는 곳이다.

중재 충실도

중재 팀(예: 교사들)이 PTR-YC를 계획한 대로 잘 실행할수록 도전행동이 더욱 효과적으로 해결될 수 있다. PTR-YC가 워낙 건실하게 고안되었기 때문에 완벽한 중재 충실도가 요구되는 것은 아니지만(이는 비현실적이기도 하다), 실행의 빈도와 일관성이 부족한 중재로는 의도했던 성과를 거둘 수 없다. 팀의 중재 충실도가 매우 높은데도 중재계획이 예측한 만큼 효과적이지 않다면 바로 그때가 중재계획을 재검토하여 중재 전략의 수정을 고려해야 할 시점이다.

팀의 역량

PTR-YC의 효과에 영향을 주는 두 가지의 팀 특성이 있다. 첫 번째는 중재계획이 효과를 거두게 하려는 팀원들의 헌신이다. 솔직하게 말해서 이는 다른 무엇보다 중요한 요소다. 팀이 비전을 공유하며 단합되어 있고 유아의 성공에 헌신할 경우 대부분의 유아는 발전할 수밖에 없다. 일부 팀원(심지어 단 한 명의 팀원)이 이러한 헌신을 수용하지 못할 경우 중재 노력이 실패할 가능성이 커진다. PTR-YC의 효과에 영향을 주는 두 번째 팀 특성은 기능평가, 문제해결 전략, 활동 중심 교수, 행동중재계획의 실행과 관련하여 팀원들이 가진 지식과 경험이다. 경험이 별로 없는 사람도 업무를 훌륭하게 해낼 때가 많지만, 일반적으로는 평가기반 중재를 해 본 경험이 문제를 판별하고 조기에 이를 해결하는 데 도움이 된다.

가족 참여

가족 구성원들의 참여가 많을수록 전반적인 성과가 좋아진다. PTR-YC의 초점은 교실에서의 행동이지만 부모와 기타 가족 구성원은 유용한 팁을 말해 주거나 이전에 시도해 본 중재가 효과적이었는지 아닌지를 알려 줄 수 있다. 가족 중 한 명이 교실 내 중재의 개발과 실행에 참여할 경우, 중재계획의 일부가 가정에서도 실행될 기회가 생기고 이는 중재효과의 전이와 일반화를 촉진한다. 가족 구성원들이 팀 회의에 참여하기 어려운 경우에도 PTR-YC 절차에 관련된 논의, 결정, 조치들은 가족에게 꼭 전달되어야 한다.

제한점과 적용상의 유의점

PTR-YC는 대부분의 상황에서 효과적인 모델이며, 앞서 제시한 기여 요인이 많을수록 도전행동은 더 잘 해결될 것이다. 그러나 이 모델이 모든 상황에서 효과적인 것은 아니다. 첫째, 행동문제를 일으키는 어떤 요소들은 PTR-YC가 다룰 수 있는 범위를 넘어선다. 예를 들면, PTR-YC의 구성요소인 교육 및 행동중재 전략으로는 개선하기 어려운 신경학적, 의료적 문제를 가진 아이들이 있다. 통제하기 어려운 뇌전증, 만성 질병, 또는 신경학적 증상으로 인해 도전행동이 발생할 수도 있는데, 이러한 문제를 교육 및 행동중재 전략에 전적으로 의존하여 해결할 수는 없다. 신경학적, 의학적 문제가 관련되어 있다면 적절한 의료적·신경학적·정신과적 서비스가 제공되어야 한다.

둘째, 어떤 아이들은 가정환경 면에서 심각한 혼란을 경험하는데, 이러한 혼란은 유아의 정서 및 행동 기능에 심각한 문제를 초래한다. PTR-YC 접근은 학교 환경 밖에서 발생하는 심각한 문제를 다루기 위해 고안된 것이 아니다. PTR-YC가 교실 행동을 개선할 수는 있지만, 혼란스러운 가정환경에 속한 유아의 문제를 근본적으로 해결하려면 추가의 서비스가 필요하다. 유아의 결석 문제가 심각한 경우에도 PTR-YC의 효과를 기대하기 어렵다.

교실기반의 팀이 최선의 노력을 했는데도 PTR-YC가 적절한 행동 변화를 일으키지 못할 때도 있다. 예를 들면, 유아의 행동이 관찰하기 어렵거나(예: 동물을 해치는 행동, 방화, 타인에게 상해를 입히는 행동) 너무 자주 일어나거나 관찰 가능한 것이 아니어서 교실기반의 기능평가를 제대로 하기 어려울 때가 있다. 교직원들은 문제행동의 기능을 판별하지 못하여 난처해지고, 그 결과로 개별화된 중재를 실행할 수 없게 된다. 심각한 도전행동을 매우 낮은 빈도로 보이거나 성인이 없을 때만 도전행동을 보이는 유아를 위해서는 외부지원을 요청해야 할 수도 있다. 외부지원을 통한 행동 점검의 최종 목표는 신뢰할 수 있는 기능평가의 완성이어야 한다. 프로그램들은 또한 알아채기 어려울 만큼 비밀스럽게 발생하는 행동(예: 유아가 의도적으로 성인 부재 시에만 도전행동을 보임)을 파악하기 위해 공인된 자격증을 가진 아동 심리학자나 정신과 의사의 진단 · 평가 의견을 요청하고 싶을 때도 있을 것이다. 이렇게 외부의 도움을 구하는 것은 유아의 삶에 더 많은 다른 지원이나 전문가가 개입해야 하는지를 결정하기 위해서다.

팀이 개별화된 중재계획을 수립하고 여러 주에 걸쳐 충실하게 실행했는데도 유아의 행동이 향상되지 않을 때도 있다. 이럴 때는 강화제가 충분히 효과적인지를 먼저 확인하고, 도전행동을 통해 소통하려는 메시지를 올바르게 이해했는지 확인하기 위해 기능평가를 다시 한번 해 보기를 권한다. 특정 기능을 가진 행동이 얼마간의 시간이 지난 후 다른 기능 또는 여러 기능을 가진 행동임을 발견하게 되는 것은 흔한 일이다. 이러한 조치에도 불구하고 만족스러운 결과가 나타나지 않는다면 기능평가에 좀 더 많은 경험을 가진 자문가를 초청하는 것이 좋다. 이 자문가는 행동을 분석하기 위해 대안적 관찰 절차를 적용해야 할지, 교실 밖에서 일어난 사건이 행동에 미치는 영향을 더욱 심도 있게 검토해야 할지, 도전행동의 다양한 기능에 맞는 여러 중재를 교직원들이 시험적으로 간단히 시도해 보게 할지 등을 결정할 것이다. 자문가가 사용한 중재 방법을 교직원들도 실행할 수 있도록 훈련이 제공되는 것은 매우 중요하다. 이에 대해서는 제7장에서 자세히 설명할 것이다.

■ 요약

PTR-YC는 심각한 도전행동을 보이는 유아를 위한 중재계획과 실행을 다루는 구체적 모델이다. 이 모델은 30개월부터 유치원 입학 전까지의 유아에게 적용 가능하며, 지적 특성과 발달단계가 서로 다른 모든 유아에게 적용할 수 있다. PTR-YC의 각 요소와 PTR-YC 전 과정의 효과는 많은 연구를 통해 입증되어왔다.

이 책은 유아원, 헤드 스타트 프로그램, 어린이집, 기타 유아프로그램에 소속된 교실기반의 팀이 매뉴얼로 활용할 수 있도록 집필되었다. 이 책의 각 장은 PTR-YC 실행 과정의 각 단계를 설명하고 있다. 각 장에는 해당 단계에 대한 설명, 목표, 여러 서식, 유의점 등이 포함되어 있다. 각 장의 내용은 팀이 쉽게 PTR-YC 절차를 따라갈 수 있도록 매우 구체적으로 설계되어 있다. 이 절차를 정확하고 주의 깊게 진행하면 유아의 행동이 유의하게 향상됨을 보여 주는 많은 증거가 존재한다.

■ 주요 용어

다음의 용어가 낯설다고 느끼는 독자도 있을 것이다. 다음에서는 각 용어가 이 책에서 어떤 의미로 사용되었는지를 중심으로 주요 용어를 설명하였다.

가설(가설문장) hypothesis(hypothesis statement) 환경이 도전행동에 어떻게 영향을 미치는지에 대한 팀의 이해를 요약한 간단한 문장. 가설을 구성하는 세 요소는 '행동에 앞서 일어난 조건' '행동에 대한 묘사' '행동의 유지에 기여하는 것으로 보이는 후속결과'다. 가설을 하나 이상 작성해야 하는 유아도 있다.

강화 reinforce PTR-YC 접근의 세 번째 구성요소. 후속결과(특히 정적 강화제)를 전달하는 방식의 변화와 관련된 중재 전략을 말한다.

강화제(정적 강화제) reinforcer(positive reinforcer) 아동이 행동을 한 직후에 주어져 그 행동을 증가 또는 강화하는 후속결과. 바람직한 행동이 증가하도록 강화제를 사용하는 것과 의도하지 않게 도전행동을 유지하는 강화제를 제거하는 것은 PTR-YC 접근에서 사용하는 전략 중 하나다.

교수 teach PTR-YC 접근의 두 번째 구성요소. 바람직한 행동을 교수하는 중재 전략을 말한다.

긍정적 행동지원 Positive Behavior Support(PBS) 개인(유아 포함)이 바람직한 행동을 더 많이 하고 도전행동을 더 적게 하도록 돕는 접근. 긍정적 행동지원은 기능평가의 결과로 얻게 되는 정보(자료)와 다요소 행동중재계획에 근거를 둔 개별화된 접근이다. PTR-YC는 PBS 모델 중 하나로, 실용성을 최대화하는 방향으로 설계되었다. PBS는 교실, 프로그램 전체, 학교와 같은 대규모 집단에도 적용할 수 있다. 그러나 PTR-YC는 개별차원의 PBS 모델 중 하나라 할 수 있으며, 이 책은 도전행동을 지속적으로 보이는 개별 유아의 필요에 초점을 둔다.

기능 function 유아가 보이는 도전행동의 목적이나 동기. 행동에는 매우 많은 기능이 있지만, 크게 무언가(예: 장난감, 타인의 관심)를 얻기 위한 행동과 무언가(예: 과제 요구, 싫어하는 또래)를 피하기 위한 행동으로 분류할 수 있다. 거의 모든 경우에 도전행동의 기능은 의사소통의 시도로 이해될 수 있다.

기능평가 functional assessment(functional behavioral assessment: FBA) 환경에서 일어난 사건이 어떻게 도전행동에 영향을 미치고 도전행동을 통제하는지를 이해하기 위해 정보(자료)를 수집하는 절차. 기능평가를 실시하는 방법은 매우 다양하다. PTR-YC에서는 팀원들이 세 가지(예방, 교수, 강화)의 체크리스트를 각자 작성한 후 PTR-YC 기능평가 요약표를 이용하여 그 정보를 종합하는 방식으로 기능평가를 실시한다(제5장 참조).

기초선 baseline PTR-YC 중재가 실행되기 이전의 기간. 이 기간에도 자료를 수집해야 하며(제4장 참조), 이때는 교실에서 일하는 교직원들이 평소와 같은 방식으로 도전행동을 다룬다.

도전행동 challenging behavior 최상의 학습이나 또래 및 성인과의 친사회적 상호작용을 방해하는 반복적인 행동 패턴. 이 책에서 도전행동이란 일반적인 통제 전략에 반응하지 않는 지속적인 문제행동을 말하며, 대표적인 도전행동으로는 오래 지속되는 탠트럼, 신체적 · 언어적 공격성, 다른 사람에게 방해가 되는 말과 움직임(예: 소리 지르기, 상동행동), 기물 파손, 자해, 불순응, 위축 등이 있다(Smith & Fox, 2003).

목표행동 target behavior 팀에 의해 변화가 필요하다고 판별된 행동. 목표행동은 도전행동일 수도 있고 바람직한 행동일 수도 있다.

바람직한 행동 desirable behavior 팀이 새롭게 형성하거나 증가시키고 싶은 유아의 행동. 바람직한 행동은 PTR-YC에서 광범위하게 사용되는 용어로, 긍정적인 사회적 · 의사소통적 행동, 협동 놀이나 평행 놀이, 주의 집중하기, 도움받지 않고 반응하기, 자조 기술, 자기 조절 등을 포함한다.

선행사건 antecedents(antecedent variables) 유아의 행동 발생에 영향을 미치

는 환경 내의 사건, 행위, 사물, 상황. 선행사건은 도전행동이나 바람직한 행동의 유발요인(triggers)이 되기도 하고 발생 가능성을 높이는 사건으로 작용하기도 한다. 거의 모든 것이 선행사건으로 작용할 수 있지만, 도전행동의 선행사건 중 가장 보편적인 것은 유아가 하기 싫어하는 것을 하라는 요구다.

예방 prevent PTR-YC의 첫 번째 구성요소. 선행사건에 관련된 중재 전략을 말한다.

응용행동분석 Applied Behavior Analysis(ABA) 행동을 평가하고 개선하기 위한 실용적 접근을 포함하는 과학적 학문 분야. ABA에서는 중재 전략을 개발하기 위해 학습이론에 포함된 원칙을 이용한다. ABA는 광범위한 접근으로, 다양한 아동과 성인들의 행동 향상에 유용하다는 것이 입증되어왔다.

자료 data 사실 또는 정보를 뜻하는 단어. PTR-YC에서 자료란 유아 행동에 대한 관찰 기록을 말한다. 기능평가(제5장 참조), 진보 점검(제4장 참조), 실행 충실도 측정(제6장과 제7장 참조)을 위해 수집된 자료는 PTR-YC 모델에서 특히 중요하다.

조작적 정의 operational definition 관찰 및 측정이 가능한 용어로 제시된 행동 정의나 묘사. 잘 작성된 조작적 정의는 모든 팀원이 행동 발생 여부를 똑같이 판정하게 해 준다.

충실도 fidelity PTR-YC의 중재 전략이 계획한 대로 정확하게 실행된 정도. 이 용어는 실행 충실도 또는 실행 성실도(integrity of implementation)라고도 불린다.

제2장

가족

- PTR-YC 절차에 가족을 참여시키기
- 사례

모든 유아에게 가족은 핵심적인 자원이므로 가족 중심주의는 이 책의 주요 원칙 중 하나다. 이 책에서는 가족을 최대한 광범위하게 정의하므로, 유아를 돌보는 주요 책임을 맡은 모든 성인(부모 포함)뿐 아니라 확대가족, 베이비시터 등과 같이 정기적으로 유아를 만나고 영향을 미치는 사람들도 가족에 포함된다. 이 책에서 가족은 이러한 범주에 속한 모든 사람을 말한다.

유아가 도전행동을 보이면 유아의 삶의 질뿐 아니라 유아와 상호작용하는 타인들의 삶의 질도 심각하게 저해된다. 도전행동은 가족이 쇼핑이나 외식을 하고, 가족과 지역사회 활동에 참여하며, 베이비시터를 채용하고 유지하는 역량에 영향을 미치며, 가족들이 직계가족 단위를 넘어서는 외부 집단에 소속되어 적극적으로 활약하는 능력에도 영향을 미친다. PTR-YC 절차를 위한 주요 팀원으로 가족을 참여시키려 할 때, 유아의 도전행동이 가족 전체에 미치는 영향을 이해하는 것은 매우 중요하다. 유아에게 사회정서적 요구가 있다는 것은 가족 구성원들에게도 유사한 요구가 있다는 의미일 수 있으며, 가족의 요구는 PTR-YC 절차의 모든 단계에서 항상 고려되어야 한다.

> 가족을 파트너로 참여시키면 가족들이 중요한 정보를 제공해 줄 수 있고 교직원들이 가족과 더욱 긍정적인 관계를 맺을 수 있다.

가족은 유아의 삶을 늘 함께하는 존재로서 유아발달에 필수적인 많은 역할을 담당한다. PTR-YC 절차에 가족을 파트너로 참여시키면 가족들이 중요한 정보를 제공해 줄 수 있고 교직원들이 가족과 더욱 긍정적인 관계를 맺을 수 있다. 유아의 도전행동이 너무 심각해서 개별화된 중재가 필요하다는 사실을 가족에게 전할 때, 모든 교직원이 유아가 적절한 사회성 기술을 잘 배우도록 돕고 싶어 한다고 표현하는 것은 가족과 좋은 관계를 맺는 하나의 방법이다. 가족들은 유아의 도전행동에 영향을 미치는 여러 상황을 알고 있을 때가 많으므로, PTR-YC 절차에 가족이 적극적으로 참여하면 이 절차의 효과를 높일 수 있다. 가족들은 종종 도전행동에 대처하거나 도전행동을 피할 수 있는 나름의 방법을 가지고 있는데, 이러한 중재나 예방 전략은 모두에게 도움이 되는 효과적인 중재계획을 설계할 때 좋은 정보가 된다. 마트에서 도전행동을 보이는 유아의 가족들은 군것질이 있는 통로를 피하는 등의 방식으로 도전행동을 예방할 것이다. 유아가 금지된 것을 갖고 싶어 할 때, 가족들은 유아의 주의를 그 물건에서 분산시키려고 허용 가능한 다른 선택지를 제시하는 방식으로 개입하곤 하는데, 어머니의 지갑에 있는 모든 것을 꺼내려는 유아에게 좋아하는 장난감을 보여 주는 것이 그 예가 될 것이다. 이러한 예는 너무나 많지만, 요점은 가족들이 도전행동에 대처하기 위한 중재와 예방 전략을 이미 알고 있는 경우가 많다는 것이다. 이러한 유용한 정보를 활용하면 효과적인 중재계획을 수립하는 데 큰 도움이 된다.

가족의 참여가 쉽지 않을 때도 있다는 것은 주지의 사실인데 이는 가족이 유아와 관련하여 또는 가족 구성원들이 어린 시절에 겪은 개인사와 관련하여 다양한 경험을 가지고 있기 때문이다. 어떤 가족은 수많은 위험 요인을 가지고 있어서 학교나 센터에서 일어나는 일에 참여하는 데 관심이 부족해 보일 수도 있고, 도전행동이 존재한다는 사실을 부인하거나 도전행동이 학교나 센터에서만 발생한다고 생각하기도 한다. 가족과 미리 맺어 둔 유대관계는 가족의 참여 정도에 영향을 미칠 수 있으며, 각 가족이 강점뿐 아니라 어려움도 가지고 있음을 인식하는 것은 매우 중요하다.

문화와 언어의 차이도 가족이 언제 어디서 어떻게 참여하는지에 영향을 미친다. 우리는 모두 유아가 언제 걷고 말하고 수저를 사용할 수 있어야 하는지, 또는 혼자 잘 놀거나 스스로 잠을 잘 수 있어야 하는지 등에 관해 다른 견해를 가지고 있는데 때로 이러한 견해의 차이는 가족과 교사 간에 문제를 일으킬 수 있다. 문화나 언어가 어떠하든지 모든 사람이 성장하는 모습은 서로 다르다는 점을 인정하면, 가족이 내리는 결정만 보고 가족을 섣불리 판단하는 대신 유아의 양육과 관련하여 가족과 견고한 협력관계를 맺을 수 있다. 유아를 지원하는 팀에게 알려 주고 싶은 최상의 전제는 '가족들은 현재 가지고 있는 지식과 기술을 모두 동원하여, 할 수 있는 최선을 다하고 있다.'라는 것이다. 이 전제는 가족이 가진 다양성으로 인해 전문가들이 가족을 오판하는 상황을 막는 데 도움이 될 것이다.

PTR-YC 절차는 가족의 참여가 없어도 진행할 수는 있지만, 중재계획의 효과에는 영향이 있을 수 있다. 가정과 학교(또는 센터)의 행동 대처 방식이 일치되지 않으면 행동의 변화속도와 변화폭에 영향을 미칠 수 있다. 그러나 저자들의 경험으로 보면, 중재가 교실 환경에서만 실행된 경우에도 행동의 변화는 가능하다.

PTR-YC 절차에 가족을 참여시키기

이 절에서는 PTR-YC의 각 단계별로 가족을 참여시키는 방법을 제시하였다. 모든 가족에게는 고유한 요구, 견해, 강점이 있으므로, 다음 제언들은 가족의 개별성을 바탕으로 고려되어야 한다. PTR-YC 절차를 진행하는 동안 종종 이 절의 내용을 다시 읽으면서 가족 참여를 위한 제언을 살펴보면 도움이 될 것이다.

1단계: 준비하기-파트너로서의 가족

모든 팀원이 중요하지만, 특히 가족 구성원은 유아의 중재계획 수립에 결정적 역할을 한다. 그러므로 가족을 이 과정에 포함하고 계속 참여하게 하는 것은 매우 중요하다. 모든 가족이 적극적으로 참여할 수 있는 것은 아니므로, 가족의 불참 때문에 팀이 PTR-YC 중재계획의 설계를 진행하지 못하는 상황은 없어야 한다. 그러나 가족은 다양한 방식으로 참여할 수 있으며, 가족이 편안하게 느끼는 정도로, 그리고 가족의 요구에 맞는 정도로는 참여할 수 있어야 한다. 예를 들면, 가족들이 팀 회의에 참여하지 않더라도 관련 정보를 얼마든지 전달할 수 있다. 또한 전화, 면대면 대화, 이메일, 문자, 알림장, 기타 가족과 교사에게 효과적인 방법 등을 이용하여 팀 구성원으로서 가족이 갖는 중요성과 적절성을 가족에게 알리는 것도 얼마든지 가능하다.

> 가족들은 스스로 편안하게 느끼는 정도로, 그리고 가족의 요구에 맞는 정도로 참여할 수 있어야 한다.

부모는 동등한 팀원으로서 팀에 제공할 수 있는 중요한 정보를 가지고 있으며, 이들의 견해는 타당하고 소중한 것으로 여겨져야 한다. 선행연구들은 가족이 기능평가를 위한 타당하고 믿을 만한 정보를 제공하며, 도전행동에 대한 정확한 가설을 개발할 수 있고, 도전행동 감소를 위한 효과적인 중재를 실행할 수 있음을 보여 준다(Arndorfer, Miltenberger, Woster, Rortvedt, & Gaffaney, 1994; Frea & Hepburn, 1999). 전문가가 가족을 동등한 팀원으로 대하고, 유아의 도전행동을 줄이고 효과적이며 바람직한 기술을 지도하는 방법을 가족에게 알려 주어 가족의 역량을 강화한다면, 유아와 가족 모두에게 장기간에 걸친 긍정적 효과가 나타날 가능성이 크다.

가족과 함께 일할 때는 전문용어의 사용을 지양하고, 모든 사람이 이해할 수 있는 용어를 쓰는 것이 중요하다. 토론의 초점을 유아가 잘 할 수 있는 것과 이미 잘 하고 있는 것에 두고(즉, 강점기반 접근을 활용하고), 유아가 할 수 없는 것에 대해 불평하지 않아야 한다. 토론이 주제를 벗어나 불만 토로의 장이 되는 상황을 피하려면 PTR-YC 절차 내내 각 단계와 수집된 정보에 집중해야 한다. 모든 회의가 이러한 규칙을 수립하고 이를 준수하면 더욱 효과적이고 효율적인 팀 회의가 될 것이다. 1단계에서 유의할 사항은 PTR-YC 절차의 진행을 위해 학교(센터)가 처리해야 하는 동의서, 정보 공개, 또는 기타 법적 서류가 있는지 확인하는 것이다.

2단계: 목표 설정과 자료 수집-자문가로서의 가족

가족은 유아를 위한 기능적 목표를 판별할 때 매우 중요한 역할을 담당한다.

가족은 유아를 위한 기능적 목표를 판별할 때 매우 중요한 역할을 담당한다. 가족이 제공하는 정보는 1단계에서 말한 것처럼 다양한 방식으로 전달될 수 있지만, 가족에게 정보를 얻는다는 것은 가족을 향해 "찰리(Charlie)가 어떻게 행동해야 한다고 생각하세요?"라고 묻는 것 이상이다. 간단한 질문만 해도 유아가 어떤 행동을 배우기 바라는지에 관한 여러 아이디어(예: 일과에 참여하기, 지시 따르기, 자신의 차례 기다리기)를 주는 가족도 있다. 그러나 "다른 아이들 같기만 하면 좋겠어요."라든지 "울지만 않았으면 좋겠어요." 하는 식으로 말하는 가족도 많다. 이런 대답은 가족이 도전행동을 해결해야 할 문제로 여긴다는 것을 알려 주기는 하지만, 함께 추구할 구체적인 목표를 알려 주지는 못한다. 제4장에서 설명하겠지만, 목표는 구체적이어야 하고 현실적으로 약 두 달 안에 성취할 수 있어야 한다. 이러한 지침은 가족 상담과 목표 설정 과정에 도움이 되는 좀 더 구체적인 질문을 하게 해 준다. 예를 들면, 어떤 가족이 자신의 아이가 '다른 아이들 같기만 하면' 좋겠다고 말했다면, 다른 아이들이 하는 행동 중 구체적으로 어떤 행동을 하기 바라는지를 질문하면 된다. 그런 질문에도 불구하고 여전히 가족이 구체적인 행동을 말하기 어려워한다면 가족과 함께 몇 가지 아이디어를 떠올려 보는 것이 대화를 이어가는 데 도움이 될 것이다. 가족 구성원들은 아동발달을 잘 모르는 경우가 많기 때문에 유아가 어떤 나이에 무엇을 할 수 있어야 하는지 잘 모를 수도 있다. 가족과 아이디어를 나누면서 가정과 학교(또는 센터) 생활에 도움이 될 목표를 정하면 이 두 환경 모두에서 중재가 실행될 가능성과 행동 변화가 유아와 가족에게 좀 더 의미 있는 영향을 미칠 가능성이 커진다.

3단계: PTR-YC 평가-정보제공자로서의 가족

> 많은 경우에 가족 구성원들은 기능평가에 도움이 될 많은 정보를 알고 있다.

대부분의 경우 가족 구성원들은 기능평가에 도움이 될 많은 정보를 알고 있다. 유아가 보이는 행동의 기능, 즉 유아가 표현하고자 하는 바를 파악하는 것은 대체로 쉬운 편인데, 그 예로는 특정 장난감을 갖고 싶어서, 바깥에 나가 놀고 싶어서, 블록쌓기 놀이를 멈추고 싶지 않아서, 또는 친구와 어떤 것을 나눠 쓰고 싶지 않아서 등을 들 수 있다. 이미 아는 것을 찾아내려고 팀원들에게 정보를 구하는 것이 시간 낭비로 보일 수도 있다. 그러나 이 단계는 팀 절차에서 매우 중요한데, 이는 부모를 포함한 팀원들이 각 단계에 적극적으로 참여할수록 팀 절차와 중재 전략의 실행에 시간과 노력을 더 많이 투자하게 되기 때문이다. 또한 행동에 영향을 미칠 수 있는 모든 요소를 떠올리기 위해 별도의 시간을 가짐으로써 유용한 추가 정보를 생각해 낼 수도 있고, 이 절차에 참여하지 않았다면 생각하지 못했을 세부 사항을 판별하게 될 수도 있다. 팀이 모여서 이러한 요소들을 논의하고, 모든 팀원이 도전행동을 유사한 방식으로 바라보는 것도 중요하다. 어떤 경우에는 겉으로 보기보다 상황이 명확하지 않을 수도 있고, 처음에는 명확해 보였던 일이 실제로는 매우 복잡할 때도 있다. 시간을 들여서 평가 정보를 수집하는 것은 효과적인 중재 전략의 선택에 필수적이며, 도전행동의 기능을 이해한 후에야 비로소 중재 전략의 선택이 완료된다.

평가 정보의 수집은 가정에 서식을 보내고 그것을 돌려받는 작업 이상의 것이다. 필요한 모든 정보를 얻기 위해 가족과 한 번 또는 여러 번의 대화를 해야 할 수도 있다. 이러한 대화는 등하교 시간에 나눌 수도 있고, 전화나 이메일을 이용할 수도 있으며, 가족에게 가장 편리한 그 외의 어떤 방법으로도 가능하다. 평가 정보를 한꺼번에 모두 수집해야 하는 것은 아니다. 대화를 통해 정보를 수집할 경우 원하는 정보를 모두 얻으려면 여러 번의 대화가 필요할 수 있다.

4단계: 중재-교사로서의 가족

도전행동에 관한 모든 의사소통에서 긍정적이고 친절한 어조를 유지하는 것은 매우 중요하다.

제6장에서 논의하겠지만, 이 단계에서는 중재 전략을 판별하고 중재계획을 세운다. 이 단계에 가족이 참여한다는 것은 평가 정보를 바탕으로 어떤 중재를 실행해야 할지를 결정할 때 가족이 도움을 주는 것, 중재 단계를 정할 때 피드백을 제공하는 것, 유아에게 중재의 각 단계를 지도하기 위해 스크립트를 작성하고 시범을 보이며 역할극을 하는 것, 중재계획을 가족 모두에게 알리고 의견을 구하는 것 등을 의미한다. 어떤 가족들은 가정에서 중재를 실행하고 싶어 하며, 어떻게 실행해야 하는지를 알고 싶어 한다. 가족이 적극적으로 참여하지 못하는 상황에서도 절차의 모든 단계를 투명하게 진행해야 하며, 도전행동에 관한 모든 의사소통에서 긍정적이고 친절한 어조를 유지해야 한다.

5단계: 자료 활용과 다음 단계-협력자로서의 가족

유아의 진보, 특히 유아의 성공을 함께 나누는 것은 가족과의 관계를 강화하는 좋은 방법이다. 작은 진보와 성공을 포함한 모든 상황을 자료에 근거하여 가족과 공유하는 것은 매우 중요하다. 유아 행동의 빈도, 강도, 또는 지속시간이 감소하기 시작했다면 이는 가족과 공유해야 할 멋진 성공이다. 하루에 10회 이상 발생했던 다른 사람 때리기 행동이 5회 이하로 줄었음을 가족에게 알리는 것은 진보가 일어나고 있음을 가족이 알게 하는 좋은 방법이다. 5회 이하로 다른 사람을 때리는 것이 최종 목표는 아니지만, 이렇게 성공을 알리면 가족이 교실에서 일어나는 일에 계속 관심을 가지고 참여하게 된다. 일반적으로 도전행동이 감소하면 유아가 좀 더 적절한 행동을 할 기회가 발생하는데, 이와 같은 유아의 모든 진보를 가족에게 알려야 한다. 가족이 절차의 초기 단계부터 가족에게 의미 있는 방식으로 참여했다면 촉진자가 다른 팀원들에게 하듯이 이 절차에 관련된 모든 정보를 가족과 공유하는 것이 자연스럽다.

가족이 이전의 PTR-YC 단계에 적극적으로 참여하지 않았더라도 학교나 센터에서 유아의 발전을 목격한 다음에는 더 잘 참여하게 되기도 한다. 가족의 반응이 기대했던 바와 다를 때, 우리는 종종 가족이 유아의 진보에 만족하지 않는다거나 유아의 진보를 중요하게 여기지 않는다고 짐작한다. 각 가족이 공적 이슈를 다루는 방식을 존중하는 것은 매우 중요한데, 이러한 방식은 과거의 경험, 문화적 차이, 또는 개인적 선호도에 많은 영향을 받는다. 어떤 사람들은 기꺼이 자신에 대한 모든 것을 공개하는 반면, 어떤 사람들은 개인 정보를 아무에게도 알리지 않고 비밀로 하려고 한다.

요약

우리의 기본 원칙 중 하나는 유아에 관한 한 가족 중심주의가 핵심이라는 것이다. 모든 사람이 동일한 목표를 가지고 도전행동을 잘 다루기 위해 협력하면 유아와 가족에게 강력한 영향을 미칠 수 있다. PTR-YC 절차 내내 가족의 개별성을 염두에 두는 동시에 가족을 참여시키기 위해 시간을 들이는 것이 우선순위가 되어야 한다. 가족에 대한 이해와 존중이 있다면, 유아와 관련된 모든 일에 가족을 참여시키는 것은 쉬울 뿐 아니라 당연한 일이다.

사례

이 절에서는 네 유아, 하사니(Hasani), 조엘(Joel), 제시(Jessi), 이던(Ethan)을 소개한다. 도전행동을 보이는 네 유아의 사례는 이들의 사회 적응을 증진하고 도전행동을 감소시키기 위해 적용할 PTR-YC 절차를 설명하기 위한 것이다. 이 사례들은 모두 허구지만, 저자들의 실제 경험을 바탕으로 한 것이다. 네 가지 사례는 행동, 가족, 강점과 약점이 각기 다른 아이들에게 PTR-YC 절차가 다양한 맥락에서 진행될 수 있음을 보여 준다.

이 책의 각 장 마지막 부분에는 PTR-YC의 각 단계가 실행되는 방식을 보여 주는 사례가 제시되어 있다. 체크리스트와 자료 서식의 활용법 예시도 제공되어 있으며, 각 사례는 평가와 중재 전략을 실행하려는 교사와 지원팀에게 발생할 수 있는 어려움을 보여 준다. 이러한 사례들은 PTR-YC 절차가 효과적으로 진행되는 과정을 이해하는 데 도움이 될 것이다.

첫 번째 사례: 하사니(2.5세)의 생애사

가족 배경 하사니는 2.5세(30개월)의 아프리카계 미국인 여자아이로 어머니 아마라(Amara), 아빠 제리(Jerry)와 함께 작은 도시에 살고 있다. 이 가족은 친척들이 가까이에 살아서 많은 지원을 받고 있다. 아마라와 제리는 전일제 직업을 가진 중산층으로, 직장 일정이 허락하는 한도 내에서 하사니와 시간을 보내고 하사니가 받는 서비스에 최대한 열심히 참여한다. 아마라와 제리는 하사니의 학급 활동을 보조하기도 하고, 센터에서 열리는 가족 활동과 행사에 대부분 참여하며, 하사니를 센터에 등하원시킬 때와 이메일을 통해서 교직원들과 매일 소통한다. 하사니는 전문대학 부설 어린이집 종일반에 다니는 동시에 조기개입 서비스(3세가 될 때까지만 받을 수 있음)를 받고 있으며 주 2회 언어치료와 주 1회 작업치료, 주 1회 구조화된 놀이집단에 참여하고 있다.

유아 소개 하사니는 자폐성장애로 진단받은 예쁜 여자아이이다. 웃는 얼굴이 예쁘고 바깥놀이를 좋아하며 달콤한 음식이면 무엇이든 좋아하는데, 특히 케이크를 좋아한다. 하사니는 핑거페인팅을 좋아하고 미술 활동에 잘 참여하며 책 읽기와 음악 감상, 그리고 종이 찢기를 좋아하고, TV의 특정 프로그램(예: 세서미 스트리트)만 본다. 하사니는 말을 하지 못하지만 약간의 소리를 낼 수 있다. 원하는 것이 있으면 바로 그것을 낚아채거나 다른 사람의 손을 잡고 그것이 있는 쪽으로 데려간다. 자기 힘으로 얻을 수 없는 어떤 것을 가지고 싶을 때가 아닌 한 평소에는 다른 사람과 상호작용을 하지 않는다. 알파벳 낱글자 놀이는 하사니가 다른 사람과 함께하기를 좋아하는 유일한 활동이다. 하사니는 자기가 손가락으로 가리키는 글자를 다른 사람이 소리 내어 읽는 것을 좋아한다. 이런 형태의 상호작용을 할 때 하사니는 상대방을 쳐다보는 편이며, 그 사람이 알파벳 글자를 소리 내어 말해 주면 미소를 짓는데 때로 너무 좋아서 큰 소리로 웃거나 비명에 가까운 소리를 내기도 한다. 장난감을 가지고 노는 일은 거의 없지만, 장난감을 갖고 노는 경우에도 적절한 방식으로 갖고 놀지는 않는다.

도전행동 하사니의 도전행동에는 성인이나 또래에게 반응하지 않기, 지시나 교실 일과를 따르지 않기, 교실 활동 참여를 거부하기, 수업 자료 찢기, 교실 이탈하기, 다른 사람의 물건 빼앗기 등이 있다. 성인이나 또래가 하사니에게 놀이나 대화를 제안하면, 하사니는 이를 무시하고 상대방을 쳐다보지도 않은 채 또는 마치 상대방이 그 자리에 없는 것처럼 자기가 하던 일을 계속한다. 성인이나 또래가 계속하여 하사니에게 상호작용을 시도하면, 하사니는 그 자리를 떠나 다른 곳으로 가 버린다. 하사니는 또한 지시를 받아도 이를 무시하며, 성인이 지시를 따르라고 계속 말하면 다른 곳으로 가 버린다. 수업 중 하사니는 수업에 거의 참여하지 않은 채 2~3분 정도 혼자 조용히 앉아 있곤 한다. 몇 분이 지나면 비명에 가까운 큰 소리를 내기 시작하고, 결국 자리에서 일어나 활동 영역 밖으로 뛰쳐나간다. 하사니는 주로 독서 영역을 돌아다니거나 휴식 공간에 머문다. 교사들은 하사니가 원하는 만큼 그곳에 오래 머물도록 허용하고 있다. 하사니는 바깥놀이, 간식 시간, 그림 그리기 활동 등과 같이 자기가 좋아하는 학급 일과에는 매우 잘 참여한다. 별로 좋아하지 않는 일과일 때는 지시를 무시하고 독서 영역이나 휴식 공간에 머문다. 교사가 일과로 돌아가라고 하면, 하사니는 다른 곳으로 도망을 간다. 때때로 하사니는 교재를 찢고 또래들의 물건을 뺏기도 한다.

두 번째 사례: 조엘(4세)의 생애사

가족 배경 조엘은 아버지 게리(Gary)와 두 명의 누나와 사는 4세의 백인 남자아이다. 두 누나는 8세인 캐런(Karen)과 5세인 유진(Eugene)이다. 게리와 자녀들은 큰 도시에 살고 있으며 가까이에 도움을 줄 만한 친척이 없다. 게리가 사는 아파트에는 시간이 날 때마다 게리를 도와주는 이웃 조이스(Joyce)가 살고 있다. 조이스는 아이들에게 할머니 같은 존재지만 게리가 그녀를 필요로 할 때마다 달려오기는 어렵다. 게리는 동네에 있는 한 공장에서 풀타임으로 일하는데 최대한의 초과 근무를 하기 때문에 아이들과 시간을 보내기가 어렵다. 조엘은 첫 돌이 지난 후부터 전일제 헤드 스타트 프로그램에 다니고 있고, 유진은 전일제 유치원에 재원 중이며, 캐런은 초등학교 2학년이다. 세 아이는 스쿨버스로 등하교를 하는지라 게리는 교사를 만날 기회가 별로 없다. 조엘은 집과 헤드 스타트 프로그램에서 도전행동을 보이는데, 게리는 집에서 조엘에게 소리만 한번 지르면 말을 잘 듣기 때문에 헤드 스타트 프로그램에서도 교사가 소리를 한번 지르기만 하면 행동이 좋아질 것으로 생각하고 있다.

유아 소개 조엘은 매우 분주하고 열정이 넘치는 남자아이로, 언어 지연의 문제를 가지고 있다. 처음에는 조엘의 언어 지연이 막내인 데다가 남자아이여서 비롯되었다고 여겨졌으며, 다들 곧 나아질 것으로 생각했다. 그러나 네 살이 되고 보니 조엘의 언어발달은 큰 걱정거리가 되었다. 조엘은 야외에서 달리고 노는 것을 좋아하며, 뭔가를 쌓고 나서 다시 무너뜨리기도 좋아한다. 조엘은 모든 종류의 자동차와 트럭을 갖고 놀기를 좋아하며 음식과 관련된 모든 것(예: 식사, 간식, 요리 활동, 파티)을 매우 중시한다. 조엘은 약간의 말을 할 수 있고(두세 단어로 구성된 문장) 원하는 것을 말로 표현할 수 있는데도, 원하는 것이 있으면 바로 낚아채거나 직접 그것을 손에 넣을 방법을 찾는다. 조엘은 흥미를 느끼는 학급 활동에는 참여하지만, 타인의 지시를 받는 것은 좋아하지 않는다.

도전행동 조엘의 도전행동에는 마음대로 되지 않거나 관심을 받고 싶을 때 다른 사람 때리기, 친구의 장난감 뺏기, 교사에게 늘 "안 해!"라고 외치기 등이 있다. 조엘은 활동에 흥미를 느끼지 못하면 그 자리를 떠나 교실의 다른 영역으로 가서 다른 교재를 가지고 놀기 시작하는데, 수업이나 또래들에게 방해가 되고 성인의 관심을 끌 만큼 큰 소리를 내며 논다. 활동이 하기 싫을 때 조엘은 지시를 따르지 않는다. 조엘은 교실에서 자주 큰 소리로 떠들고 장난감을 거칠게 다룬다.

세 번째 사례: 제시(3.5세)의 생애사

가족 배경 제시는 3.5세(42개월)의 여자아이로, 양부모인 루시(Lucy)와 케이(Kay), 양부모의 친아들이자 8세인 더그(Doug)와 함께 대도시에 산다. 제시는 라틴계 미국인과 백인 사이에서 태어났으며, 양부모와 함께 산 지는 7개월이 되었다. 어머니 루시는 제시가 다니는 어린이집 행사에 정기적으로 참여하고 있다. 루시와 케이는 친척의 도움을 받고 있으며 '아동과 가족 서비스(Child and Family Services)'에서 가정에 제공하는 서비스도 받고 있다. 제시는 10개의 학급을 가진 지역사회기반의 대형 어린이집에 6개월째 다니고 있다. 더그가 어릴 때 이 어린이집을 다녔기 때문에 교사들은 제시의 중복장애를 개의치 않고 더그의 동생인 제시가 같은 어린이집에 다니게 된 것을 열렬하게 환영했으며, 별 어려움 없이 제시의 특별한 요구를 감당할 수 있을 거라고 생각했다. 몇 달 후 어린이집 교사들은 제시의 요구를 충족하려면 좀 더 많은 도움이 필요함을 깨달았지만, 그동안 제시와 너무나 정이 들었기 때문에 제시가 어린이집을 떠나기를 바라지는 않았다. 루시와 케이 역시 제시가 적절한 기술을 배우려면 뭔가 더 많은 조치가 필요함을 깨달았다. 초기에는 너무나 귀여웠던 제시의 행동은 점차 통제하기가 어려워졌고, 집과 센터에서 문제가 되기 시작했다.

유아 소개 제시는 사랑스러운 미소와 웃음소리를 가진 매력적인 어린 소녀다. 제시는 시각장애, 뇌전증, 지적장애 그리고 여러 건강 문제를 포함한 중복장애를 가지고 있다. 제시는 누군가가 자신의 손을 잡는 것, 다른 사람을 안거나 다른 사람에게 안기는 것, 음악 듣기, 소리를 내는 모든 장난감(소리가 클수록 더 좋아함), 몸을 전후좌우로 흔들거나 제자리에서 빙빙 도는 것, 누군가의 무릎에 앉아 이야기 듣는 것을 좋아한다. 누군가의 무릎에 앉아 있을 수만 있다면 그 사람의 도움을 받아 어떤 일이든 기꺼이 한다. 제시가 독립적으로 무언가를 하는 일은 거의 없으며, 의사표현을 위해 다양한 도전행동을 보인다. 제시는 약간의 발성이 가능하고 소리를 내 보려고 애쓸 때도 있지만, 어떤 말인지 알아듣기는 어렵다. 전반적으로 제시는 매우 사랑스러운 아이여서 많은 성인과 아이들이 제시 곁에 있고 싶어 한다. 제시의 도전행동은 친구를 사귀고 교실 내 일과와 활동에 참여하는 데 방해가 되고 있다.

도전행동 제시의 도전행동은 크게 소리 지르기, 고음의 비명 지르기, 때리기, 차기, 자기 머리를 땅바닥에 박기, 물건 던지기, 꼬집기, 너무 세게 껴안기, 다른 사람의 물건 뺏기, 울기 등이다. 제시는 주변에 성인이 있으면 좋아하는데, 성인들 역시 제시가 곁에 있는 것을 좋아한다. 제시의 도전행동 대부분은 교실 내의 다른 아이들을 향한 것이다. 지금까지는 제시로 인해 다른 아이가 심각하게 다친 적은 없지만, 교사들은 어떤 아이도 다치지 않기를 바라는 동시에 제시가 이 어린이집을 계속 다닐 수 있기를 바라고 있다.

네 번째 사례: 이던(5세)의 생애사

가족 배경 이던은 5세의 북미 원주민(Native American) 소년으로, 할머니 베로니카(Veronica)와 3세인 여동생 리즈(Liz)와 함께 산다. 이들은 친척과 멀리 떨어져 시골에 살고 있다. 이던은 지난 2년간 학급이 둘뿐인 작은 어린이집에 다니고 있는데, 베로니카는 전일제 직장을 다니고 있어서 어린이집 일에는 거의 관여하지 못하고 있다. 리즈는 같은 어린이집의 다른 반에 속해 있다. 이던은 가정과 어린이집 모두에서 도전행동을 보인다.

유아 소개 이던은 카리스마가 넘치는 소년으로, 아직 발달지체나 장애로 진단받은 적은 없지만, 사회정서 문제를 보인다. 이던은 대부분의 교실 활동을 좋아하고 수업 도우미를 하고 싶어 하며 친구와 노는 것을 좋아하고 대부분의 시간에 적절하게 행동한다. 그러나 원하는 대로 되지 않을 때 이던의 도전행동은 교실을 소란스럽게 만든다.

도전행동 이던의 도전행동에는 또래의 장난감 뺏기, 또래에게 "싫어!"라고 소리 지르기, 또래가 장난감을 양보하지 않는다고 교사에게 일러바치기, 울기, 머리카락 당기기, 놀이에 끼워 주지 않으면 또래의 놀이 망치기, 큰 소리로 욕하기 등이 포함된다.

제3장

팀 구성과 목표 설정

- 팀 구성
- 계획 회의
- 진보 점검 회의
- 팀 절차
- 목표 설정
- 사례

이 장에서는 PTR-YC 평가 및 중재의 준비 단계인 주요 요소 두 가지를 설명한다. 첫 번째 단계는 PTR-YC를 계획하고 실행할 팀을 만드는 팀 구성이다. 팀은 PTR-YC 절차에서 가장 중심이 되는 실체이며, 모든 진단과 중재 전략을 수행할 책임을 갖기 때문에 팀원과 팀의 기능은 성공의 주요 요소다. 두 번째 단계는 목표 설정이다. 목표 설정은 팀원 모두가 주요 단기목표를 이해하고 동의하는 방식으로 목표행동을 판별하고 신중하게 정의하는 것을 말한다.

팀 구성

PTR-YC의 첫 단계는 심각한 도전행동을 보이는 유아를 돕기 위해 전 과정에 헌신적으로 참여하는 응집력 있는 팀을 만드는 것이다. 팀 구성 단계는 대개 유아의 도전행동이 계속되고 너무나도 심각하여 협력적이고 개별화된 노력이 필요하다고 판단한 한두 명의 개인(예: 교사, 프로그램 관리자, 심리학자, 행동 전문가)이 시작한다. 일반적으로 이 단계를 시작한 사람들이 팀의 촉진자 또는 리더의 역할을 하게 되며, PTR-YC 절차의 세부 사항을 가장 잘 알 것이라고 예상된다. 하지만 여기서 중요한 것은 촉진자가 팀을 대신하여 의사결정을 내리지는 않는다는 점이다. 이 장 후반부에서 논의하겠지만, 팀원들이 함께 의사결정을 하고 모든 주요 단계에 대한 의견을 모으면서 전 과정을 진행하는 것이 중요하다.

팀은 유아와 가깝게 지내면서 유아의 도전행동을 직접 경험한 사람들을 포함해야 한다. 중재계획의 실행을 담당할 다른 이들도 팀원이 되어야 한다. 팀에는 유아와 가까이에서 일하게 될 사람들, 유아와 유아 행동에 대한 자세한 정보를 가지고 있는 사람들, 유아의 행동이 긍정적으로 변화하는 데 관심을 가진 사람들이 포함되어야 한다. 팀원의 수는 유아와 담임교사의 요구, 센터 또는 프로그램 안에서 가능한 자원들, 센터 또는 프로그램 외부에서 얻을 수 있는 기타 지원 및 자원에 의해 결정될 것이다. 교사는 이 팀의 구성원이 되어야 하며(여기서 교사란 교육 및 보육 환경에서 유아에 대한 1차적 책임을 갖는 모든 성인을 뜻한다), 가능하다면 보조교사와 교실에서 근무하는 모든 교직원을 팀에 포함하기를 추천한다. 또한, 유아의 부모 또는 주 양육자도 중요한 팀원이다. 부모나 주 양육자가 팀에 참여할 수 없는 상황이거나 참여를 거부하더라도 팀은 과정을 그대로 진행한다. 제2장에서 언급된 바와 같이, 부모 또는 주 양육자들이 활발하게 참여하지 못하더라도 이들이 중재계획에 참여하고 공유할 수 있는 기회는 지속적으로 제공되어야 한다.

기타 팀원으로는 특수교육 교직원, 작업치료사, 언어치료사, 보건교사 및 관련 서비스 제공자를 포함할 수 있다. 또한, 행동원칙에 관한 지식이 있는 사람, 긍정적 행동지원, 응용행동분석, 기능평가를 해 본 경험이 있는 사람을 팀원으로 포함하는 것도 도움이 될 수 있다. 행동분석가, 학교 심리학자, 정신건강 자문가들은 이러한 자격요건을 갖춘 사람들이다. 유아의 환경과 활용 가능한 자원을 잘 아는 사람들도 가능한 한 팀원으로 포함해야 한다(예: 행정가, 관리자). 마지막으로, 팀원 중 최소한 한 명은 이 매뉴얼 내용을 숙지하고 있어야 한다.

모든 팀원의 주요 책임은, ① 팀 회의에 출석 및 참여하기, ② 기능평가와 중재계획에 참여하기, ③ 중재계획의 실행 및 자료의 수집과 점검 그리고 이후의 절차에 대한 의사결정에 참여하기다. 계획 회의는 보통 60~90분 정도 소요되며 가족 구성원을 포함한 핵심 팀원들에게 편리한 시간과 장소를 정하여 실시된다.

계획 회의

계획 회의는 다음과 같이 진행된다.

> 첫 번째 회의를 하는 동안 명확한 의사소통 방식을 수립해야 한다. 효과적 의사소통은 효과적인 팀 운영에 필수적이다.

첫 번째 회의: 이 회의는 팀원들이 모여 역할을 분담하고 유아에 대한 통일된 장기적 전망에 동의하며 단기목표 및 신중하게 정의된 목표행동을 정한다.

두 번째 회의: 첫 번째 회의와 짧은 간격을 두고 실시되는 두 번째 회의는 자료 수집 체계를 개발하고 누가 어떻게 자료를 수집하고 요약할지를 결정하기 위한 것이다. 팀이 이미 효과적으로 협업 중이고 첫 번째 회의의 목표를 빨리 달성할 수 있다면 첫 번째 회의와 두 번째 회의는 합하여 실시할 수 있다.

세 번째 회의: 이 회의는 기능평가와 관련된 정보를 토론하고 그 정보를 가설문장으로 요약하기 위한 것이다. 가설문장은 유아의 도전행동에 대한 팀의 이해를 기초로 구성하며, 행동중재계획으로 직접 연결된다. 대개 세 번째 회의는 두 번째 회의를 한 후 일주일 이내에 소집된다.

네 번째 회의: 이 회의는 예방, 교수, 강화 범주의 주요 전략을 포함한 행동중재계획 개발을 위한 것이다. 이 회의에서는 누가 전략을 실행할지, 정확히 언제 어떻게 전략을 사용할 것인지에 관한 세부 사항을 정한다. 이 회의에 관한 세부 내용은 제6장에 설명되어 있다.

진보 점검 회의

진보 점검 회의는 네 번째 회의를 마치고 대략 2주 후에 시작된다. 이 회의의 목적은 기대했던 진보가 이루어졌는지 판단하기 위해 자료를 검토하고 필요시 행동중재계획을 수정하는 것이다. 일반적으로 진보 점검 회의는 다른 회의보다는 짧다.

그 외의 추가 회의는 팀의 재량에 따라 소집하면 된다. 추가 회의의 안건은 추후 지원 제공에 대한 논의, 중재계획 정교화, 기대 이하의 성과가 나타난 것에 대한 해결책 모색, 목표행동 추가 선정 등이다. 뚜렷한 진보가 일어나고 있다면 이러한 추가 회의가 꼭 필요한 것은 아니다.

팀 절차

팀원이 확정되면 수집한 자료를 바탕으로 의사결정을 하고 합의를 도출하는 방법을 정하는 시간을 가져야 한다. PTR-YC는 팀원들이 자료를 모으고 검토하며, 그 자료를 바탕으로 결정을 내리고 실천하는 순차적 회의 구조를 제공한다. 또한 회의는 팀원들이 자료에 입각하여 의사결정을 하는 구조를 갖추어야 한다. 첫 회의가 끝나면 일반적으로 다음과 같은 회의 구조가 수립된다.

- 목표행동 및 PTR-YC 절차에 관련된 정보를 제시하고 검토하기
- 자료를 기반으로 브레인스토밍을 하여 아이디어를 구조화하기
- 자료를 기반으로 도출된 아이디어의 우선순위를 매기고 다음 단계를 위한 의사결정하기
- 합의를 도출하고 합의된 다음 단계를 실행하기

매 회의마다 목표행동 및 행동의 기능과 관련된 정보를 제시하고 논의해야 한다. 팀은 회의 때마다 모든 자료와 정보를 가져와야 한다. 모든 회의 노트, 자료, 기타 정보들은 폴더나 파일에 잘 정리해 두기를 권한다.

> 도전행동에 대한 지식과 경험을 가진 팀원이 브레인스토밍 토론을 촉진하는 것이 좋다. 긍정적인 성과를 얻으려면 관찰 가능하고 사실에 기반을 둔 정보와 계획에 초점을 두어야 한다.

회의 중 브레인스토밍은 모든 팀원이 생각을 공유할 수 있는 구조화된 방법으로 실시해야 한다. 예를 들면, 팀은 팀원들에게 각자의 생각을 적게 하고 한 명씩 돌아가면서 이를 발표하게 한 후, 이 아이디어들을 목록화하고 토론을 통해 구체화할 수 있다. 그 후 팀은, ① 여러 번에 걸친 주의 깊은 관찰을 토대로 한 것인가, ② 교실 맥락에 잘 맞는가, ③ 유아의 긍정적인 성과에 기여하는가와 같은 기준을 적용하여 목록에 포함된 아이디어의 우선순위를 정한다. 이러한 과정은 접착식 메모지에 아이디어를 써서 벽에 붙이고, 토론을 하면서 메모지를 이동시켜 팀이 공통의 주제를 찾게 하는 방식으로도 진행될 수 있다. 이러한 브레인스토밍 절차는 이 장의 마지막에 나오는 사례에도 제시되어 있다.

합의를 도출하는 과정은 브레인스토밍 이후에도 계속 필요하다. 때로 팀은 순조롭게 우선순위를 판별하고 빠르게 합의점을 찾을 수도 있다. 대부분의 팀은 서로 다른 경험과 관점을 가진 다양한 팀원으로 구성되어 있을 것이다. 이와 같은 팀 내 다양성은 절차가 진행되는 동안 종합적인 자료와 풍부한 정보를 제공한다. 상이한 의견과 관점이 있더라도 팀은 합의에 도달할 수 있어야 한다. 이를 위해 팀은 모든 팀원과 효과적인 의사소통을 시작하고 유지해야 한다. 의사소통의 규준을 갖는 것이 바람직하며 이러한 규준에는 의사소통의 수단(예: 이메일, 대화, 서면)과 원칙(예: 강점 중심, 사실에 입각한 정보, 긍정적 언어)이 포함되어야 한다. 팀이 합의에 이르렀다는 것은 모든 팀원이 제시된 정보를 이해하고, 모든 관련된 질문을 하고, 다음 단계를 실천하기로 약속했음을 뜻한다. PTR-YC는 팀원들이 중재계획을 수립하고 그 계획을 최대한 충실하게 실행하는 데 헌신하기를 요구한다.

만약 의견 충돌이 생기면 팀은 수집한 자료를 다시 살펴보는 것이 좋다. 서로 의견이 다를 수 있지만, 사실에 기반을 둔 자료는 팀 합의의 토대가 될 수 있다. 자료가 보여 주는 내용에 대한 합의가 도출되지 못한 경우, 팀은 해당 세부 주제나 영역에 관한 자료를 더 수집해야 한다. 추가로 수집된 자료를 검토하다 보면 어떤 정보가 더 필요한지를 구체적으로 알 수 있을 것이다. 추가로 수집된 자료를 검토하기 위해 그다음 회의 시간을 정해야 한다. 예를 들어, 목표로 삼을 도전행동에 합의하지 못한 팀은 각 행동이 얼마나 자주 발생하는지(예: 침 뱉기와 때리기 중 어느 쪽이 더 자주 발생하는지)에 대한 정보를 좀 더 수집해야 한다. 추가로 수집된 정보는 더 자주 발생하는 도전행동을 목표로 삼게 함으로써 팀이 합의에 이르는 데 도움을 줄 것이다. 때때로 팀은 추가의 자료 수집을 위해 동영상을 활용하는 방안도 고려할 수 있다.

외부 서비스

유아교육환경에서 도전행동을 보이는 일부 유아는 출석 중인 센터, 프로그램, 유치원, 또는 어린이집 이외의 경로를 통해 외부 서비스를 받을 수 있으며, 이러한 서비스 및 서비스 제공자들은 PTR-YC 절차를 사용하는 환경과 전혀 관련이 없을 수도 있다. 예를 들면, 어떤 유아들은 개별 치료사에게 언어치료나 작업치료를 받을 수 있고, 또 어떤 유아들은 응용행동분석과 관련된 전문적 중재를 받을 수도 있다. 외부 서비스와

PTR-YC 중재가 최대한 조율되는 것이 바람직하지만, 전문가들이 회의에 참석하거나 다른 전문가들과 정기적으로 의사소통할 시간을 내기가 어렵기 때문에 그러한 조율이 쉽지는 않다. 그러나 여러 서비스 제공자 간의 적극적 조율이 PTR-YC 절차에 필수적인 것은 아니다. 그렇더라도 팀은 이 단계에서 의사소통 촉진 전략을 적극적으로 모색하여 PTR-YC 전략이 다른 서비스 제공자와 환경에도 전이되게 해야 한다. 여러 환경과 외부 서비스에서 PTR-YC의 성공 가능성을 높이기 위해 권장되는 두 가지 전략은, ① 외부 서비스 제공자에게 PTR-YC 평가와 관련된 모든 질문지를 작성해 달라고 요청하기(제5장 참조), ② 모든 외부 서비스 제공자에게 중재계획 사본 제공하기(제6장 참조)다.

목표 설정

PTR-YC 모델에서 목표를 잘 설정하려면 유아의 전인(whole child)을 포괄하는 개인중심접근(person-centered approach)을 취해야 한다. 이 접근을 채택한 팀은 유아의 강점과 더불어 향후 수년간 유아가 배우거나 성취하기 바라는 것을 논의한다. 가족 구성원들의 의견을 수렴하여 가족의 우선순위와 그 우선순위에 영향을 준 문화적 요인을 이해하는 것은 목표 설정에 큰 도움이 된다. 장기목표는 "카렌(Karen)이 유치원에 들어가기 전 어떤 기술을 배우기를 원하는가?" 또는 "지금부터 3년 후 토마스(Thomas)가 어떤 종류의 사회적 관계를 누려야 하는가?"와 같은 질문을 통해 수립할 수 있다. 일부 유아의 장기목표에는 의사소통 능력, 친구 사귀는 능력, 독립적으로 자조기술을 사용할 수 있는 능력, 많은 또래와 협동하여 노는 능력 등이 포함될 것이다. 여기서 요점은 팀이 아동발달에 대한 비전을 공유하여 단기목표들이 장기적 성과를 향해 나아가게 하는 것이다. 첫 번째 회의에서 팀은 이 중요한 아동발달 궤도의 '큰 그림'을 논의하는 데 시간을 할애해야 한다.

그러나 PTR-YC에서의 목표 설정은 이러한 광범위하고 장기적 전망에 많은 시간을 할애하지는 않는다. 대신에 PTR-YC는 구체적인 목표행동에 집중하고 2~3개월이라는 기간 안에 합리적으로 획득할 수 있는 목표를 개발하는데, 이것이 곧 PTR-YC의 목적이기도 하다. 이와 같은 단기목표는 팀이 감소시키려는 유아의 도전행동과 증가시키려는 바람직한 행동에 초점을 둔다. 목표에는 긍정적 또래 관계 맺기, 공유하기, 차례 지키기, 문제해결, 감정 표현 및 조절, 타인과 의사소통하기 등이 포함한다. 다음에 제시된 PTR-YC 목표 기록지는 팀이 절차를 시작할 목표행동을 판별하는 데 도움을 줄 것이다. PTR-YC 목표 기록지는, ① 감소되어야 할 행동, ② 증가되어야 할 행동의 두 범주로 되어 있다. 팀은 현재 나타나고 있는 여러 도전행동과 향후 유아가 보이기를 바라는 여러 바람직한 행동을 브레인스토밍한 후, 중재계획 수립의 초점으로 삼을 목표행동을 범주별로 하나씩 선택하여 관찰 가능하고(보거나 들을 수 있게) 측정 가능하게(빈도나 지속시간을 잴 수 있게) 조작적으로 정의할 것이다.

행동은 관찰 가능하고 측정 가능한 조작적인 용어로 정의되어야 한다.

PTR-YC 목표 기록지(〈표 3-1〉 참조)를 작성하는 방법은 6단계로 구분할 수 있는데, 각 팀원은 이 모든 단계에 기여할 기회를 가져야 한다. 만약 참석하기 어려운 팀원(예: 가족 구성원, 기타 서비스 제공자)이 있다면, 촉진자는 회의에 앞서 이들의 아이디어를 미리 수렴함으로써 모든 사람의 견해를 반영할 수 있다. 참석하지 못하는 사람들에게 PTR-YC 목표 기록지를 보내고 회의 전에 제출해 달라고 할 수도 있다. 또는 회의에 올 수 없는 사람에게는 이메일이나 전화로 정보를 수집하고, 회의에 참석할 사람들에게는 미리 PTR-YC 목표 기록지를 배부하여 토론할 아이디어를 먼저 생각해 보고 첫 번째 회의에 오게 할 수도 있다. 만약 팀이 회의 전에 정보를 수집하기로 했다면, 이 서식 작성법을 가르쳐 주고, 3단계와 6단계는 신경쓰지 않아도 된다는 것을 알려야 한다. 조작적 정의는 회의를 통해 모든 팀원의 생각을 바탕으로 논의하고 정의되어야 한다. 이 과정에서 모든 사람의 생각을 포함해야 하며, 모든 세부 사항은 회의를 통해 정해야 한다(예: 목표행동 판별하기, 조작적 정의 작성하기). PTR-YC 목표 기록지를 이용하여 모든 사람의 의견을 기록하고, 다음에 설명된 단계에 따라 절차를 진행한다.

표 3-1 PTR-YC 목표 기록지

PTR-YC 목표 기록지

1. 감소되어야 할 유아의 도전행동 판별하기
2. 목표로 삼을 도전행동 **한 가지** 선택하기
3. 관찰 가능하고(보거나 들을 수 있음) 측정 가능하게(빈도나 지속시간을 잴 수 있음) 목표행동을 조작적으로 정의하기
4. 증가되어야 할 유아의 바람직한 행동 판별하기
5. 증가되어야 할 행동 **한 가지** 선택하기
6. 관찰 가능하고(보거나 들을 수 있음) 측정 가능하게(빈도나 지속시간을 잴 수 있음) 목표행동을 조작적으로 정의하기

유아명: ____________________ 날짜: ____________________

1. 감소되어야 할 행동	
2. 목표행동(도전행동)	
3. 조작적 정의(도전행동)	
4. 증가되어야 할 행동	
5. 목표행동(바람직한 행동)	
6. 조작적 정의(바람직한 행동)	

Prevent-Teach-Reinforce for Children: The Early Childhood Model of Individualized Positive Behavior Support
by Glen Dunlap, Kelly Wilson, Phillip Strain, and Janice K. Lee.

1단계: 감소되어야 할 유아의 도전행동 판별하기

이 단계에서는 모든 팀원이 유아의 학급 참여를 방해하는 모든 종류의 도전행동을 판별한다. 이러한 행동에는 지시를 따르지 않기, 또래와 성인에게 반응하지 않기, 늘 혼자 있으려고 하기, 다른 사람의 물건 뺏기, 소리 지르기, 때리기, 물건 던지기 등이 있다. 어떤 팀은 한두 개의 행동만 기록하여 브레인스토밍이 몇 초밖에 걸리지 않을 수도 있다. 또 어떤 팀은 매우 긴 도전행동 목록을 작성하여 브레인스토밍에 수 분이 걸릴 수도 있다. 브레인스토밍을 할 때는 정확한 용어를 사용하였는지, 모든 세부 사항을 포함하였는지에 대해 걱정하지 않아도 된다. 여기서 핵심은 가장 문제가 되는 도전행동을 판별하는 것이다. 모든 도전행동을 포함할 필요도 없다. 가장 중요하거나 가장 문제가 되는 도전행동만 판별해도 무방하다.

2단계: 목표로 삼을 도전행동 한 가지 선택하기

이 단계에서는 팀원들이 PTR-YC의 목표로 삼을 도전행동을 결정한다. 팀이 즉시 없애고 싶어 하는 행동이 여러 가지일 수도 있는데, 이는 충분히 이해할 수 있는 일이다. 하지만 그간의 경험으로 볼 때 유아와 성인(행동중재계획 실행자)의 성공 가능성을 높이려면 한 번에 하나의 행동만 목표로 삼는 것이 좋다. 행동중재계획이 너무 복잡하거나 많은 행동을 다루면 완벽하게 성공하기는 어려우며, 팀은 여러 도전행동 속에서 끊임없이 허덕이게 될 수도 있다. 어떤 행동이 유아 본인이나 타인의 안전을 위협한다면(예: 자해, 타인을 향한 공격, 물건 던지기, 도망치기) 이러한 유형의 행동부터 시작해야 하며, 일반적으로 이러한 행동은 팀이 가장 중요하다고 판별하는 행동들이기도 하다. 하나의 도전행동에 집중함으로써 팀은 목표로 삼은 도전행동을 효과적으로 감소시키거나 없애고 바람직한 행동 교수에 주력할 수 있다. 제7장에는 도전행동이 통제 가능한 수준으로 감소하거나 완전히 사라졌을 때, 그다음 단계에 관한 정보가 있다.

팀이 선정한 한 가지의 도전행동은 외형적으로 달라 보이는 여러 행동의 군집(즉, 행동군)일 수도 있는데, 이 행동군에 속하는 행동들은 함께 발생하고 유아에게 동일한 기능으로 작용하는 경향이 있다. 예를 들면, 몇몇 공격 행동은 군집을 이루어 함께 발생

실행자를 위한 팁
행동군은 점차 고조되는 형태로 나타날 때가 많다. 예를 들면, 질은 먼저 큰 소리를 지르고 그다음에 누군가를 때린다. 여러 행동이 이렇게 점차 고조되는 패턴으로 나타날 때는 질의 '소리 지르기'와 같이 행동군에서 가장 먼저 나타나는 행동을 목표로 삼으면 된다.

하고 그 기능도 같다. 헤드 스타트 학급에 속한 4세 여아 질(Jill)의 사례를 살펴보자. 질은 하기 싫은 일을 하게 하면 매우 폭력적으로 반응하며 소리를 지르고 때리거나 발로 차거나 머리카락을 잡아당긴다. 이 여러 행동은 같은 상황에서 같은 목적을 달성하기 위해 나타나므로 근본적으로 같은 것이다. 이러한 폭력적 행동군은 하나의 행동으로 볼 수 있다. 질의 예에서 다른 형태를 띤 여러 행동(예: 때리기, 차기)은 상호 호환적이며, 평가와 중재 과정에서 같은 행동으로 간주될 것이다.

어떤 팀은 목표로 삼을 도전행동의 판별이 어렵지 않아서 이 절차를 금방 끝낼 것이다. 다른 팀은 어떤 도전행동을 목표로 할지에 관한 합의를 단시간에 도출하지 못할 수도 있다. 팀이 합의에 이르려면 더 많은 논의를 해야 할 것이다. 다음은 논의를 위한 질문들이다.

- 전이, 대집단 시간, 등원, 하원 등의 여러 맥락 또는 활동에서 나타나는 도전행동이 있는가?
- 요구를 표현하기 위해 자주 사용하는 도전행동이 있는가?
- 즉시 해결해야 할 공격 행동이 있는가?
- 약하게 시작되지만 점점 더 심해지는 행동이 있는가?(처음에는 한 가지 행동만 나타나다가 점점 더 심해져서 다른 행동이 되고, 중재나 개입이 없으면 더욱 심해져서 또 다른 행동으로 고조되는 행동, 예를 들어 유아가 소리를 지르다가, 행동 삽화가 지속됨에 따라 다음에는 발로 차고 결국에는 다른 사람을 때림)

이 질문들은 팀이 행동의 우선순위에 합의하고 목표로 삼을 도전행동을 결정하는 데 도움을 줄 것이다. 팀은 행동 형태에 대한 사적인 감정에 휩싸여 도전행동을 결정하지 않도록 조심해야 한다. 예를 들면, 특정 행동에 대한 강한 정서적 반응을 가진 사람은 그 행동이 가끔씩만 발생하고 다른 사람들에게는 그리 걱정스러운 것이 아닌데도 해당 행동을 목표행동으로 삼을 수 있다. 일례로, 어떤 교사는 한 유아가 장난으로 하는 트림이 일주일에 한 번도 채 일어나지 않고 학급 일과에 크게 방해가 되지 않는데도 이 행동을 매우 불쾌하게 여길 수 있다. 교실 내 다른 성인들은 이 행동을 알아채지도 못한 채 블록 영역에서 교구를 던지는 것과 같이 더 자주 나타나는 문제에 초점을 두고 싶어 하지만 이 교사는 트림하는 행동을 목표로 삼고 싶어 할 수 있다. 이 사례의 경우 블록을 던지는 위험한 행동이 먼저 목표로 선정되어야 한다. 앞서 제시된 질문들은 팀이 사실에 입각한 정보에 집중하게 하여 감정에 치우친 결정을 내리지 않게 해 줄 것이다.

3단계: 목표행동(도전행동)을 조작적으로 정의하기

이 단계는 팀이 관찰 가능하고(보거나 들을 수 있음) 측정 가능한(빈도나 지속시간을 잴 수 있음) 방법으로 목표행동을 서술하는 기회다. 팀은 목표행동을 조작적으로 잘 정의하여 누가 행동을 관찰하든 목표행동의 발생 여부에 이견이 없고 팀이 판별한 적절한 상황과 맥락에서 중재가 실행되며 타당도(측정하고자 하는 것을 측정)와 신뢰도(모든 사람이 동일하게 측정)를 갖춘 자료를 수집할 수 있게 해야 한다. 정의가 명료한지 확인하는 한 방법은 이 상황을 알지 못하는 누군가에게 전화로 그 행동을 큰 소리로 설명해 보는 것이다. 유아의 도전행동을 본 적이 없는 사람이 당신이 말한 것을 머릿속으로 그려낼 수 있다면, 조작적 정의를 잘 내린 것이다. 〈표 3-2〉는 조작적 정의의 올바른 예와 올바르지 않은 예를 보여 준다.

표 3-2 도전행동의 조작적 정의

도전행동	올바르지 않은 예	올바른 예
타인에 대한 공격	다른 사람을 다치게 함	발로 차기, 성인/또래를 깨물기, 침 뱉기, 할퀴기, 바닥을 향해 몸을 던지기, 또래/성인을 향해 물건 던지기
불순응/지시에 따르지 않음	통제하기를 원함(상황을 소종하려고 함)	하기 싫은 일을 지시받으면 멀리 도망을 가거나 지시 이전에 하던 일을 멈추지 않고 계속해서 하기
탠트럼 및 기물파손	뜻대로 안 되면 화를 냄	바닥에 드러 누워 "너 싫어!" 또는 "불공평해!"라고 소리 지르며 발을 구르고 팔을 마구 휘두르기, 공간을 뛰어다니며(소리지르며 또는 말없이) 사람을 밀기, 교실에 있는 물건을 던지거나 휘젓기, 벽에 있는 게시물을 떼어 내서 찢기
위축	혼자 있고 싶어 함	자유 시간 동안 다른 아이들에게서 1m 이상 떨어져 있기

4단계: 증가되어야 할 유아의 바람직한 행동 판별하기

이제 감소되어야 할 도전행동의 모든 세부 사항을 판별하였으므로, 팀은 학급 참여 증진과 새로운 기술 학습을 위해 유아가 보였으면 하는 모든 바람직한 행동을 판별해야 한다. 이 단계에서 모든 팀원은 유아가 학급 일과 및 활동에 참여하기 위해 어떤 기술을 배웠으면 좋을지에 관한 생각을 브레인스토밍한다. 바람직한 행동에는 자신이 원하는 것을 언어적 또는 비언어적으로 표현하기, 차례 지키기, 사이좋게 나눠 쓰기, 감정을 적절히 표현하기, 놀이에 적절히 끼어들기, 진정 전략, 문제해결 전략 등이 있다. 어떤 팀은 이러한 브레인스토밍을 몇 초만에 마칠 수 있다. 또 다른 팀은 브레인스토밍에 더 많은 시간을 할애하고 그 결과로 매우 긴 목록을 만들 수도 있다. 브레인스토밍을 할 때는 용어가 정확한지, 팀원들이 생각하기에 유아가 배웠으면 하는 모든 기술을 포함하였는지에 대해 걱정하지 않아도 된다. 가장 중요하거나 가장 바람직한 행동만 목록화해도 충분하다. 유아가 매일의 학급 일과와 활동에 적극적으로 참여하게 할 행동을 판별하는 것이 중요하다.

5단계: 증가되어야 할 바람직한 행동 한 가지 선택하기

이 단계는 팀원들이 PTR-YC 절차에서 목표로 삼을 바람직한 행동을 결정하는 기회다. 팀이 증가시키고 싶어 하는 바람직한 행동에는 여러 가지가 있겠지만 전략을 실행하는 사람에게는 한 번에 하나의 행동에 집중하는 것이 훨씬 쉽다. 유아가 또래 및 성인과 상호작용하고 관계를 맺는 능력, 타인과 적절하게 의사소통하는 능력, 학급 일과 및 활동에 참여하는 능력을 증진시키는 행동을 고려해야 한다.

6단계: 목표행동(바람직한 행동)을 조작적으로 정의하기

이 단계는 팀이 바람직한 목표행동을 관찰 가능하고(보거나 들을 수 있음) 측정 가능하게(빈도나 지속시간을 잴 수 있음) 서술하는 기회다. 이러한 정의는 모든 팀원이 바람직한 행동의 발생 여부를 똑같이 판단하게 하는 데 중요하며, 유아가 새로운 기술을 습득했는지를 살펴보는 진보 점검에도 중요하다. 유아가 하기를 바라는 행동을 정확히 정의하는 것은 어려운 작업이므로 어떤 팀에게는 이 단계를 수행하는 데 시간이 꽤 걸릴 수 있다. 〈표 3-3〉은 바람직한 행동의 조작적 정의를 올바르게 서술한 예와 그렇지 않은 예를 보여 준다. 이에 더하여, 이 장 마지막에 제시된 사례는 이 과정이 어떻게 진행되는지 보여 줄 것이다.

표 3-3 바람직한 행동의 조작적 정의

바람직한 행동	올바르지 않은 예	올바른 예
적절하게 의사소통함	말을 사용함	다른 유아가 가진 것을 갖고 싶을 때 손을 내밀면서 "나도 할래."라고 말하기
지시를 따름	순종적임	지시가 주어졌을 때(지시 내용을 보여 주는 그림을 함께 제시) 요청한 것을 수행하기
또래와 긍정적인 사회적 상호작용을 함	다른 친구들과 잘 지냄	우호적이고 긍정적인 말이나 미소로 또래에게 상호작용을 시작하거나 또래의 상호작용에 반응하기

이 장에 제시된 단계들을 완료하면, 팀은 〈표 3-4〉에 제시된 팀 구성 및 목표 설정을 위한 자기 평가 체크리스트를 작성해야 한다. 이 질문에 대한 답이 모두 '예'일 때 다음 장으로 넘어갈 수 있다.

표 3-4 팀 구성 및 목표 설정을 위한 자기 평가 체크리스트

팀 구성 및 목표설정을 위한 자기 평가 체크리스트

	예	아니요
1. 유아의 삶에 가장 많이 관계된 사람들과 교실에서 유아의 행동을 주로 담당하는 사람들로 팀이 구성되었는가?	□	□
2. 팀은 유아의 가족 구성원을 포함하였는가?	□	□
3. 행동중재계획의 개발과 실행에 필요한 외부 서비스를 고려하였는가?	□	□
4. 팀은 유아의 장기적 비전을 논의하였는가?	□	□
5. 팀은 유아에 대해 통일된 장기적 비전을 갖고 있는가?	□	□
6. 도전행동과 바람직한 행동에 대한 단기목표가 서술되었는가?	□	□

〈계속〉

7. 목표로 정한 도전행동과 바람직한 행동이 조작적으로 정의되었는가? ☐ ☐

이 질문에 대한 답이 모두 '예'일 때 팀은 다음 단계로 넘어갈 수 있다.

사례

하사니를 위한 첫 번째 회의: 팀 구성과 목표 설정

하사니의 PTR-YC 절차는 담임교사가 시작하였고 부모는 이를 반겼다. 팀은 하사니의 부모, 조부모, 담임교사, 보조교사, 센터장 및 부센터장으로 구성되었다. 팀은 사설 서비스 제공자(언어 및 작업치료사)의 의견도 수렴하였다. 이 팀은 적극적이고 열심히 참여하려는 많은 팀원으로 구성된 대규모 팀이었다.

팀은 하사니의 장기적 비전을 공유하면서 동기화되고 단합되었다. 모든 팀원은 자신의 이름과 하사니와 관련된 본인의 역할을 말하는 것으로 자기 소개를 하였다. 또한 이들은 하사니의 사랑스러운 점 한 가지와 하사니에게 지도하고 싶은 한 가지도 나누었다. 팀원들의 말은 회의실 벽에 붙여 둔 대형 접착식 메모지에 기록되었다. 팀은 모두가 동의하는 우선적 목표를 어떻게 결정할지 논의하였고, 일단 하나의 목표만 설정하기로 하였다. 회의를 위해 기록자, 촉진자, 시간 관리자의 역할을 담당할 팀원을 정했다. 다음으로 팀은 목표를 설정하기로 하였다. 팀원들은 모두 하사니를 위해 빨리 무언가를 시작하고 싶어 했다.

많은 목표 행동이 판별되었는데, 팀에게 어려웠던 점은 여러 목표행동의 순위를 정하는 것과 무엇부터 시작할지에 관한 합의점을 찾는 것이었다. 팀이 PTR-YC 목표 기록지를 이용하여 판별한 목표들은 〈표 3-5〉에 제시되어 있다.

팀의 촉진자는 목표로 삼을 도전행동 및 바람직한 행동을 결정하기 위한 토론에서 목표 설정 안내 질문을 활용하였다. 이는 사실에 기반을 둔 토론을 가능하게 하였고 팀이 합의에 이르게 해 주었다. 목표 설정 안내 질문과 답은 다음과 같다.

- 전이, 대집단 시간, 등원, 하원 등의 여러 맥락 또는 활동에서 나타나는 도전행동이 있는가? (답: 반응하지 않기, 도망가기, 물건을 움켜잡고 찢기)
- 요구를 표현하기 위해 자주 사용하는 도전행동이 있는가? (답: 자리를 떠나 교실 밖으로 나가기)
- 즉시 해결해야 할 공격 행동이 있는가? (답: 교실 밖으로 나가면 안전의 문제가 있기는 하나 공격 행동은 없음)
- 약하게 시작되지만 점점 더 심해지는 행동이 있는가? (처음에는 한 가지 행동만 나타나다가 점점 더 심해져서 다른 행동이 되고, 중재나 개입이 없으면 더욱 심해져서 또 다른 행동으로 고조되는 행동, 예를 들어 유아가 소리를 지르다가, 행동 삽화가 지속됨에 따라 다음에는 발로 차고 결국에는 다른 사람을 때림) (답: '반응하지 않기'에서 '교실 밖으로 나가기'로 진행)

PTR-YC 목표 기록지와 앞의 질문에 대한 응답에서 얻은 정보를 통해 팀은 목표로 삼을 도전행동과 가르쳐야 할 바람직한 행동에 대한 합의점을 찾을 수 있었다. 팀은 하사니가 지시 따르기를 배우려면 먼저 성인의 요청에 답을 할 수 있어야 한다고 판단했다. 이에 팀은 무반응 행동(반응하지 않기, 시선 회피)의 감소와 참여 행동의 증가를 초기 목표행동으로 결정하였다.

첫 번째 회의는 1시간이 걸렸다. 팀이 구성되었고 합의를 도출하는 방법이 수립되었다. 하사니의 팀은 중재의 목표로 삼을 도전행동과 바람직한 행동을 판별하고 이 행동을 조작적으로 정의하였다. 팀은 팀 구성 및 목표 설정을 위한 자기 평가 체크리스트를 작성한 후(〈표 3-4〉), 그 주 후반부에 다음 회의를 하기로 하였다.

표 3-5 하사니의 PTR-YC 목표 기록지

PTR-YC 목표 기록지

1. 감소되어야 할 유아의 도전행동 판별하기
2. 목표로 삼을 도전행동 **한 가지** 선택하기
3. 관찰 가능하고(보거나 들을 수 있음) 측정 가능하게(빈도나 지속시간을 잴 수 있음) 목표행동을 조작적으로 정의하기
4. 증가되어야 할 유아의 바람직한 행동 판별하기
5. 증가되어야 할 행동 **한 가지** 선택하기
6. 관찰 가능하고(보거나 들을 수 있음) 측정 가능하게(빈도나 지속시간을 잴 수 있음) 목표행동을 조작적으로 정의하기

유아명: 하사니 날짜: 9월 6일

1. 감소되어야 할 행동	반응하지 않기, 시선 회피, 지시를 받았을 때 자리이탈하기 교실 밖으로 나가기 또래에게 반응하지 않기 성인에게 반응하지 않기 물건 찢기 다른 사람의 물건 뺏기 학급 활동에서 이탈하기 전이 시간 및 참여하기 싫은 활동 시 자리이탈하기
2. 목표행동(도전행동)	반응(대답)하지 않기
3. 조작적 정의(도전행동)	익숙한 요구를 하였을 때, 5초 이내에 대답하지 않는다.
4. 증가되어야 할 행동	성인과 상호작용하기 지시 따르기 성인의 지시에 반응하기 – 쳐다보기, 상호작용, 반응하기 학급 일과 수행하기 학급 활동에 참여하기 원하는 것과 필요한 것 요청하기 교구 및 교재 적절하게 사용하기 또래나 성인에게 반응하기 또래와 상호작용하기 차례 지키기 사이좋게 나눠 쓰기 또래와 놀이하기
5. 목표행동(바람직한 행동)	참여하기
6. 조작적 정의(바람직한 행동)	누군가가 말을 걸면 상대방을 쳐다보고, 상호작용하거나 반응을 보인다.

조엘을 위한 첫 번째 회의: 팀 구성과 목표 설정

조엘의 PTR-YC 절차는 헤드 스타트 교직원이 시작하였다. 이 팀은 담임교사, 보조교사, 교육 전문가로 구성되었다. 조엘의 아버지 게리는 이 절차에 지지적이었지만, 근무 일정을 변경하기 어려워 회의에 거의 참여하지 못할 것 같다고 하였다. 게리는 서면이나 전화로는 참여할 수 있다고 하였다. 게리가 인터넷을 사용하는 것이 어렵다고 하였기 때문에, 팀은 조엘의 알림장에 전달할 내용을 적어 보내는 방법으로 연락을 주고받기로 했다. 게리는 매일 조엘의 알림장에서 PTR-YC 절차에 관한 새로운 소식과 정보를 확인하겠다고 약속했다. 팀은 게리가 이 과정에 적극적으로 참여할 수 있는 구체적인 방법을 마련하는 데 동의하였다. 예를 들면, 팀은 게리가 작성할 PTR-YC 목표 기록지를 설명 및 작성 예시와 함께 보내기로 했다. 팀은 PTR-YC의 모든 단계에서 이런 방법으로 게리를 참여시켰다. 이 의사소통에 대한 약속에는 집으로 보낸 서류의 작성 기한도 포함하였다.

팀은 감소시킬 목표행동에 대한 합의에 쉽게 도달하였다. 팀원들은 다른 사람을 때리고 또래의 장난감을 빼앗는 행동이 가장 우려되는 행동이라고 느꼈다. 그 중에서도 다른 사람을 때리는 행동이 가장 큰 걱정이었다. 다른 사람을 때리는 행동이 활동 회피와 관심 획득에 관련된 것으로 보였기 때문에, 팀은 조엘에게 활동에 적극적으로 참여하고 적절하게 관심을 얻는 방법을 지도하기로 하였다. 이에 조엘이 활동에 잘 참여할 때 더 많은 관심을 줄 방법에 관한 많은 논의가 이루어졌다. 조엘이 적절한 행동을 하면 관심을 주기로 한 아이디어는 계속 발전시켜 나가기로 했다. 게리도 취침이나 등원 준비 시 발생하는 조엘의 때리기 행동이 걱정이라고 알림장에 적어 보냈다. 이 두 일과가 모두 문제이기는 하지만, 게리는 취침 시간이 가장 큰 문제여서 교실에서의 중재가 효과적이라면 집에서도 시도해 보겠다고 하였다. 팀은 교실 중재를 먼저 개발하고, 게리가 준비되면 가정에서의 취침 시간에 교실에서의 중재를 적용하게 하기로 했다. 팀은 목표행동에 대한 조작적 정의를 작성하고 게리에게 팀의 PTR-YC 목표 기록지를 보냈다(〈표 3-6〉 참조).

표 3-6 조엘의 PTR-YC 목표 기록지

PTR-YC 목표 기록지

1. 감소되어야 할 유아의 도전행동 판별하기
2. 목표로 삼을 도전행동 **한 가지** 선택하기
3. 관찰 가능하고(보거나 들을 수 있음) 측정 가능하게(빈도나 지속시간을 잴 수 있음) 목표행동을 조작적으로 정의하기
4. 증가되어야 할 유아의 바람직한 행동 판별하기
5. 증가되어야 할 행동 **한 가지** 선택하기
6. 관찰 가능하고(보거나 들을 수 있음) 측정 가능하게(빈도나 지속시간을 잴 수 있음) 목표행동을 조작적으로 정의하기

유아명: 조엘 날짜: 9월 23일

1. 감소되어야 할 행동	교사 때리기 활동에서 이탈하기 지시에 반응하기 않기 교사에게 "안 해!"라고 말하기 교실에서 떠들기 장난감을 거칠게 다루기 또래에게 장난감 빼앗기 또래 때리기
2. 목표행동(도전행동)	다른 사람 때리기
3. 조작적 정의(도전행동)	조엘은 손바닥으로 교사와 또래를 때린다.
4. 증가되어야 할 행동	비선호 활동에도 잘 참여하기 지시 따르기 조용히 말하기 장난감을 적절하게 다루기 원하는 것 요구하기 원하는 것 부탁하기 또래와 사이좋게 나눠 쓰기 차례 지키기 또래의 질문이나 요구에 반응하기
5. 목표행동(바람직한 행동)	비선호 활동에도 잘 참여하기
6. 조작적 정의(바람직한 행동)	비선호 활동에 2분 이상 적극적으로 참여한다.

제시를 위한 첫 번째 회의: 팀 구성과 목표 설정

제시의 PTR-YC 절차는 어린이집 교사와 제시의 가족이 시작하였다. 팀에는 제시의 양부모인 케이와 루시, 제시의 사회복지사, 제시의 친부모, 담임교사인 엘(Elle), 보조교사인 로렌(Lauren), 센터장이 포함되었다. 조만간 제시를 교육구에 의뢰해야 할 필요가 명백했기 때문에 더 많은 팀원이 합류할 예정이었지만 팀은 제시의 행동을 해결하기 위한 PTR-YC 절차를 즉각 시작하기로 하였다. 교육구 서비스가 시작되려면 어느 정도 시간이 걸리는데 제시의 문제 해결을 더 미루고 싶지 않았기 때문이다. 엘 역시 제시가 자신의 학급에 계속 있기를 원했고 가능한 자원을 바탕으로 제시의 요구를 충족하기 위해 기꺼이 노력하기로 했다. 팀원의 수가 많기는 했지만, PTR-YC 절차에 주로 참여한 사람은 루시, 엘, 로렌이었다. 교육구 담당자도 이후의 회의와 중재에 정기적으로 참여하기로 하였다.

제시의 친부모는 첫 번째 회의에 참석하지는 못했지만 그들의 장기적 비전을 팀에게 알렸다. 모든 팀원이 제시에 대한 장기적 비전을 이야기하였고 교사는 이를 종이에 적어 제시의 행동중재계획의 일부로 보관하고, 제시의 친부모에게도 보냈다. 루시, 엘, 로렌은 회의에 지속적으로 참석하는 구성원이었기 때문에 엘은 교실에 있는 바인더에 모든 PTR-YC 서식 및 문서를 보관하는 역할을 맡기로 했다. 보조교사인 로렌은 시간 관리자 역할을 맡고, 루시는 각 회의 때 다과를 담당하기로 하였다.

제시의 팀은 PTR-YC 목표 기록지를 사용하여 많은 목표를 판별하였지만, 해결하고 싶은 모든 행동을 나열할 필요는 없다는 데 동의하였기 때문에, 우선순위를 가진 목표만 목록에 포함하였다(〈표 3-7〉 참조). 팀은 모든 도전행동이 첫 번째 목표로 삼기에 적절하지만 그 중 하나를 어떻게 결정할지 고심하였다. 몇몇 팀원이 하나의 행동만 목표로 삼는 것은 충분하지 않다는 의견을 제시하기도 했지만, 결국 팀은 하나의 행동으로 시작해야 절차의 진행 상황을 파악하고 제시의 도전행동을 관리하는 효과적인 방법을 찾기가 좋을 것이라는 결론을 내렸다. 논의가 진행되면서, 몇 가지의 행동이 종종 동일한 장면에서 함께 나타난다는 것이 분명해졌다. 자신과 타인에 대한 신체적 공격 행동(안전 문제 포함)을 우선순위로 판별한 후, 팀은 신체적 공격 행동이 제시의 도전행동 해결에 좋은 출발점이라는 데 동의하였다. 팀이 정의하고자 하는 행동이 너무 많은 탓에 조작적 정의의 작성이 어려웠고, 시간도 많이 걸렸다. 이렇듯 많은 시간이

표 3-7 제시의 PYR-YC 목표 기록지

PTR-YC 목표 기록지

1. 감소되어야 할 유아의 도전행동 판별하기
2. 목표로 삼을 도전행동 **한 가지** 선택하기
3. 관찰 가능하고(보거나 들을 수 있음) 측정 가능하게(빈도나 지속시간을 잴 수 있음) 목표행동을 조작적으로 정의하기
4. 증가되어야 할 유아의 바람직한 행동 판별하기
5. 증가되어야 할 행동 **한 가지** 선택하기
6. 관찰 가능하고(보거나 들을 수 있음) 측정 가능하게(빈도나 지속시간을 잴 수 있음) 목표행동을 조작적으로 정의하기

유아명: 제시 날짜: 1월 10일

1. 감소되어야 할 행동	다른 사람 때리기(대부분 아이들) 다른 사람 발로 차기(대부분 아이들) 바닥에 머리 박기 물건 던지기 꼬집기 너무 세게 껴안기 울기
2. 목표행동(도전행동)	자신과 타인에 대한 신체적 공격
3. 조작적 정의(도전행동)	손바닥으로 타인을 치거나 때린다(주로 얼굴이나 머리). 바닥에 앉아 있을 때 발로 타인을 찬다(상대방을 늘 정확하게 차는 것은 아님). 엄지와 검지로 타인을 꼬집는다(주로 팔 부분). 타인을 향해 물건을 던지거나 타인의 주변 1.5m 이내에 떨어지게 물건을 던진다. 천장을 보고 누운 상태에서 머리를 들었다가 갑자기 뒤통수를 바닥에 부딪친다. 앉은 자세에서 앞으로 허리를 굽혀 이마를 바닥에 부딪친다.
4. 증가되어야 할 행동	지시 따르기 일과 수행하기 학급 활동에 참여하기 교실에서 적절한 영역/활동으로 전이하기 다른 사람을 괴롭히지 않기 적절한 방법으로 표현하기
5. 목표행동(바람직한 행동)	일과 수행하기
6. 조작적 정의(바람직한 행동)	특정 장소로 가라는 지시나 특정 활동을 하라는 지시를 받았을 때, 스스로 적절한 영역으로 걸어간다(지시받은 영역에서 반경 1.5m를 벗어나지 않음).

소요되어 팀은 바람직한 행동을 판별할 시간을 갖지 못하였다. 구성원 중 몇 명은 목표로 삼을 바람직한 행동을 판별하기 위해 다시 모일 수 없었기 때문에, 센터장은 다음날까지 이메일로 각자의 생각을 보내면 이를 수합하여 목록을 작성하겠다고 제안하였다. 엘, 로렌, 루시는 이틀 후 수업 시작 전에 만나 수합된 목록을 바탕으로 목표로 삼을 바람직한 행동을 판별하기로 하였다. 팀은 또한 PTR-YC를 계속 진행하기 위해 두 번째 회의에서 다음 단계(자료 수집)를 시작하기로 하였다.

이던을 위한 첫 번째 회의: 팀 구성과 목표 설정

이던의 PTR-YC 절차는 센터장이자 이던의 담임교사인 조안(Joan)과 보조교사인 캐롤(Carol)이 시작하였다. 이던의 할머니인 베로니카는 이던이 센터에서 좀 더 잘 지낼 수 있게 돕는 이 절차를 환영하였다. 이던의 팀은 조안, 캐롤, 베로니카로 구성되었다. 베로니카는 전일제로 근무하고 있어서 원하는 만큼 참여하지는 못했지만, 센터의 유연한 지원과 최대한 자신을 도우려는 태도를 신뢰하고 있었다. 베로니카는 첫 번째 회의에서 조안, 캐롤과 만났지만 이후 회의부터는 조안과 캐롤만 참석하고 베로니카는 문자나 이메일로 의견과 피드백을 전달하기로 했다. 베로니카는 개발한 계획이 성공을 거두어 그 중 몇 가지 전략을 가정에서도 사용할 수 있기를 바랐다. 베로니카의 참여가 제한적이라는 점 때문에 팀은 회의가 보다 효과적이고 효율적일 수 있도록 PTR-YC 목표 기록지를 첫 번째 회의 전에 미리 작성하였다(〈표 3-8〉 참조). 조안이 베로니카에게 PTR-YC 절차를 시도해 보자고 제안했을 당시에는 아무도 장기적 비전을 생각하지 않았지만, 첫 회의에서는 이에 대해서도 논의하였다.

팀이 이던의 목표를 논의하기 위해 모인 자리에서 조안은 베로니카가 이던이 긍정적이고 적극적인 학급 구성원이 되기를 바랐다는 점, 그리고 유치원에 갈 준비가 되기를 바랐다는 점을 떠올렸다. 팀은 즉시 이 두 가지(이던이 긍정적이고 적극적인 학급 구성원이 되는 것과 유치원 진학 준비를 하는 것)를 이던의 장기적 비전으로 정하는 데 동의하였다. 팀은 이던의 비전을 방해하는 장애물을 논의하는 동시에 각자가 PTR-YC 목표 기록지에 적어 온 이던의 도전행동을 발표하였다. 조안은 새로운 PTR-YC 목표 기록지에 이 논의에서 나온 모든 응답을 기록하였다. 팀원 세 명의 답이 거의 같았기 때문에 모두가 이던의 문제를 비슷하게 인식하고 있음이 분명했다. 목표로 삼을 행동을 논의하기 시작하자 베로니카는 머리카락 당기기나 큰 소리로 욕하기부터 시작하고 싶다고 하였는데, 이는 머리카락 당기기가 다른 아이를 다치게 할 수 있고 아이들이 매일 큰 소리의 욕을 듣는 것이 좋지 않다고 생각했기 때문이었다. 이에 대해 조안은 머리카락 당기기는 언젠가는 목표로 삼아야 할 행동이 분명하지만, 현재로서는 매일 발생하는 행동은 아니라고 하였다. 조안은 PTR-YC 절차를 이해하려고 매뉴얼을 읽어 본 결과, 이 모델이 시도해 볼 만한 것임을 발견했다고 팀원들에게 말했다. 조안은 또한 매뉴얼에 행동군을 다룬 부분이 있었는데 그것을 보고 바로 이던이 떠올라서 그 내용을 잘 익히게 되었다고 하였다. 조안과 캐롤은 자신들이 목록화한 행동들이 항상 나타나는 것은 아니지만, 일이 자기 뜻대로 되지 않을 때 이던이 그 행동 중 일부를 나타낸다고 하였다. 조안과 캐롤은 베로니카와 몇 가지의 예시를 공유하였고, 이것은 베로니카가 이들의 이야기를 이해하는 데 도움이 되었다. 이러한 예시는 팀원 모두가 이던이 자기 뜻대로 되지 않을 때 상황별(예: 주변에 누가 있는지, 어떤 활동을 하는 중이었는지, 이던이 하려던 것이 무엇인지에 따라)로 보이는 행동을 행동군의 측면에서 인식하게 해 주었다. 팀은 여러 행동을 아우르는 행동군을 목표로 삼기로 하고, 이 행동군을 파괴적 행동이라고 명명하였다. 팀은 이미 파괴적 행동에 포함되는 모든 행동의 목록을 작성해 놓았기 때문에 조작적 정의도 쉽게 작성할 수 있었다.

조작적 정의를 내린 후, 팀은 이던이 수행하면 좋을 일부 기술의 이름을 정하였으며 조안은 이것을 PTR-YC 목표 기록지의 '증가되어야 할 행동' 칸에 기록하였다. 팀원들은 아이디어를 미리 생각해 보고 회의에 참석하였지만, 회의 중에 이루어진 토론을 통해 이던이 도전행동으로 무엇을 달성하려고 했는지 그리고 이를 바탕으로 무엇을 가르쳐야 할지에 대한 좀 더 적절한 아이디어를 얻었다. 팀은 가르쳐야 할 행동의 목록을 잘 작성해 두었지만, 이 행동 모두가 이던에게 필요하다고 믿었기 때문에 어떤 행동부터 시작해야 할지 정하기가 어려웠다. 결정 과정에서, 조안은 자신이 매뉴얼에서 읽은 몇 가지 교실 실제를 캐롤과 함께 시도해 보면 어떨지 제안하였고, 매뉴얼에 제시된 교실 실제를 팀원들과 공유하였다. 베로니카는 이번 회의에서의 모든 논의를 흥미로워하였고 교실 실제가 실시되는 동안에도 이던을 위한 이 절차가 계속될 수 있는지 궁금해하였다. 베로니카는 이던을 돕기 위해 하는 모든 일이 유익할 것이라고 믿지만, 너무 오래 기다리고 싶지는 않다고 하였다. 조안과 캐롤은 함께 교실 실제를 검토하여 어떤 것부터 실행할지 정하기로 하였다. 또한 조안과 캐롤은 매일 아침 다른 아이들이 도착하기 전 15분 동안 이던의 개별화 계획을 작성하고 베로니카에게 진행 상황을 계속 알려 주기로 하였다. 여기까지 합의한 후, 팀은 다시 목표로 삼을 바람직한 행동에 대한 논의로 돌아갔다. 팀은 이던이 또래에게 무언가를 다시 요청할 때는 침착하게 요청해야 한다는 데 동의하였다. 팀은 이던이 침착하고 적절한 태도로 무엇인가를 요청할 수 있다면, "안 돼."라는 반응도 수용할 수 있고 문제해결도 시도할 수 있을 것이라고 생각했다. 팀원들은 바람직한 행동의 조작적 정의 내리기를 조금 어려워하였지만, 한번 해 보고 난 후에는 이던이 이 기술과 관련하여 무엇을 하기 바라는지가 명확해졌다.

회의를 마무리하며 조안과 캐롤은 베로니카가 이후 회의에 더 이상 참석하지는 못하지만, 가능한 한 많이 참여하고 싶어 한다는 것을 확인하였다. 베로니카는 조안과 캐롤이 절차의 다음 단계에서 할 일(자료 수집)에 대해 신뢰한다고 말하였다. 조안은 제안, 질문, 제언할 일이 생길 경우 베로니카에게 이메일을 보내겠다고 하였다.

표 3-8 이던의 PTR-YC 목표 기록지

PTR-YC 목표 기록지

1. 감소되어야 할 유아의 도전행동 판별하기
2. 목표로 삼을 도전행동 **한 가지** 선택하기
3. 관찰 가능하고(보거나 들을 수 있음) 측정 가능하게(빈도나 지속시간을 잴 수 있음) 목표행동을 조작적으로 정의하기
4. 증가되어야 할 유아의 바람직한 행동 판별하기
5. 증가되어야 할 행동 **한 가지** 선택하기
6. 관찰 가능하고(보거나 들을 수 있음) 측정 가능하게(빈도나 지속시간을 잴 수 있음) 목표행동을 조작적으로 정의하기

유아명: 이던 날짜: 3월 9일

1. 감소되어야 할 행동	또래에게서 장난감 빼앗기 또래에게 "싫어"라고 소리지르기 또래가 장난감을 나눠 쓰지 않는다고 교사에게 이르기 울기 머리카락 당기기 참여하지 못하게 된 또래의 놀이를 망치기 큰 소리로 욕하기 충동성 – 폭발적일 수 있음 매우 감정적이고 강렬함
2. 목표행동(도전행동)	파괴적 행동
3. 조작적 정의(도전행동)	허락 없이 또래의 장난감을 뺏는다. 또래에게 "싫어!"라고 외친다. 교사에게 일러바친다. 울음을 터뜨린다. 또래의 머리카락을 당긴다. 또래의 놀이를 망친다(또래가 만든 것을 차거나 넘어뜨리기, 또래가 종이로 만든 작품을 찢거나 구기기, 또래가 지금 놀고 있는 활동에 필요한 놀잇감을 빼앗기). 큰 소리로 욕한다.
4. 증가되어야 할 행동	"안 돼"를 받아들이기 다른 사람들과 협상하는 법 배우기 상황을 적절한 방법으로 해결하기(문제해결) "안 돼"라는 말을 들었을 때, 기분이 상해서 즉각적으로 파괴적 행동을 하는 대신 차분하고 친절하게 다시 한번 요청하기 다른 사람을 괴롭히거나 큰 소리로 욕하지 않고 화를 표현하기
5. 목표행동(바람직한 행동)	"안 돼"라는 말을 들었을 때 친절하게 다시 한번 요청하기
6. 조작적 정의(바람직한 행동)	또래가 이던이 요구한 것을 줄 수 없다고 하거나 놀이에 끼워 줄 수 없다고 말한 경우, 이던은 또래에게 조용한 목소리로 무언가를 원한다는 몸짓을 하기 위해 손을 내밀고, 차분하게 다시 한번 요청한다.

제4장

자료 수집

- 자료 수집의 중요성
- 빈도 측정
- 행동 평정 척도
- 사례

PTR-YC에서의 자료 수집은 간편할 뿐 아니라 당신과 당신의 팀에 매우 중요하다.

목표 설정의 다음 단계는 명확하고 단순하면서도 타당한 자료 수집 체계를 설계하고 실행하는 것이다. 저자들은 대부분의 전문가가 자료 수집을 달가워하지 않는다는 것을 잘 알고 있다. 워크숍에서 자료 수집에 대한 이야기를 꺼내면, 거의 모든 경우에 저항하는 듯한 신음 소리를 들을 수 있다. 교사 및 기타 유아교육 전문가들이 이렇게 자료 수집을 싫어하는 데는 그럴 만한 이유가 있다. 수고가 많이 들고 번거로우며, 본질적으로 유아의 교육과 보육 실제에 쓸모없어 보이는 자료를 수집해 달라는 부탁을 매우 자주 받기 때문이다. 그러나 PTR-YC에서의 자료 수집은 다음과 같은 두 가지 이유에서 조금 다르다. 첫째, PTR-YC에서의 자료 수집은 간편하다. 둘째, PTR-YC에서의 자료 수집은 당신과 당신이 속한 팀에 매우 중요하다. 이 장에서는 PTR-YC에서 자료 수집이 중요한 이유를 설명하고 PTR-YC에서 어떻게 자료 수집을 실행하는지를 구체적으로 제시한다.

자료 수집의 중요성

PTR-YC에서 자료 활용의 주 목적은 진보 점검인데, 이는 효과적인 행동중재의 필수 요소다. 팀은 자료를 통해 중재 전략의 효과를 파악하고 행동중재계획의 수정 여부를 판단한다. 자료는 또한 팀 이외의 사람들에게 유아의 행동이 어떤 상태인지, 그리고 유아의 행동에 어떤 진보가 일어나고 있는지를 알려 주기도 한다. 이는 책무성(accountability) 측면에서 매우 중요하다. 초기에 유아의 진보가 명백하게 나타나지 않았더라도, 계속해서 자료를 수집했다는 사실 자체가 당신이 유아를 돕기 위해 할 수 있는 모든 것을 성실하고 진지하게 했음을 증명해 준다.

당신의 프로그램에서 발생하는 모든 도전행동에 대해 정확한 자료를 수집하는 것은 불가능하며 현실적이지도 않다. 그러나 행동이 너무나 심각하여 팀이 모여 체계적인 중재계획을 개발하고 실행해야 하는 상황이 되면 우리는 더 이상 '모든' 도전행동에 대해 토론하지 않는다. 우리는 유아의 건강한 발달을 저해하는 구체적 행동에 대해 그리고 방치될 경우 유아의 미래에 부정적 결과를 초래할 행동에 대해 토론한다. 여기서 핵심은 도전행동이 장기간 계속되거나 매우 심각할 경우 이 문제를 최대한 효과적이고 효율적으로 해결하기 위해 우리가 할 수 있는 최선을 다해야 한다는 점이다. 그러려면 자료 수집이 필요하다. 다른 방법은 없다. PTR-YC를 제대로 진행하려면 자료를 수집해야 한다. 좋은 소식은 PTR-YC 모델에서의 자료 수집이 상당히 쉽고 간단하다는 것이다.

자료 수집 방법에는 여러 가지가 있다. 교실과 기타 프로그램에서 자료를 수집하는 방법과 절차를 세세히 알려 주는 문헌들이 얼마든지 있다. 당신은 그중 많은 방법을 들어본 적이 있을 것이고, 심지어 사용해 보았을 수도 있다. 이 방법에는 구간 기록법, 시간 표집법, 지속시간 기록법, 사건 기록법 등이 있다. 그러나 우리의 경험상 이러한 방법의 대부분은 유아프로그램이나 헤드 스타트 교실 또는 어린이집에서 사용하기가 어렵다. 이 방법들은 매우 복잡하고 행동 관련 전공이 아닌 사람이 사용하려면 많은 시간을 들여야 하는데, 그 사람이 자료 수집 외에도 수업, 학급 운영, 교육과정 실행, 부모 상담, 교재 준비, 학급 서류 관리와 기타 수천 가지의 업무를 매일 담당해야 하는 교사나 기타 교실 인력일 경우에는 더욱 그러하다. 그러나 교실에서 일하는 성인들이 매일 사용할 수 있을 만큼 간단하면서도 유용한 두 가지 자료 수집 방법이 있다.

이 두 가지 방법을 설명하기 전에, 수집된 자료가 효용 가치를 가지려면 필수적으로 갖추어야 하는 특징이 무엇인지 살펴볼 필요가 있다. 첫째, 자료는 적절한 정확성을 가져야 한다(즉, 수집된 자료는 실제 일어난 일과 거의 일치해야 한다). 예를 들면, 수집된 자료에 빌리(Billy)가 등원한 때부터 오전 간식 시간 사이에 여섯 번에 걸쳐 친구에게 상호작용을 시도한 것으로 기록되어 있다면, 우리는 빌리가 정확히 이 횟수만큼 또는 이 횟수에 거의 근접할 만큼 친구에게 사회적 접촉을 시도했을 것이라고 짐작할 것이다. 그러나 빌리가 스무 번 또는 그 이상 먼저 상호작용을 시도한 것이 진실이라면, 이는 신뢰할 수 없을 정도의 오류이기 때문에 그 자료는 더 이상 가치가 없다. 둘째, 자료는 신뢰도를 갖추어야 한다. 신뢰도란 같은 자료 수집 절차를 사용하여 같은 행동을 동시에 관찰하는 둘 이상의 사람이 같거나 유사한 결과를 얻는 것을 말한다. 빌리의 교사가 여섯 번의 사회적 상호작용 시도를 기록하였고 보조교사도 여섯 번의 시도를 기록하였다면 이 자료는 매우 신뢰도가 높다고 볼 수 있다. 보조교사가 일곱 번이라고 기록했다 하더라도 이 정도면 적절한 신뢰도라고 볼 수 있다. 그러나 보조교사가 두 번이라고 기록했다면 신뢰도가 매우 낮아지며 이 자료를 믿을 수 없게 된다. 이렇게 신뢰도가 낮아진 것은 사회적 상호작용의 정의가 부적절해서일 수도 있고(교사와 보조교사가 서로 다른 점에 주목하여 관찰함), 빌리가 가장 활발하게 사회적 시도를 하는 장면을 보조교사가 놓쳤기 때문일 수도 있다. 어느 편이든 간에 자료의 신뢰도를 회복하려면 무엇이 문제인지 찾아내서 바로 잡아야 한다. 믿을 수 없는 자료는 수집할 가치가 없기 때문에 이 과정은 매우 중요하다.

수집된 자료가 갖추어야 할 조건으로 중요하게 언급해야 할 것이 하나 더 있다. 자료가 갖추어야 할 세 번째 조건은 안면타당도(face validity)인데, 이는 수집되고 있는 자료가 팀이 가장 관심을 두고 있는 행동을 실제로 제시하고 있는지를 말한다. 빌리의 예에서, 등원부터 오전 간식 시간 사이에 발생한 사회적 상호작용 시도 횟수에 대한 자료를 수집하고 있다는 사실은 이 행동이 팀의 진정한 우선순위임을 의미한다. 또한 팀이 사용하는 행동 정의는 팀이 가장 관심을 두는 특징을 정확하게 포착한 것이다. 안면타당도는 자료 수집 체계의 개발과 실행이 진행되는 모든 장면에서 중요하게 고려되어야 하는 속성이다.

PTR-YC에서의 자료 수집

일반적인 유아프로그램 전문가가 진보 점검을 위해 현실적으로 사용 가능한 자료 수집 방법에는 두 가지가 있다. 가장 융통성이 있고 저자들이 가장 자주 권하는 방법은 행동 평정 척도다. PTR-YC를 적용한 사례의 80~90% 정도에서 행동 평정 척도가 사용될 것이라고 예상된다. 또 다른 방법은 빈도 측정법으로, 특정 행동이 발생할 때마다 그 횟수를 세는 것을 말한다. 어떤 방법을 쓰든 간에 팀은 자료 수집 체계가 정확도, 신뢰도, 안면타당도를 갖추고 있는지 확인해야 한다.

빈도 측정

행동 평정 척도가 가장 많이 추천되는 자료 수집 방법이기는 하나, 여기서는 빈도 측정을 먼저 설명하겠다. 빈도 측정은 정해진 시간 동안 행동이 발생한 실제 횟수를 세는 것이다. 예를 들어, 4세의 여자아이 에리카(Erica)의 도전행동이 소리 내어 울기라고 가정해 보자. 에리카가 유아프로그램의 오전 시간(오전 9시부터 11시 반까지) 중에 짧게 소리 내어 우는 행동이 수차례 관찰되었다. 에리카의 우는 행동은 보편적인 예방 전략과 2차 예방 전략을 열심히 적용했음에도 불구하고 계속되었다. 에리카의 팀은 지난 몇 주 동안 에리카가 소리 내어 우는 횟수를 기록해 왔는데, 매일 오전 시간에 이 행동이 나타나는 횟수의 평균은 7회였으며 이 횟수는 줄어들 기미가 보이지 않았다. 이렇게 횟수를 세는 것은 팀이 쉽게 할 수 있을 뿐 아니라 상당히 정확하게 수집할 수 있는 자료였으므로(에리카가 울었는지 아닌지에 대해 이견이 없었다), 팀은 PTR-YC 절차를 시작하기로 결정했을 때 진보 점검을 위한 자료 수집 방법으로 빈도 측정을 계속 사용하기로 했다. 에리카의 팀은 아직 바람직한 교체행동에 대한 자료를 측정하고 있지 않았기 때문에 팀원들은 이를 위한 자료 수집 방법도 선택해야 했다. 에리카를 위해 선택된 바람직한 행동은 '또래와 긍정적인 상호작용하기'였는데 이 행동은 빈도 측정으로 자료를 수집하기가 어렵다고 판단되었다. 팀은 바람직한 행동에 대한 자료 수집을 위해서는 행동 평정 척도를 사용하기로 했다. 행동 평정 척도를 활용하는 절차는 다음에 나오는 빈도 측정 실행 단계 이후에 설명되어 있다.

> 빈도 측정은 행동이 눈에 잘 띄는 것일 때, 행동이 비연속적일 때, 그리고 행동이 발생할 때마다 팀원들이 이를 관찰하고 기록할 수 있을 때 사용하는 것이 좋다.

빈도 측정은 다음과 같은 경우에 지속적인 자료 수집 방법으로 사용되어야 한다.

- 행동이 눈에 잘 띄는 것이어서 발생 여부를 관찰하기 쉬울 때
- 행동이 비연속적(discrete)일 때, 즉 행동 발생이 짧게 끝나고 그 이전이나 이후의 행동 발생과 명확하게 분리될 때. 행동이 오래 계속되거나(예: 20분 동안의 탠트럼), 너무 빨리 여러 번 발생해서 한 번의 발생을 전후의 발생과 분리하기 어려울

때(예: 큰 소리로 연달아 지르는 비명) 빈도 측정은 최선의 자료 수집 방법이 아니다.

- 행동이 발생할 때마다 교실 내 팀원들이 횟수를 세어 기록할 수 있고 기꺼이 그렇게 하려고 할 때

이 모든 기준이 충족된다면 팀이 목표행동을 위해 빈도 측정을 활용하기를 권한다. 기준이 충족되지 않더라도 팀이 이미 빈도 측정을 사용하고 있고 그 자료가 정확하고 믿을 수 있다면, 그 방법을 유지해도 무방하다.

빈도 측정 실행 단계

빈도 측정 실행 단계는 매우 간단하지만 동시에 매우 중요하다. 빈도 측정의 각 단계가 정확하게 실행되면 진보 점검을 위한 유용한 자료를 얻을 수 있다.

- **1단계:** 목표행동을 관찰 가능하게 정의하고, 이 행동이 발생한 경우와 발생하지 않은 경우를 명확하게 서술한다. 정의를 서술할 때는 모든 팀원이 행동 발생 여부를 똑같이 판단할 수 있도록 정확하게 서술해야 한다.
- **2단계:** 하루 중 언제 빈도를 측정할지 결정한다. 이때 결정한 시간은 기초선부터 중재 내내 동일하게 유지되어야 한다. 관찰은 온종일 할 수도 있고 행동이 특별히 문제가 되는 특정 활동이나 시간대에만 할 수도 있으나, 자료 수집 기간 내내 관찰시간이 같아야 한다.
- **3단계:** 누가 어떤 방법으로 빈도를 측정할지 결정한다. 빈도 자료는 그 행동이 발생할 때 기록해야 하므로(기억에 의존하는 것은 좋은 방법이라고 할 수 없다.) 손쉽게 빈도를 기록할 수단이 있어야 한다. 예를 들면, 빈도 측정을 맡은 사람이 주머니에 인덱스카드를 넣어 다니면서 행동이 발생할 때마다 기록할 수도 있고[역자 주: 바를 정(正)자 또는 탤리(卌)를 이용하여 5회를 표시] 골프 계수기 또는 기타 편리하고 정확하게 횟수를 세는 도구를 사용할 수도 있다. 빈도를 세는 사람은 교실에서 행동이 발생했을 때 이를 즉시 볼 수 있는 위치에 있어야 한다.
- **4단계:** 영구적 기록을 어디에 보관할지 결정하고, 자료의 도표화 체계를 수립한다. 자료를 보관할 장소는 주요 장소인 동시에 아무나 접근할 수 없는 장소(예: 책

상 서랍이나 관찰 대상 유아의 일지 폴더)여야 한다. 관찰이 끝나자마자 그날의 발생 횟수를 일지 파일에 기록한다. 파일에 자료를 입력한 후에는 그 자료점이 단순선 그래프로도 산출되어야 한다.

빈도 그래프의 가로축은 관찰 날짜이고, 세로축은 발생 빈도다. 세로축의 눈금을 정할 때는 가장 아래쪽을 0으로 하고, 가장 위쪽을 유아의 도전행동 때문에 가장 힘들었던 날의 최대치 발생 빈도로 한다. 〈표 4-1〉과 [그림 4-1]은 PTR-YC 일지와 PTR-YC 빈도 그래프(도전행동의 경우)의 예시다.

표 4-1 에리카의 소리 내어 우는 행동에 대한 PTR-YC 일지

PTR-YC 일지

	날짜	발생 횟수
기초선	9월 25일	3
	9월 26일	10
	9월 27일	9
	9월 28일	4
	10월 1일	8
	10월 2일	8
	10월 3일	10
	10월 4일	5
	10월 5일	7
중재	10월 8일	3
	10월 9일	1
	10월 10일	0
	10월 11일	2
	10월 12일	0
	10월 15일	1
	10월 16일	1
	10월 17일	0

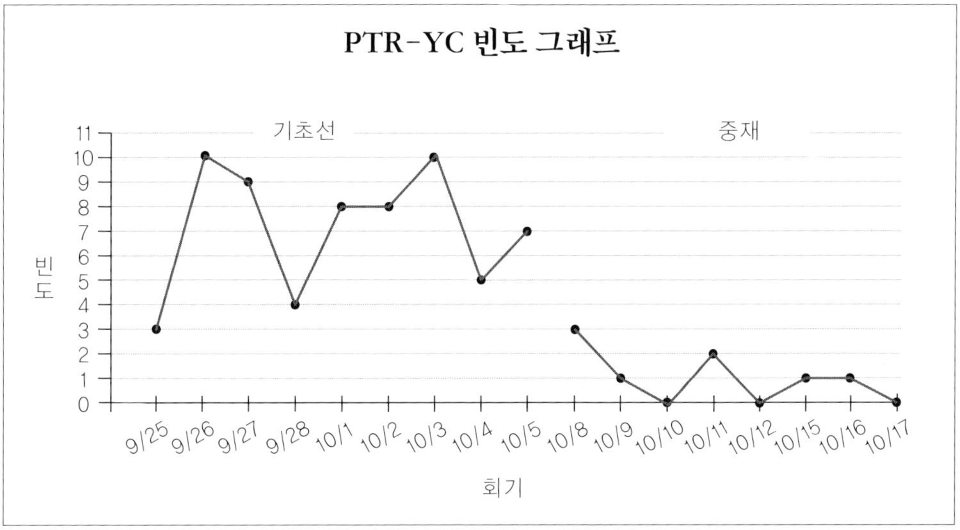

그림 4-1 에리카의 소리 내어 우는 행동에 대한 PTR-YC 빈도 그래프

행동 평정 척도

PTR-YC 행동 평정 척도는 저자들이 가장 자주 권하는 자료 수집 방법이다. 이것은 인식 척도인데, 인식 척도란 정해진 관찰시간 동안 발생한 행동의 정도를 관찰자가 어떻게 인식 또는 평가하는지를 본다는 의미다. PTR-YC 행동 평정 척도는 많은 장점을 갖고 있다. 가장 중요한 장점은 관찰시간의 마지막에 단 한 번만 기록한다는 것인데, 그 덕분에 지속적인 자료 기록을 요하는 다른 자료 수집 전략보다 훨씬 힘이 덜 든다. 연구들은 일반적인 진보 점검의 목적이라면 행동 평정 척도만으로도 충분히 정확하고 신뢰할 수 있는 자료 수집이 가능함을 보여 주었다(예: Chafouleas, Riley-Tillman, & Sugai, 2007; Iovannone, Greenbaum, Wang, Kincaid, & Dunlap, 출간 중). 우리가 PTR-YC 행동 평정 척도를 추천하는 핵심 이유는 이 방법이 일반적인 유아프로그램 인력이 사용하기에 가장 실용적이기 때문이다. 올바르게만 사용된다면, PTR-YC 행동 평정 척도는 진보 점검 및 정보에 입각한 중재 효과 판단에 필요한 모든 자료를 제공할 수 있다.

올바르게만 사용된다면, PTR-YC 행동 평정 척도는 진보 점검 및 정보에 입각한 중재 효과 판단에 필요한 모든 자료를 제공할 수 있다.

PTR-YC 행동 평정 척도는 유아의 도전행동뿐 아니라 바람직한 행동에 대한 자료 수집에도 사용할 수 있다. 각 행동에는 별도의 척도를 써야 한다. PTR-YC 행동 평정 척도의 효과적 활용에 관련된 핵심 이슈는 개별화된 평정 척도를 적절하게 개발하기 위해 그리고 자료 수집 담당자가 그 척도를 타당도와 신뢰도를 갖춘 방식으로 사용할 수 있도록 지원하기 위해 약간의 시간을 투자해야 한다는 점이다. 특정 유아를 위한 개별화된 평정 척도의 개발 단계는 다음과 같다.

- **1단계**: 목표행동을 관찰 가능한 용어로 정의하되, 팀이 수립한 목표와 조화되게 정의한다. 행동의 정의는 팀이 함께 개발해야 하며, 도전행동을 먼저 정의해야 한다. 다음으로 바람직한 행동을 정의한다. 설명을 단순화하기 위해 이후부터는 도전행동에만 초점을 두고 단계를 제시할 것이다. 바람직한 행동을 위한 개별화된 평정 척도를 개발할 때도 같은 과정을 적용하면 된다.
- **2단계**: 측정해야 할 행동에서 가장 중요한 속성을 결정한다. 그러한 속성에는 다음과 같은 것들이 있다.
  - **빈도**: 관찰시간 동안 행동이 일어난 횟수를 말한다. 예를 들면, 오전 중에 아마드(Ahmad)가 비명을 지른 횟수를 측정하는 데는 빈도가 가장 적절한 속성일 것이다.
  - **지속시간**: 행동이 지속되는 총 시간을 말한다. 지속시간은 오랜 시간 계속되는 행동을 측정하기에 적합한 속성이며, 이러한 행동에는 일부 탠트럼이나 오래 계속되는 울음이 있다.
  - **강도(intensity)**: 행동이 얼마나 강력한지 또는 시끄러운지를 말한다. 예를 들면, 때리기의 강도가 높으면 상대방에게 고통을 주거나 상해를 입히지만, 강도가 낮으면 상대방이 그냥 스쳤다고 생각할 수도 있다. 같은 원리로 창문이 깨질 듯하고 귀청이 찢어질 듯한 비명은 높은 강도로 평정될 것이고, 부드러운 소리는 낮은 강도로 평정될 것이다.
  - **발생률**: 전체 관찰시간 중 목표행동이 발생한 시간이 차지하는 비율을 말한다. 참여 행동은 정해진 교실 활동에 유아가 적극적으로 참여하는 행동을 말하는데, 발생률을 적용하기에 가장 좋은 예다.
  - **기회에 따른 발생률**: 목표행동을 하도록 주어진 기회 중 목표행동이 실제로 발

생한 비율을 말한다. 예를 들어, 구어 지시에 대한 유아의 반응 부족이 문제라면, 말로 전달된 지시나 질문에 유아가 답을 한 비율을 측정하는 것이 적절할 것이다.

속성에 따라 행동이 얼마나 많이 또는 심하게 나타나는지를 측정하는 방식이 다르지만, 행동에 따라 측정하는 속성도 달라져야 한다. 행동의 속성은 행동 평정 척도의 점수 체계가 어떻게 구성될지를 결정하기 때문에 매우 중요하며, 따라서 팀은 어떤 속성이 가장 중요한지를 먼저 결정해야 한다.

- **3단계**: 언제 행동을 관찰할지 결정한다. 팀은 측정할 시간대를 결정해야 한다. 관찰시간은 온종일일 수도 있고, 오전 내내 또는 특정 일과일 수도 있다. 이 시간대는 가장 중요한 시간이자 문제가 가장 두드러지게 나타나는 시간이어야 한다.
- **4단계**: 평정 척도의 점수 체계를 개발한다. PTR-YC 행동 평정 척도는 1~5점 척도를 기본으로 한다. 이 척도의 각 숫자가 점수 체계의 각 등급이 되며, 이 숫자들로 행동을 평가한다. 도전행동이 가장 심하게 일어난 날을 5점으로, 행동이 가장 좋았던 날을 1점으로 평정한다. 매일 오전 4시간의 유아프로그램에 참여하는 동안 또래를 심하게 때리는 3.5세의 남자아이 테디(Teddy)의 예를 살펴보자. 팀은 테디가 10회 이상 친구를 때리는 날이 가장 심각한 날이라는 데 동의했다. 따라서 오전의 관찰시간 동안 10회 이상 때리는 행동이 발생했다면 PTR-YC 행동 평정 척도 서식에서 5점에 표시를 하면 된다. 때리기 행동이 한 번도 나타나지 않은 이상적인 하루라면 1점에 표시를 한다. 다음으로 팀은 1점과 5점 사이에 있는 점수 체계를 구체화해야 한다. 팀은 때리기 행동이 6~9회 발생하면 4점으로, 3~5회 발생하면 3점으로, 1~2회 발생하면 2점으로 평정하기로 했다. 이렇게 점수 체계를 결정한 후에는 PTR-YC 행동 평정 척도 하단의 해당 칸에 이를 적어 넣는다.

바람직한 행동에 대해서도 같은 방식으로 점수 체계를 개발한다. 테디의 팀은 테디가 또래의 관심을 얻고 싶을 때 또래의 어깨를 가볍게 두드리며 이름을 부르는 행동을 배워야 한다고 판단했다. 팀은 행동 측정을 위한 속성으로 테디가 또래와 놀고 싶을 때 이러한 바람직한 행동을 하는 시간의 비율을 선택했다. 이는 정밀하게 판단하기가 다소 어려운 측정이지만, 팀원들은 스스로 이 행동을 상당히 정확하게 측정할 수 있으며, 여러 팀원이 비슷한 방식으로 행동을 보고 있다는 데 동의했다. 이에 테디가 또래와 놀고 싶은 것이 명백할 경우의 80% 이상 또래의 어깨를 가볍게 두드리며 이름을 불렀다면 이를 최고의 수준, 즉 점수 체계의 5점으로 설정했다. 테디가 이 행동을 전혀 보이지 않은 날은 1점으로 평정했다. 1점과 5점 사이의 점수는 51~79%일 때 4점, 21~50%일 때 3점, 20% 이하일 때 2점으로 설정했다. 앞에서 말했듯이 관찰자가 이 비율을 정확하게 계산할 수는 없다. 이 비율은 테디가 또래의 관심을 얻기 위해 바람직한 전략을 사용한 시간의 비율에 대한 관찰자의 인식을 나타낸다. 여기서 한 가지 유의할 점은, 바람직한 행동 평정에서는 높은 점수(예: 5점)가 긍정적인 의미이므로 팀은 유아의 행동이 높은 평정 점수를 향해 나아가기를 바라게 되며, 반면 도전행동에서는 높은 점수가 매우 힘든 날을 뜻하므로 팀은 도전행동에 대한 평정 점수가 1점을 향해 나아가기를 바란다는 점이다.

- **5단계**: 매일 관찰시간이 끝난 후 누가 PTR-YC 행동 평정 척도 점수를 기록할지 결정한다. 정확한 판단을 할 수 있는 사람이기만 하면 팀원 중 누가 이 역할을 맡아도 무방하다. 즉, 테디의 행동을 잘 관찰할 수 있는 사람이 이 역할을 맡으면 된다. 이 사람은 그 학급의 담임교사거나 학부모일 수도 있고, 보조교사나 기타 교직원일 수도 있다. 가끔은 PTR-YC 행동 평정 척도서식을 두 명 이상의 인력이 각자 작성한 후 결과가 일치하는지 보는 것도 좋다. 이 방법은 평정 척도의 등급이 잘 정해졌는지를 확인하는 유용하고 중요한 전략이다. 만약 두 사람의 평정에 큰 차이가 있다면, 팀은 그 이유를 알아보고 개선 방안을 찾아야 한다. 행동의 정의를 재검토해야 할 수도 있고 두 관찰자 중 한 사람이 관찰의 중요한 일부를 놓쳤을 수도 있다. 팀은 자료의 정확도와 관련하여 발생 가능한 문제에 대해 늘 경각심을 가지고 있어야 한다.
- **6단계**: 영구적 기록을 어디에 보관할지 결정하고, 자료의 도표화 체계를 수립한다. 자료를 보관할 장소는 주요 장소인 동시에 아무나 접근할 수 없는 장소(예: 책상 서랍이나 관찰 대상 유아 일지 폴더)여야 한다. 관찰이 끝나자마자 그날의 평정 점수를 일지에 기록하거나 PTR-YC 행동 평정 척도에 바로 기록해야 한다. PTR-YC 행동 평정 척도상의 점수들 또는 PTR-YC 일지에 기록된 점수들을 선으로 연결하기만 하면 그래프가 된다(〈표 4-2〉 〈표 4-3〉 참조).

개별화된 평정 척도의 개발이 완료되었다면 PTR-YC 절차의 다음 단계로 이행하는 동시에 자료 수집을 시작해야 한다.

표 4-2 테디의 때리기 행동에 대한 PTR-YC 일지

PTR-YC 일지

	날짜	평정 점수
기초선	11월 4일	4
	11월 5일	3
	11월 6일	5
	11월 7일	4
	11월 8일	4
	11월 11일	4
	11월 12일	5
	11월 13일	3
중재	11월 14일	3
	11월 15일	2
	11월 18일	1
	11월 19일	2
	11월 20일	1

평정

5 = 10회 이상 발생
4 = 6~9회 발생
3 = 3~5회 발생
2 = 1~2회 발생
1 = 비발생

표 4-3 테디의 때리기 행동에 대한 PTR-YC 행동 평정 척도

PTR-YC 행동 평정 척도

유아명: 테디　　평정자: J. L.　　관찰시간: 오전　　월: 11월

날짜/시간

	4	5	6	7	8	11	12	13	14	15	18	19	20	21	22					
바람직한 행동	5	5	5	5	5	5	5	5	5	5	5	5	5	5	5	5	5	5	5	5
	4	4	4	4	4	4	4	4	4	4	4	4	4	④	4	4	4	4	4	4
친구의 어깨를	3	3	3	3	3	3	3	3	3	③	3	③	③	3	③	3	3	3	3	3
가볍게 두드리며	2	2	2	2	2	2	2	2	②	2	②	2	2	2	2	2	2	2	2	2
이름 부르기	①	①	①	①	①	①	①	①	1	1	1	1	1	1	1	1	1	1	1	1
	5	5	⑤	5	5	5	⑤	5	5	5	5	5	5	5	5	5	5	5	5	5
도전행동	④	4	4	④	④	④	4	4	4	4	4	4	4	4	4	4	4	4	4	4
	3	③	3	3	3	3	3	③	③	3	3	3	3	3	3	3	3	3	3	3
친구 때리기	2	2	2	2	2	2	2	2	2	②	2	②	2	2	2	2	2	2	2	2
	1	1	1	1	1	1	1	1	1	1	①	1	①	①	①	1	1	1	1	1

←— 기초선 —→　←— 중재 —→

바람직한 행동: 친구의 어깨를 가볍게 두드리며 이름 부르기

5 = 주어진 기회의 80% 이상
4 = 주어진 기회의 51~79%
3 = 주어진 기회의 21~50%
2 = 주어진 기회의 20% 이하
1 = 비발생

도전행동: 친구 때리기

5 = 10회 이상 발생
4 = 6~9회 발생
3 = 3~5회 발생
2 = 1~2회 발생
1 = 비발생

표 4-4 자료 수집을 위한 자기 평가 체크리스트

자료 수집을 위한 자기 평가 체크리스트

	예	아니요
1. 팀은 목표행동을 관찰 가능한 용어로 주의 깊게 정의하였는가?	☐	☐
2. 팀은 행동 측정 시 중점을 둘 속성(예: 빈도, 지속시간, 시간의 비율)을 결정하였는가?	☐	☐
3. 팀은 도전행동과 바람직한 행동의 측정 시, PTR-YC 행동 평정 척도와 빈도 측정 중 어느 것을 사용할지 결정하였는가?	☐	☐
4. 관찰시간과 자료 수집 담당자가 명확히 정해졌는가?	☐	☐
5. (평정 척도를 사용할 경우) PTR-YC 행동 평정 척도의 점수 체계가 주의 깊게 정의되고 평정 서식에 기재되었는가?	☐	☐
6. (빈도 측정을 사용할 경우) 관찰시간 동안 빈도를 측정할 절차가 확정되었는가?	☐	☐
7. 영구적 자료 일지와 그래프가 보관될 장소 및 자료 관리 담당자가 정해졌는가?	☐	☐

이 질문에 대한 답이 모두 '예'일 때 팀은 다음 단계로 넘어갈 수 있다.

요약

이 장에서는 자료 수집 체계를 개발하고 실행하는 과정을 설명하고 그 예시를 살펴보았다. 많은 경우 PTR-YC 행동 평정 척도가 권장되지만, 특정 상황에서는 빈도 기록법을 사용할 수도 있다. PTR-YC 절차에서 팀 구성과 목표 설정이 끝나고 자료 수집 체계까지 수립되었다면 자료 수집을 시작한다. PTR-YC 모델의 다음 단계는 기능평가다. 기능평가가 진행되는 동안에도 판별된 목표행동에 대한 자료 수집은 계속되어야 한다. 자료 수집은 기능평가 과정에 절대적으로 도움이 되며, 목표행동의 기초선 자료(PTR-YC 중재 이전의 수준에 대한 자료)를 확보해 두면 매우 유용하다.

다음에 나올 사례들은 자료 수집 체계의 수립 과정이 어떻게 진행되는지를 잘 보여 줄 것이다.

이 장에서 설명한 절차를 모두 마치면, 팀은 잠시 시간을 내어 '자료 수집을 위한 자기 평가 체크리스트'(〈표 4-4〉 참조)를 작성해야 한다. 다음 장으로 가기 전에 체크리스트의 모든 질문에 '예'로 답할 수 있어야 한다.

사례

하사니를 위한 두 번째 회의: 자료 수집

하사니의 팀은 자료 수집 회의에서 도전행동과 바람직한 행동을 접착식 메모지에 적어 보았다. 팀은 행동의 어떤 속성에 초점을 두고 측정할지도 논의하였다. 팀은 하사니가 도전행동(즉, 반응하지 않기)을 보이는 시간의 비율을 추적하는 것이 중요하다고 판단하였다. 팀은 자료 수집을 위해 행동 평정 척도의 각 점수 또는 등급의 정의를 작성하였다. 팀은 하사니가 스스로 요구에 반응하는 데 어느 정도의 촉진(prompting)이 필요한지를 기준으로 바람직한 행동의 발전 양상을 추적하기로 했다.

팀이 작성한 정의는 PTR-YC 행동 평정 척도에 기록되었고, 월요일부터 자료 수집이 시작되었다. 교사와 보조교사가 PTR-YC 행동 평정 척도 한 장을 작성하고, 가족이 별도의 PTR-YC 행동 평정 척도 한 장을 작성하기로 하였다. 팀은 2주에 한 번씩 자료를 검토하기로 하였다. 하사니의 행동은 하루에 한 번 하루의 일과가 끝나는 시간에 평정될 것이고, 이 자료는 주 1회 하사니가 이용하는 사설 기관 서비스 제공자들과 공유될 것이다(〈표 4-5〉 참조).

자료 수집 체계 수립을 마친 팀원들은 '자료 수집을 위한 자기 평가 체크리스트'(〈표 4-4〉 참조)를 검토하며 질문에 답한 후, 다음 단계인 PTR-YC 기능평가로 이행하였다. PTR-YC 기능평가 체크리스트의 상단에 있는 도전행동 칸에는 '반응하지 않기'라고 적었고(〈표 5-3〉 〈표 5-4〉 〈표 5-5〉 참조), 팀원들은 각자 이 체크리스트를 작성하여 다음 회의에 오기로 하였다(기능평가 체크리스트에 관해서는 제5장 참조).

표 4-5 **하사니의 PTR-YC 행동 평정 척도.** 교사나 보조교사가 한 장을, 가족이 다른 한 장을 작성함

PTR-YC 행동 평정 척도

유아명: 하사니 평정자: ______ 관찰시간: 하루종일 월: 9월

날짜/시간

	5	5	5	5	5	5	5	5	5	5	5	5	5	5	5	5	5	5	5	5
바람직한 행동	4	4	4	4	4	4	4	4	4	4	4	4	4	4	4	4	4	4	4	4
	3	3	3	3	3	3	3	3	3	3	3	3	3	3	3	3	3	3	3	3
참여하기	2	2	2	2	2	2	2	2	2	2	2	2	2	2	2	2	2	2	2	2
	1	1	1	1	1	1	1	1	1	1	1	1	1	1	1	1	1	1	1	1
도전행동	5	5	5	5	5	5	5	5	5	5	5	5	5	5	5	5	5	5	5	5
	4	4	4	4	4	4	4	4	4	4	4	4	4	4	4	4	4	4	4	4
반응하지	3	3	3	3	3	3	3	3	3	3	3	3	3	3	3	3	3	3	3	3
않기	2	2	2	2	2	2	2	2	2	2	2	2	2	2	2	2	2	2	2	2
	1	1	1	1	1	1	1	1	1	1	1	1	1	1	1	1	1	1	1	1

바람직한 행동: 참여하기

5 = 스스로 쳐다봄

4 = 언어적으로 촉진하면 쳐다봄

3 = 신체적으로 촉진하면 서다봄

2 = 쳐다보지도 답하지도 않음

1 = 자리를 이탈함

도전행동: 반응하지 않기

5 = 전혀 반응하지 않음

4 = 주어진 지시나 요구의 25% 이하에만 반응함

3 = 주어진 지시나 요구의 50% 정도 반응한

2 = 주어진 지시나 요구의 75% 정도 반응함

1 = 성인과 또래에게 반응함

조엘을 위한 두 번째 회의: 자료 수집

조엘의 학교 팀은 조엘의 아버지(게리)에게 정보를 요청하는 가정 통신문을 보냈으나 회의 당일이 되기까지 답을 받지 못했다. 팀은 이 회의에서 행동의 어떤 속성을 측정할지 결정하고, 이를 행동 평정 척도로 측정할 방안도 논의할 계획이었다. 팀은 일단 회의를 예정대로 진행하고 게리가 참여할 기회를 다음에 다시 부여하기로 하였다. 팀이 모든 정보를 게리에게 보내면 게리는 이를 살펴보고 시간이 허락할 때 의견을 제시할 것이다.

팀은 조엘의 때리기 행동을 빈도 위주로 측정하자는 제안에 쉽게 합의하였다. 팀은 또한 조엘이 교사를 때리든 또래를 때리든 관계없이 때리기 행동이 발생할 때마다 그 횟수를 세기로 하였다. 팀은 조엘이 다른 사람을 때린 횟수 면에서 어떤 날이 최악인지 논의하였다. 팀원들은 때린 횟수가 10번이 넘는 날을 최악의 날로 정하고, 이런 날을 5점으로 평정하기로 했다. 팀은 또한 때리는 행동이 한 번도 일어나지 않은 날을 최상의 날로 정하고, 이런 날을 1점으로 평정하기로 했다. 팀은 때리기 행동이 얼마나 자주 일어나는지를 정확히 파악하기 위해 조엘이 하루에 몇 번이나 다른 사람을 때리는지 매일 기록하기로 했다.

조엘의 팀이 직면한 더 큰 문제는 바람직한 행동을 어떻게 측정할 것인가였다. 팀은 바람직한 행동에 대한 논의를 계속해서 이어 갔는데, 조엘이 활동에서 빠지는 것을 허용하지 말고 적절한 방법으로 참여하게 하자는 쪽으로 대화가 전개되었다. 조엘의 담임교사와 보조교사는 조엘이 활동에서 빠지는 것을 허락하면 다른 아이들도 활동에서 빠지게 해 달라고 할 것이라서 조엘이 원하는 대로 해 주기 곤란하다고 하였다. 팀은 여러 가지의 다양한 활동에서 아이들에게 기대되는 행동이 무엇인지에 관해 심도 있게 논의하였는데, 이러한 논의는 팀이 기대 행동을 명확하게 정의하는 데 도움이 되었다. 팀은 몇 가지 일과와 그 일과에서의 기대 행동을 정의한 후, 교실차원의 실제에 집중하기로 하고 그 실행 방법을 논의하였다. 이제 팀은 도전행동과 바람직한 행동의 기초선, 즉 조엘을 위한 노력의 시작점에 관한 자료를 측정하기 시작할 것이다. 때리기 행동은 조엘과 주변인의 안전과 관련된 문제이므로, 팀은 때리기 행동의 감소에 초점을 두고 개별화된 중재 절차를 계속 추진해 나가야 한다(〈표 4-6〉 참조).

표 4-6 **조엘의 PTR-YC 행동 평정 척도.** 조엘의 학교 팀이 작성함

PTR-YC 행동 평정 척도

유아명: 조엘 평정자: ________ 관찰시간: 등원 시간 월: 11월

날짜/시간

	5	5	5	5	5	5	5	5	5	5	5	5	5	5	5	5	5	5	5	5
바람직한 행동	4	4	4	4	4	4	4	4	4	4	4	4	4	4	4	4	4	4	4	4
	3	3	3	3	3	3	3	3	3	3	3	3	3	3	3	3	3	3	3	3
활동에 참여하기	2	2	2	2	2	2	2	2	2	2	2	2	2	2	2	2	2	2	2	2
	1	1	1	1	1	1	1	1	1	1	1	1	1	1	1	1	1	1	1	1
	5	5	5	5	5	5	5	5	5	5	5	5	5	5	5	5	5	5	5	5
도전행동	4	4	4	4	4	4	4	4	4	4	4	4	4	4	4	4	4	4	4	4
	3	3	3	3	3	3	3	3	3	3	3	3	3	3	3	3	3	3	3	3
다른 사람 때리기	2	2	2	2	2	2	2	2	2	2	2	2	2	2	2	2	2	2	2	2
	1	1	1	1	1	1	1	1	1	1	1	1	1	1	1	1	1	1	1	1

바람직한 행동: 활동에 참여하기

5 = 2분 동안 스스로 참여함

4 = 시각적 자료로 촉진하면 2분 동안 참여함

3 = 부분적인 도움을 받아 2분 동안 참여함

2 = 전적인 도움을 받아 2분 동안 참여함

1 = 성인이나 또래를 때리거나 활동을 떠남

도전행동: 다른 사람 때리기

5 = 10회 이상 발생

4 = 7~9회 발생

3 = 4~6회 발생

2 = 1~3회 발생

1 = 비발생

제시를 위한 두 번째 회의: 목표 설정(계속)과 자료 수집

두 번째 회의에 참석한 제시의 팀원들은 제시의 양어머니 루시, 담임교사 엘, 보조교사 로렌이다. 이번 회의의 과제는 목표 설정을 마무리하고 바람직한 행동을 결정한 후 어느 자료부터 수집할지 결정하는 것이다. 참석자들은 센터장이 회의에 참석한 팀원들과 그 외 팀원들에게서 수합한 바람직한 행동 목록을 검토했다. 이틀 전 도전행동을 판별하고 이를 조작적으로 정의하는 과정을 경험해 본 팀원들은 바람직한 행동도 신속하게 판별하고 싶었다. 바람직한 행동을 결정하고 이 행동을 조작적으로 정의한 후, 팀은 어떻게 자료를 수집할지 논의하기 시작했다.

팀은 제시의 도전행동인 자신이나 타인을 향한 신체적 공격이 얼마나 자주 일어나는지를 파악하는 것이 중요하다고 판단하고, 행동의 빈도를 살펴보기로 했다. 바람직한 행동의 경우, 팀은 제시가 일과를 수행할 때 어느 정도의 도움이 필요한지를 추적하는 것이 중요하다고 판단했다. 담임교사와 보조교사는 제시가 있어야 할 곳에 있게 하는 데 너무 많은 시간이 든다고 하면서 만약 제시가 일과를 스스로 수행할 수 있다면 자신들은 제시의 실제적인 활동 참여에 주력할 수 있을 거라고 하였다. 측정 목표를 정한 후 팀은 자료 수집을 위해 PTR-YC 행동 평정 척도를 사용하기로 결정했다. 팀은 제시가 도전행동을 보이는 빈도를 대략은 알고 있었지만, 공식적으로 그 횟수를 기록해 본 적은 없었다. 담임교사는 PTR-YC 행동 평정 척도를 꺼내어 점수 체계를 개발하였다. 교사와 보조교사는 하루의 일과가 모두 끝난 후 제시가 하루 동안 보인 행동 전체를 떠올리며 두 사람이 합의한 점수를 평정 척도에 표시하기로 했다(〈표 4-7〉 참조). 팀원들은 자료 수집을 위한 자기 평가 체크리스트를 작성하였다(〈표 4-4〉 참조). 다음으로 담임교사는 PTR-YC 기능평가 체크리스트(〈표 5-3〉 〈표 5-4〉 〈표 5-5〉 참조)를 복사하여 모든 팀원에게 배부한 후 각자 작성하여 자신에게 제출해 달라고 부탁하였다. 담임교사는 그다음 날부터 자료 수집을 시작하기로 했다. 루시는 기능평가 체크리스트 복사본 두 세트를 받아서 하나는 자신의 가족이 작성하고, 다른 하나는 제시의 친부모에게 전해 주었다. 교사와 보조교사는 복사본 세 세트를 받아서 각자 하나씩 작성하고 나머지 하나는 센터장에게 주고 작성을 부탁했다. 목요일 오전에 있을 회의에서 완성된 체크리스트를 검토해야 하므로, 담임교사는 수요일까지 체크리스트를 제출해 달라고 부탁했다. 행동중재계획의 실행이 시작되고 나면 루시, 엘, 로렌은 매주 금요일 방과 후에 자료 검토를 위한 짧은 회의를 할 것이다.

표 4-7 **제시의 PTR-YC 행동 평정 척도.** 제시의 담임교사와 보조교사가 작성함

PTR-YC 행동 평정 척도

유아명: 제시 평정자: 엘, 로렌 관찰시간: 하루 종일 월: 1월

날짜/시간

바람직한 행동 일과 수행하기	5	5	5	5	5	5	5	5	5	5	5	5	5	5	5	5	5	5	5	5
	4	4	4	4	4	4	4	4	4	4	4	4	4	4	4	4	4	4	4	4
	3	3	3	3	3	3	3	3	3	3	3	3	3	3	3	3	3	3	3	3
	2	2	2	2	2	2	2	2	2	2	2	2	2	2	2	2	2	2	2	2
	1	1	1	1	1	1	1	1	1	1	1	1	1	1	1	1	1	1	1	1
도전행동 자신과 타인에 대한 신체적 공격	5	5	5	5	5	5	5	5	5	5	5	5	5	5	5	5	5	5	5	5
	4	4	4	4	4	4	4	4	4	4	4	4	4	4	4	4	4	4	4	4
	3	3	3	3	3	3	3	3	3	3	3	3	3	3	3	3	3	3	3	3
	2	2	2	2	2	2	2	2	2	2	2	2	2	2	2	2	2	2	2	2
	1	1	1	1	1	1	1	1	1	1	1	1	1	1	1	1	1	1	1	1

바람직한 행동: 일과 수행하기

5 = 교사가 활동/영역을 손가락으로 가리키기만 함

4 = 교사가 초반에만 잠시 신체적으로 안내함

3 = 교사가 부분적으로 신체적 안내를 제공함

2 = 교사가 거의 전적으로 신체적 안내를 제공함

1 = 교사가 직접 활동/영역으로 데려가야 함

도전행동: 자신과 타인에 대한 신체적 공격

5 = 하루에 8회 이상 발생

4 = 하루에 6~7회 발생

3 = 하루에 4~5회 발생

2 = 하루에 2~3회 발생

1 = 하루에 1회 이하로 발생

이던을 위한 두 번째 회의: 자료 수집

이던의 두 번째 팀 회의에는 센터장이자 담임교사인 조안과 보조교사인 캐롤만 참석하였는데, 이날은 이던의 할머니 베로니카가 방과 후에 교사를 만나러 온 날이기도 하다. 조안과 캐롤은 이전에 PTR-YC 행동 평정 척도를 살펴본 적이 있었고 자료 수집을 위해 이 방법을 고려해 보았지만 지금 당장 시작하기에는 빈도 측정이 더 쉬운 방법이라고 판단하였다. 그러나 이던의 파괴적 행동은 여러 행동이 한꺼번에 나타나는 형태여서 파괴적 행동의 빈도를 측정할 좋은 아이디어를 생각해 내기가 어려웠다. 팀은 이던이 보이는 대부분의 파괴적 행동이 원하는 장난감이나 놀이 구역을 마음대로 선택할 수 있는 자유 놀이 시간, 즉 비구조화된 시간에 주로 발생함을 깨달았다. 조안과 캐롤은 자유 놀이 시간에 자신이 입은 바지의 한쪽 다리 부분에 테이프 한 조각을 붙이고 이던의 파괴적 행동이 발생할 때마다 테이프 조각에 빗금을 하나씩 그리기로 했다. 두 사람은 또한 하루씩 교대로 이던 가까이에 머물면서 파괴적 행동의 발생 횟수를 세기로 했다. 둘 중 누구든 그 날의 빈도를 기록한 사람이 그날에 해당하는 PTR-YC 빈도 그래프에 발생 횟수를 표시하기로 했다.

조안과 캐롤은 또한 자신들이 판별한 바람직한 행동(이던이 적극적이고 긍정적인 학급 구성원이 되는 것과 유치원 진학 준비를 하는 것)이 이던에게서 나타난 적이 없기 때문에 당장은 자료 수집 시 빈도를 표시할 일이 없겠지만, 이를 계속 염두에 두기로 했다. 두 번째 회의가 있었던 날이 금요일이었으므로 조안과 캐롤은 다음주 월요일부터 자료 수집을 시작하기로 하고, 조안이 먼저 시작하겠다고 자원하였다. 조안과 캐롤은 화요일 오전에 다시 만나 다음 단계를 의논하기로 하였다. 조안은 이던의 할머니 베로니카에게 문자를 보내어 이던의 파괴적 행동 발생 횟수를 정기적으로 관찰하여 기록하기로 했음을 알리고, PTR-YC 기능평가 체크리스트(〈표 5-3〉 〈표 5-4〉 〈표 5-5〉 참조)를 가정으로 보내면 주말 동안 작성하여 월요일에 제출해 달라고 부탁하였다. 베로니카는 그러겠다고 하였고, 행동의 빈도를 재기로 한 것이 좋은 아이디어라고 생각하였다.

제5장

PTR-YC 평가

- 교실차원의 실제에 대한 평가
- 개별화된 기능평가
- 예방
- 교수
- 강화
- 기능평가 자료 요약하기
- 가설문장 작성하기
- 사례

제3장과 제4장에서는 개별화된 평가기반 중재인 PTR-YC 개발을 위한 준비 과정을 설명하였다. 이 장은 평가에 초점을 둔다. 평가의 일반적인 목적은 유아의 특성에 민감하고 최대한 효과적이면서 효율적인 중재를 개발하고 실행하기 위해 유아의 문제행동을 이해하는 것이다. 이 장은 주로 기능평가의 구체적 실행 단계를 다룬다. 기능평가를 통해 수집된 정보는 팀이, ① 유아가 보이는 도전행동의 목적이나 기능, ② 유아의 도전행동 및 바람직한 행동과 연관된 선행사건 및 환경 조건, ③ 도전행동 및 바람직한 행동을 유지하는 후속결과를 이해하는 데 도움을 줄 것이다. 이러한 이해는 가설문장으로 요약할 수 있는데, 가설문장은 환경이 행동에 영향을 미치는 방식에 대한 간단한 서술을 말한다. 가설문장은 유아의 개별화된 행동중재계획과 직결된다.

예전에는 유아의 도전행동을 위해 특정 중재가 필요할 때 실행하는 모든 평가 전략이 기능평가 절차에 포함되었다. 그러나 우리가 수백 곳의 유치원 및 어린이집과 일해 보니 많은 도전행동이 기본적인 교실차원의 실제(교실 실제)와 관련되어 있었다. 교실 실제는 프로그램 내 모든 유아의 사회정서발달을 안내하고 촉진한다. 우리는 이제 지속적이고 충실하게만 실행된다면 도전행동의 발생과 심화를 예방할 수 있는 특정 교실 실제가 있음을 안다. 이러한 이유로, 우리는 기능평가를 다룬 장에 이러한 교실 실제를 추가하였으며, 중재 전략을 다룬 장에도 교실 실제를 추가하였다.

이 장은 크게 두 부분으로 나뉜다. 전반부에서는 교실 실제를 다룬다. 또한 간단한 팀 활동을 통해 다양한 교실 실제가 실행되는 방식을 검토함으로써 교실 실제를 평가하는 방법도 소개할 것이다. 이 장 후반부에서는 개별화된 기능평가를 다룬다.

교실차원의 실제에 대한 평가

아주 기본적인 교실차원의 실제 또는 보편적 실제가 실행되고 있는지 아닌지에 따라 도전행동의 발생 여부가 달라질 때가 있다. 한 유아 또는 여러 유아의 도전행동이 교실 실제의 유무와 직접적인 연관이 있는지를 이해하는 것은 PTR-YC의 성공에 필수적이다. 이 점과 관련하여 당신의 학급이나 팀이 무엇부터 시작해야 할지 파악하기 위한 첫 번째 단계로 팀이 함께 모여 〈표 5-1〉에 제시된 간단한 분석표를 작성해 보기 바란다. 특정 유아가 아닌 전체 학급을 생각하면서 각 질문에 답해야 한다.

표 5-1 도전행동 관련 학급 분석표

도전행동 관련 학급 분석표

1. 도전행동이 학급 일과의 대부분 또는 모든 상황에서 나타나는가?	(예 / 아니요)
2. 만성적인 도전행동을 보이는 유아가 두 명 이상인가?	(예 / 아니요)
3. 도전행동 때문에 대집단 활동 시간을 축소한 적이 있는가?	(예 / 아니요)
4. 도전행동 때문에 특정 일과 활동을 하지 않기로 한 적이 있는가?	(예 / 아니요)
5. 1년 동안 한 명 이상의 유아가 도전행동 때문에 이 학급을 완전히 떠난 적이 있는가?	(예 / 아니요)
6. 도전행동으로 인해 아이들이 활동에서 제외되는 일이 자주 발생하는가?	(예 / 아니요)
7. 특정 유아의 도전행동을 또래들이 따라 하는가?	(예 / 아니요)
8. 시간이 지남에 따라 도전행동이 악화되고 있는가?	(예 / 아니요)
9. 도전행동으로 인해 그 행동을 보이는 유아에게 특정 성인이 배정되어 있는가?	(예 / 아니요)
10. 1년 동안 유아의 도전행동으로 인해 성인 제공자의 구성이 바뀌었는가? (예: 교직원 퇴직, 교직원 추가 투입)	(예 / 아니요)

Prevent-Teach-Reinforce for Children: The Early Childhood Model of Individualized Positive Behavior Support
by Glen Dunlap, Kelly Wilson, Phillip Strain, and Janice K. Lee.

두 개 이상의 항목에서 당신의 답이 '예'일 경우, 교실 실제의 문제가 당신도 모르는 사이에 개별 유아의 도전행동을 유발했을 가능성이 있다. 특정 교실 실제와 관련하여 당신의 팀이 무엇부터 시작해야 할지를 이해하기 위한 다음 단계로, 팀이 함께 모여 〈표 5-2〉의 간단한 평가를 실시해 보기 바란다.

> 교실 실제가 충분히 향상되면 일부 유아의 도전행동은 개별화된 PTR-YC 절차의 본격적인 적용 없이도 성공적으로 변화할 수 있다.

만약 팀이 〈표 5-2〉에 포함된 5개의 질문에 대해 '아니요'라고 답하였거나 자신 있게 '예'라고 답하지 못하였다면, 관련 전략을 즉각 실행하기 바란다(제6장 참조). 실제로 우리는 개별화된 행동중재계획을 개발할 때까지 기다리지 말고 이러한 실행을 최대한 빨리 시작하기를 강력히 권한다. 많은 경우, 교실 실제를 잘 실행하는 것이 PTR-YC의 성공에 필수적이다. 또한 교실 실제가 충분히 향상되면 일부 유아의 도전행동이 개별화된 PTR-YC 절차의 본격적인 적용 없이도 성공적으로 변화하기도 한다. 심각한 도전행동으로 인해 두드러지게 눈에 띄는 유아가 있더라도 질적으로 높은 교실 실제를 매우 규칙적으로 사용하면 긍정적 성과를 거둘 수 있다.

표 5-2 교실차원의 실제 평가

교실차원의 실제 평가

1. 당신은 당신의 시간과 관심을 어디에 쏟는가? 시간과 관심을 도전행동에만 쏟고, 도전행동을 지속하던 유아가 적절하게 행동하는 장면은 간과하는 패턴에 빠지기 쉽다. 유아가 적절한 행동을 보일 때 그 유아와 많은 시간을 보내는 것은 매우 중요하다. 자기 자신에게 다음 질문을 해 보기 바란다.

   • 만성적인 도전행동을 보이는 유아에게 도전행동에 대한 교정적 피드백보다 5배 이상의 긍정적 피드백을 제공하고 있는가? (예 / 아니요)

2. 당신은 하루 일정 중 도전행동을 예방할 수 있는 예측 가능성을 어느 정도로 제공하고 있는가? 대부분의 유아교육환경에는 활동 일정표가 준비되어 있다. 하지만 이러한 유아교육환경의 상당수가 도전행동 예방에 필요한 정도의 확실성을 제공하는 예측 가능성 높은 일정표를 갖추고 있지는 않다. 도전행동, 학급 내 인력 변경, 또는 즉흥적인 활동 변경으로 인해 중단되거나 바뀌는 일정표는 예방적 일정표가 아니다. 또한 유아에게 직접 가르친 적이 없거나 유아와 함께 정기적으로 검토하지 않은 일정표, 그리고 일정 변경이 필요할 때(예: 현장학습) 유아와 미리 상의하지 않은 일정표도 예방적 일정표가 아니다. 자기 자신에게 다음 질문을 해 보기 바란다.

   • 도전행동을 예방할 수 있는 일정표를 사용하고 있는가? (예 / 아니요)

3. 일정표 문제를 좀 더 세부적으로 살펴보자면, 예측 가능한 '일과 내의 일과(routines within routines)'가 교실 실제의 일부로 계획되어 있는가? 예를 들면, 이야기 나누기는 대개 규칙적으로(매일) 발생하는 일과지만 이러한 일반적 일과가 매일 예측 가능하게 진행된다고 해서 도전행동이 예방되는 것은 아니다. 이야기 나누기 시간 내에서 일관성 있게 유지되는 일과가 있어야 한다. 예를 들면, 교사인 알렉사(Alexa)는 이야기 나누기를 매일의 첫 번째 활동으로 실시하는데, 이야기 나누기 시간 내의 첫 번째 일과는 인사 노래를 하는 것이다. 하지만 인사 노래를 일과 내에 넣는 것만으로는 도전행동을 보이는 많은 유아에게 충분하지 않을 수 있다. 그

〈계속〉

아이들에게는 다른 수준의 예측 가능성이 필요하다. 알렉사는 노래를 부를 때, 한 유아가 그 날 부를 노래와 관련된 소품을 다른 유아들에게 나누어 주게 한 후 다 같이 그 노래를 부르고, 노래가 끝나면 또 다른 유아가 그 소품을 유아들에게 돌려받아 정리하는 방식으로 '일과 내의 일과'를 실천하고 있다. 자기 자신에게 다음 질문을 해 보기 바란다.

- 매일 반복되는 일과 내의 일과가 수립되어 있는가? (예 / 아니요)

4. 학급 일과별 기대 행동을 명시적으로 가르치는가? 많은 유아교육환경에서는 일반적인 태도에 대한 학급규칙(예: 걸어 다니기, 장난감 사이 좋게 나눠 쓰기, 조용히 말하기, 안전 지키기)이 있다. 이러한 규칙이 있는 것은 좋지만 많은 교실에서 이러한 규칙이 교실 벽면에 부착된 채 학년 초에만 잠시 언급된 후 잊히거나 다양한 일과에 구체적으로 적용되지 못하고 있다. 많은 상황에서 유아교육 제공자는 유아가 어떻게 행동해야 하는지 알고 있고 유아의 잘못된 행동은 단순히 반항이라고 생각하는 오류를 범할 수 있다. 물론 반항일 때도 있을 것이다. 그러나 이를 해결할 확실한 방법은 구체적인 기대 행동을 처음부터 명시적으로 가르치는 것이다. 자기 자신에게 다음 질문을 해 보기 바란다.

- 학급의 각 일과에서 준수해야 할 구체적인 기대 행동을 유아에게 가르쳤는가? (예 / 아니요)

5. 도전행동을 예방하기 위해 학급차원의 또래 관련 사회성 기술을 명백히 가르쳤는가? 유아 집단 내에서 발생하는 모든 도전행동은 장난감, 교구, 성인의 관심에 대한 또래 간 갈등에 기인하는 면이 있다. 사이 좋게 나눠 쓰기, 차례 지키기, 친구의 놀이 아이디어 존중하기와 같은 또래 관련 사회성 기술은 도전행동을 예방할 수 있다. 불행하게도 일반 아동의 20%가량은 또래 관련 기술 결손의 신호를 보이며(Asher, 1995), 상당수의 장애아동도 비슷한 어려움을 보인다. 또래 관련 사회성 기술의 습득은 쉬운 일이 아니다. 사회성 행동은 복잡하며, 때때로 미묘하고, 숙달하기까지 많은 연습이 필요하다. 또래 관련 사회성 기술은 직접 교수를 필요로 하며, 많은 유아가 좋은 성과를 얻으려면 꾸준한 명시적 교수가 필요하다. 자기 자신에게 다음 질문을 해 보기 바란다.

- 사이 좋게 나눠 쓰기, 차례 지키기, 친구의 놀이 아이디어 존중하기 등의 기술을 지도하기 위해 또래 관련 사회성 기술 교수를 명시적으로 실시하고 있는가? (예 / 아니요)

개별화된 기능평가

이 절에서는 개별화된 기능평가를 실행하기 위한 배경지식을 제공하고 그 단계를 설명한다. 기능평가는 도전행동이 어떤 방식으로 환경의 영향을 받는지 이해하게 해 주고 행동중재계획을 개발하게 해 준다는 점에서 PTR-YC 절차의 핵심이다.

기능평가 실시 절차를 상세히 설명하고 서식을 제공하는 매뉴얼, 논문, 책은 넘쳐난다. 그중 상당수는 매우 유익하며 저자들도 동의하는 여러 전략을 제시한다. 그러나 그 자료들은 너무나 복잡할 뿐 아니라 유아프로그램에서 구하기 어려운 자원이 투입되어야 하는 집중 관찰을 요구한다. PTR-YC는 팀원들이 여러 주 또는 여러 달에 걸쳐 많은 교실과 교실 외 상황에서 유아의 행동을 관찰하면서 축적한 유아 행동에 대한 파악 능력을 전적으로 신뢰한다는 점에서 차별화된다. PTR-YC 절차가 많은 수고를 요하는 절차보다 덜 정확할 수는 있지만, 우리는 이 전략이 도전행동을 보이는 유아 대부분에게 더 실제적이고 꽤 충분하다고 믿는다(우리의 경험상으로도 그러했다).

PTR-YC 기능평가 절차는 유아와 관련된 외부 전문가들과 모든 팀원이 각자 세 종류의 체크리스트를 작성하는 방식으로 진행된다. 이 체크리스트는 모델의 세 가지 요소인 예방 · 교수 · 강화에 대한 것이다. 기능평가 체크리스트에 포함된 항목들은, ① 도전행동과 연관되거나 도전행동을 유발하는 선행사건과 환경적 영향 판별하기(예방), ② 도전행동의 기능이나 목적 파악하기(교수), ③ 도전행동과 바람직한 행동을 강화하는 사건, 사물, 사람, 활동 판별하기(강화)라는 기능평가의 세 가지 주요 목표를 달성하는 데 도움이 되도록 고안되었다.

이 장의 나머지 부분에서는 PTR-YC 평가의 세 가지 영역과 각 영역에 상응하는 세 종류의 체크리스트를 설명한다. 다음으로 각 체크리스트를 어떻게 작성하고 요약하는지, 그리고 요약한 것으로 어떻게 가설문장을 작성하는지 설명한다. 이 장의 마지막에는 두 유형의 평가(교실 실제 평가와 기능평가)를 실시하여 이를 바탕으로 유아의 행동과 환경을 실제적으로 이해하는 사례를 제시하였다.

도전행동과 바람직한 행동의 선행시건과 환경저 영향을 판별하고 행동의 기능을 파악하며 효과적 강화제를 판별하기 위해 기능평가를 실시한다.

예방

예방은 PTR-YC 모델의 첫 번째 영역으로, 도전행동과 관련된 선행사건이나 상황을 말한다. 이러한 선행사건과 상황을 판별할 수 있으면, 이를 변화시켜 더 이상 도전행동이 발생하지 않게 할 수 있다. 선행사건은 도전행동 발생 이전의 환경에서 발생한 광범위한 일련의 사건 또는 상황을 포함한다. 선행사건에는 두 가지 범주가 있는데, 하나는 도전행동을 할 가능성을 높이는 선행사건이고 다른 하나는 바람직한 행동을 할 가능성을 높이는 선행사건이다. 예방은 유아의 특정 행동에 대한 선행사건을 판별하고 도전행동이 덜 발생하고 바람직한 행동이 더 발생할 수 있도록 이러한 사건을 변화시키는 방법에 대한 것이다(제6장 참조).

선행사건은 환경 내에서 발생했거나 유아가 특정 행동을 하는 데 영향을 미치는 광범위한 일련의 사건이다. 예를 들면, 도전행동 직전에 발생하여 도전행동을 일으키는 개별 사건이나 자극이 유발요인으로 작용할 수 있다. 가장 흔한 유발요인은 과제를 수행하라는 교사의 요구 또는 선호하는 활동을 그만하라는 교사의 요구다. 다른 또래가 놀이에 끼어들거나 누군가가 유아에게 "안 돼!"라고 말한 것도 유발요인이 될 수 있다. 이러한 일반적 유발요인이 선행사건이 되기도 하지만, 유발요인은 유아마다 다르며 모든 도전행동에는 오랜 시간에 걸쳐 개별적으로 형성된 고유의 유발요인이 있음을 인식해야 한다. 또한 유발요인이 항상 동일하게 작용하는 것은 아님을 기억해야 한다. 이전에 도전행동을 일으킨 유발요인은 유아가 기분 좋고 편안한 상태일 때는 유발요인으로 작용하지 않을 수 있다. 그리고 이것은 다른 종류의 선행사건이 된다.

배경사건은 선행사건의 또 다른 유형이다. 배경사건은 즉각적인 유발요인으로 작용하지는 않지만, 유발요인이 도전행동을 일으킬 가능성을 높인다. 배경사건은 도전행동과 다른 시간과 장소에서 일어난 것이지만, 유아에게 영향을 미친다. 일반적인 배경사건의 예로는 질병, 통증, 피로, 배고픔, 불안과 같은 생리적 상황 등이 있다. 유아가 이 중 하나를 경험하고 있다면, 신체적·정서적으로 좋은 상태에 있을 때보다 유발요인이 문제를 일으킬 가능성이 크다. 예를 들면, 전날 거의 잠을 자지 못한 4세의 다리우스(darius)가 다음 날 자기가 좋아하는 모래 놀이를 그만하고 이동하라는 지시를 받는다면 탠트럼을 보일 가능성이 크다. 비슷한 맥락에서 카렌(Karen)이 등교하기 전 부모가 부부싸움을 심하게 하여 카렌의 기분이 좋지 않았다면, 카렌의 나쁜 기분은 도전행동으로 이어질 가능성이 크다. 배경사건은 개인 고유의 현상이다. 즉, 배경사건은 유발요인처럼 일관된 방식으로 도전행동을 유발하지는 않는다. 그렇지만 여전히 중요한 선행 조건의 한 요소이며 예방 영역의 평가와 중재 단계에서 반드시 고려되어야 한다.

다음 주제로 넘어가기 전에, 선행사건이 도전행동에 영향을 미친다는 생각은 학습 및 행동 과학이라는 견고한 근거를 가진 것으로, 그 실제적 함의가 문헌에서도 명백히 드러나 있음을 한 번 더 강조할 필요가 있다. 과학 문헌에서는 선행사건을 지칭할 때 변별자극이나 설립 조작, 또는 그 외 기타 전문용어를 사용하지만, 이러한 용어를 다루는 것은 이 책의 목적을 벗어난다. PTR-YC의 다른 영역인 교수나 강화 역시 과학에 기반을 두고 있다(즉, 평가와 중재에 관해 이 책에서 제공하고 있는 모든 정보와 지침은 과학적 지식에 강력한 기반을 둔 것이다). PTR-YC는 과학적 지식을 이용하여 도전행동을 다루는 효과적이고 현실적인 절차를 제공하는 모델이다. 이 모델의 기본 원칙과 이 원칙을 실제적 전략에 적용하는 과정에 관심이 있는 독자들은 학습이론, 응용행동분석, 긍정적 행동지원 분야의 문헌(예: Bambara & Kern, 2005; Cooper et al., 1987)을 읽어 보기 바란다.

〈표 5-3〉에 제시된 'PTR-YC 기능평가 체크리스트: 예방 영역'은 도전행동과 바람직한 행동에 영향을 미치는 선행사건을 판별하는 데 도움을 주기 위해 고안되었다. 기능평가 체크리스트는 팀원이 각자 작성하여 팀 회의에서 요약한다.

> 유아와 도전행동에 대한 각 팀원의 인식과 경험을 알아보기 위해 세 가지의 체크리스트는 팀원들이 각자 작성해야 한다. 이 정보는 팀 토의를 통해 보완될 수 있다.

교수

교수는 PTR-YC의 두 번째 영역으로, 어떤 중재를 하느냐를 뜻한다. 도전행동을 불필요하게 만들거나 도전행동의 발생 가능성을 낮추는 기술을 유아에게 가르치는 것은 중재계획의 핵심 전략 중 하나다. 하지만 그것은 중재에서 다룰 내용이고, 이 장은 평가에 대한 것이다. 그러면 우리는 무엇을 평가해야 하는가? 그 답은 도전행동이 왜 발생하는지 이해하기 위해 기능을 평가해야 한다는 것이다. 우리는 유아의 관점에서 도전행동의 기능 또는 목적을 이해하려고 노력한다. 도전행동은 어떤 방식으로 유아에게 이득이 되는가? 도전행동은 환경에 어떻게 작용하여 유아가 무언가(예: 관심, 장난감)를 얻게 하는가? 도전행동은 환경에 어떻게 작용하여 유아가 무언가(예: 교사의 요구, 전이, 또래의 괴롭힘)를 피하게 해 주는가?

도전행동이 환경에 작용하는 방식을 도전행동의 기능이라고 하는데, 중요한 것은 도전행동의 기능을 이해하면 그 기능을 달성하게 해 주는 다른 행동도 찾아낼 수 있다는 점이다. 즉, 도전행동과 동일하게 무언가를 환경에서 얻거나 제거하는 기능을 가진 바람직한 행동이 있다. 의사소통 행동은 도전행동과 같은 방식으로 환경에 작용하는 중요한 바람직한 행동이라 할 수 있다. 도전행동에 대한 실질적인 교체행동이 될 특정 의사소통 행동은 중재계획의 핵심적인 부분으로 교수해야 할 최선의 행동 유형이다. 〈표 5-4〉에 제시된 'PTR-YC 기능평가 체크리스트: 교수 영역'을 참조하라.

무엇을 가르쳐야 할지 정확히 알려면 도전행동의 기능을 이해해야 한다. 기능평가 체크리스트는 바로 이를 위한 것이다.

강화

강화는 PTR-YC의 세 번째 영역으로, 도전행동 및 기타 행동에 대한 후속결과와 관련이 있다. 후속결과가 행동의 빈도에 큰 영향을 미친다는 것은 잘 알려져 있다. 행동 직후에 만족스러운 후속결과(강화제)가 뒤따를 경우, 행동이 강화될 뿐 아니라 그 빈도와 강도까지 증가할 수 있다. 행동 후 강화제가 제공되지 않으면 그 행동은 약해지거나 덜 발생할 수 있다. 이 정적 강화 법칙은 가장 기초적이면서도 가장 중요한 행동원칙이다.

그러나 이 원칙이 널리 알려져 있다고 해서 이것이 간단하다거나 현장에 효과적으로 적용되고 있는 것은 아니다. 강화가 복잡한 문제인 이유는 여러 가지다. 첫 번째 이유는 의도하지 않았던 요인이 도전행동의 강화제로 작용하는 경우가 대부분이기 때문에 도전행동의 강화제를 판별하기가 쉽지 않아서다. 유아의 도전행동을 일부러 강화하는 사람은 없다. 그러나 어떤 형태로든 강화가 이루어진다. 도전행동이 지속적이고 심각한 국면으로 발전되었다면, 그 도전행동은 어떤 식으로든 강화를 받아 온 것이다.

강화는 성인이나 또래의 관심일 수도 있고 비선호 활동에서의 이탈이나 회피일 수도 있다. 그러나 어떤 식으로든 행동은 강화를 받은 것이다.

강화가 복잡한 문제인 두 번째 이유는 행동이 나타날 때마다 강화하지 않아도 그 강화가 효과적인 경우가 있어서다. 실제로 행동 이후 가끔씩 주어진 강화제가 더 효과적일 때도 있다(이것을 부분 강화 또는 간헐 강화라고 부른다). 이런 이유로 강화제를 찾는 것이 더 어려워진다.

도전행동(또는 바람직한 행동)의 강화제를 판별하기는 쉽지 않다. 도전행동이 일어나지 않는 동안에 유아가 집중하고 있는 사물이나 활동이 무엇인지 관찰하면 강화제 판별에 도움이 될 것이다.

세 번째 이유는 강화제가 개인마다 다르게 작용하기 때문이다. 어떤 유아에게 효과적인 강화제가 다른 유아에게도 효과적인 것은 아니다. 대부분의 유아가 긍정적 관심 받기(예: 칭찬, 인정)를 좋아하지만, 강화로 작용하는 관심의 형태는 유아마다 다르다. 어떤 유아는 미소와 엄지를 치켜드는 손짓에 잘 반응하는 반면, 다른 유아는 등을 두드려 주거나 안아 주는 것에 더 잘 반응한다. 어떤 유아는 부정적인 관심(예: 잔소리, 꾸중)에 강화되기도 한다. 스티커와 같은 구체물 강화제는 어떤 유아에게는 강력한 강화제지만, 다른 유아에게는 거의 또는 전혀 의미가 없을 수도 있다. 행동중재계획에 강화제를 포함하려면 특정 유아에게 효과적인 강화제로 작용하는 자극이나 사건을 알고 있어야 한다.

PTR-YC 행동중재계획은 항상 강화제 전달 방식에 대한 약간의 조정을 포함해야 한다. 어떤 유아에게는 더 많은 강화제가 필요하다. 또 도전행동에는 강화제를 주지 않도록 명확히 정해야 한다. 어떤 유아에게는 특정 유형의 바람직한 행동을 반드시 강화해야 하며, 이때 사용된 후속결과(강화제)는 다른 유아에게 맞지 않을 수도 있다. 〈표 5-5〉에 제시된 'PTR-YC 기능평가 체크리스트: 강화 영역'을 참조하라.

여기서 타임아웃이나 기타 형태의 벌을 포함하는 부정적 후속결과에 관한 우리의 입장을 설명하고자 한다. 첫째, 우리는 타임아웃이나 기타 형태의 벌은 불필요하다고 믿는다. 우리의 경험으로 볼 때 매우 지속적이고 심각한 행동도 부정적 후속결과에 의존하지 않고 효과적으로 변화되었다. 이 책에 설명된 절차를 충실히 따르면 분명히 긍정적 변화가 발생할 것이다. 중재 과정에서 도전행동이 발생하는 것은 흔한 일이며, 우리는 이를 오류나 실수로 보기를 권한다. 오류는 교수를 통해 수정되는 것이지, 벌로 수정되지 않는다. 이러한 도전행동의 발생을 해결하기 위해 행동중재계획이 개발되어야 한다(제6장 참조).

표 5-3 PTR-YC 기능평가 체크리스트: 예방 영역

PTR 기능평가 체크리스트: 예방 영역

도전행동: ______________ 작성자명: ______________ 유아명: ______________

1. 하루 중 도전행동이 가장 많이 발생하는 시간이 있나요? 있다면, 언제인가요?

___ 오전 ___ 식사 전 ___ 식사 중 ___ 식사 후 ___ 식사 준비
___ 오후 ___ 저녁 ___ 낮잠시간

기타:

2. 하루 중 도전행동이 가장 적게 발생하는 시간이 있나요? 있다면, 언제인가요?

___ 오전 ___ 식사 전 ___ 식사 중 ___ 식사 후 ___ 식사 준비
___ 오후 ___ 저녁 ___ 낮잠시간

기타:

3. 도전행동이 가장 많이 발생하는 특정 활동/일과가 있나요? 있다면, 언제인가요?

___ 도착(등원) ___ 화장실 가기/기저귀 교체 ___ 식사
___ 귀가(하원) ___ 또래와 상호작용 ___ 간식
___ 대집단 활동 ___ 자유 선택 놀이 ___ 전이(구체적으로)
___ 소집단 활동 ___ 특별한 사건(구체적으로) ______________
___ 낮잠시간 ______________

기타:

4. 도전행동이 가장 적게 발생하는 특정 활동/일과가 있나요? 있다면, 언제인가요?

___ 도착(등원) ___ 화장실 가기/기저귀 교체 ___ 식사
___ 귀가(하원) ___ 또래와 상호작용 ___ 간식
___ 대집단 활동 ___ 자유 선택 놀이 ___ 전이(구체적으로)
___ 소집단 활동 ___ 특별한 사건(구체적으로) ______________
___ 낮잠시간 ______________

기타:

5. 가까이 있을 때 도전행동의 발생 가능성이 높은 특정 또래 혹은 성인이 있나요? 있다면, 누구인가요?

___ 형제자매 구체적으로: ______________ ___ 교사
___ 가족 구성원(들) 구체적으로: ______________ ___ 부모
___ 돌봄 제공자(들) 구체적으로: ______________ ___ 다른 유아(구체적으로)
___ 기타 성인 구체적으로: ______________ ______________

기타:

〈계속〉

6. 가까이 있을 때 도전행동의 발생 가능성이 낮은 특정 또래 혹은 성인이 있나요? 있다면, 누구인가요?

____ 형제자매	구체적으로: ____________	____ 교사
____ 가족 구성원(들)	구체적으로: ____________	____ 부모
____ 돌봄 제공자(들)	구체적으로: ____________	____ 다른 유아(구체적으로)
____ 기타 성인	구체적으로: ____________	____________

기타:

7. 도전행동의 발생 가능성을 높이는 특정 상황이 있나요?

__ 무언가를 하라는 요구	__ 다른 사람과의 놀이	__ 선호하는 물건 제거
__ 지시	__ 사이좋게 나눠 쓰기	__ 비선호 활동의 시작
__ 꾸중 또는 지적	__ 차례대로 하기	__ 활동이 너무 길어질 때
__ "안 돼"라는 말	__ 혼자 놀이하기	__ 구조화된 시간
__ 특정 또래 옆자리	__ 새롭거나 생소한 과제	__ 구조화되지 않은 시간
__ 일정 변경	__ 성인과의 1대1 시간	__ 휴식 시간(할 일이 없는 상태)
__ 또래/성인의 관심을 받을 때	__ 전이 시간	__ 교사가 다른 사람을 보고 있을 때
__ 식사를 위한 착석	__ 선호 활동의 종료	__ 비선호 활동을 하는 동안

기타:

8. 도전행동의 발생 가능성을 높이는 물리적 환경 조건이 있나요(예: 너무 더움, 너무 추움, 너무 복잡함, 너무 시끄러움, 너무 혼란스러움, 기후 조건)?

____ 예(구체적으로) ______________________________

____ 아니요

9. 날마다 발생하지는 않지만 발생하는 날에는 도전행동의 발생 가능성을 높이는 상황이 있나요?

____ 질병	____ 배고픔	____ 부모가 집에 없음
____ 알레르기	____ 파티나 행사	____ 가정 내 갈등
____ 신체적 상태	____ 양육자 변경	____ 수면 부족
____ 식단 변화	____ 피로	____ 함께 살지 않는 부모와 시간을 보냄
____ 약을 복용하지 않음	____ 일정의 변화	
____ 약이 바뀜		

기타:

앞에서 언급하지 않은 추가 의견

표 5-4 PTR-YC 기능평가 체크리스트: 교수 영역

PTR-YC 기능평가 체크리스트: 교수 영역

도전행동: ________________ 작성자명: ________________ 유아명: ________________

1. 이 도전행동이 또래의 관심을 얻기 위해 나타나는 것으로 보이나요?

____ 예(그 또래가 누구인지 쓰세요) ________________

____ 아니요

2. 이 도전행동이 성인의 관심을 얻기 위해 나타나는 것으로 보이나요? 그렇다면, 유아가 관심을 얻으려 애쓰는 특정 성인이 있나요?

____ 예(그 성인이 누구인지 쓰세요) ________________

____ 아니요

3. 이 도전행동이 또래 또는 성인에게서 사물(예: 장난감, 게임, 교구, 음식)을 얻기 위해 나타나는 것으로 보이나요?

____ 예(사물이 무엇인지 쓰세요) ________________

____ 아니요

4. 이 도전행동이 선호 활동에서 비선호 활동으로의 전이를 지연시키기 위해 나타나는 것으로 보이나요?

____ 예(전이 상황을 쓰세요) ________________

____ 아니요

5. 이 도전행동이 비선호(예: 어려운, 지루한, 반복적인) 과제나 활동을 끝내거나 지연시키기 위해 나타나는 것으로 보이나요?

____ 예(비선호 과제나 활동이 무엇인지 쓰세요) ________________

____ 아니요

6. 이 도전행동이 비선호 또래 또는 성인을 회피하기 위해 나타나는 것으로 보이나요?

____ 예(그 또래나 성인이 누구인지 쓰세요) ________________

____ 아니요

7. 이후에 이 도전행동이 발생할 가능성을 줄이기 위해 유아가 배워야 할 사회성 기술은 무엇인가요?

____ 적절한 방법으로 관심 얻기
____ 나눠 쓰기-장난감 주기
____ 나눠 쓰기-장난감 요구하기
____ 차례 지키기
____ 또래 및 성인과 상호작용 시작하기
____ 또래와 성인에게 반응하거나 대답하기
____ 상호작용에 참여하기(또래 및 성인과 대화를 주고받으며 화제를 유지하기)
____ 놀이 아이디어 제안하기 (“너는 엄마 해.”)
____ 또래와 함께 장난감과 교구를 올바르게 갖고 놀기
____ 긍정적인 말과 칭찬 수용하기
____ 긍정적으로 말하기
____ 또래 칭찬하기
____ 칭찬이나 강화 기다리기
____ 우정 형성 기술

기타:

〈계속〉

8. 이후에 이 도전행동이 발생할 가능성을 줄이기 위해 유아가 배워야 할 문제해결 기술은 무엇인가요?		
____ 분노 조절하기	____ 자기 관리	____ 활동에 참여하기
____ 충동적 행동 조절하기	____ 독립적으로 놀이하기	____ 활동 참여를 유지하기
____ 진정 전략	____ 협동하여 놀이하기	____ 적절한 해결책 선택하기
____ 도움 요청하기	____ 지시 따르기	____ 적절한 옵션 중에서 선택하기
____ 독립적 놀이를 위한 시각적 자료 사용하기	____ 일정표와 일과 수행하기	____ 선택한 것을 따르기
	____ "안 돼"를 받아들이기	
	____ 감정 조절하기	

기타:

9. 이후에 이 도전행동이 발생할 가능성을 줄이기 위해 유아가 배워야 할 의사소통 기술은 무엇인가요?		
____ 휴식 요청하기	____ 말로 효과적인 의사소통하기	____ 적절하게 감정 표현하기 (예: 좌절, 분노, 속상함)
____ 도움 요청하기	____ 그림으로 효과적인 의사소통하기	____ 거절하기(예: "싫어요." "그만할래요.")
____ 다른 사람에게 반응하기	____ 수어로 효과적인 의사소통하기	
____ 원하는 것 요구하기		

기타:

앞에서 언급하지 않은 추가 의견

표 5-5 PTR-YC 기능평가 체크리스트: 강화 영역

PTR-YC 기능평가 체크리스트: 강화 영역

도전행동: ________________ 작성자명: ________________ 유아명: ________________

1. 평소 유아의 도전행동에 뒤따르는 후속결과는 무엇인가요?

____ 타임아웃
____ 교실 밖으로 내보내기
____ 조용한 장소로 보내기
____ 진정시키기/달래기
____ 지금 막 발생한 행동에 대한 대화
____ 혼자 있게 하기
____ 지원 제공
____ 구어로 재지시
____ 활동 지연
____ 활동 변경
____ 활동 중단
____ 활동에서 배제
____ 말로 꾸중하기
____ 학급규칙 복습
____ 신체적 촉진
____ 또래의 반응
____ 신체적 제지
____ 강화제(예: 장난감, 물건, 관심) 제거
____ 자연적 후속결과(구체적으로) ________________

기타:

2. 유아가 성인과 다른 유아에게 칭찬받는 것을 좋아하나요? 유아가 칭찬받고 싶어 하는 어떤 사람이 있나요?

____ 예(누구인지 쓰시오) ________________
____ 아니요

3. 유아는 성인 및 다른 유아의 인정이나 칭찬을 받을 만한 적절한 행동(예: 적절하게 참여하기, 협동하기, 지시 따르기)을 얼마나 자주 하나요?

____ 매우 자주 ____ 때때로 ____ 드물게 ____ 거의 하지 않음

4. 유아는 성인 및 다른 유아의 지적(예: 꾸중, 오류 수정, 학급규칙 상기시키기)을 받을 만한 도전행동을 얼마나 자주 하나요?

____ 매우 자주 ____ 때때로 ____ 드물게 ____ 거의 하지 않음

5. 유아가 가장 좋아하는 사물이나 활동은 무엇인가요? 특별한 보상이 될 수 있는 사물이나 활동은 무엇인가요?

____ 성인과의 사회적 상호작용
____ 또래와의 사회적 상호작용
____ 게임하기
____ 교사 보조하기
____ 바깥놀이 시간 연장
____ 성인의 추가적 칭찬과 관심
____ 구체물(예: 스티커, 도장)
____ 하이파이브
____ 또래의 칭찬
____ 성인의 칭찬
____ 음악
____ 퍼즐
____ 특별 활동
____ 특별 도우미
____ 선호 활동을 할 시간
____ 컴퓨터 시간
____ 미술활동(예: 그리기, 색칠하기)
____ 물건/장난감(구체적으로) ________________
____ 음식(구체적으로) ________________

기타:

앞에서 언급하지 않은 추가 의견

기능평가 자료 요약하기

기능평가를 진행하기 위해 팀원들이 해야 할 첫 번째 작업은 각자 세 가지의 체크리스트를 작성하는 것이다. 일주일 이상 유아와 상호작용하거나 유아를 관찰한 모든 사람은 체크리스트를 작성해야 한다. 여기에는 PTR-YC 팀원들이 포함되며, 팀원 외에 전문가 또는 비전문가로서 유아와 관련된 사람도 포함될 수 있다. 모든 사람의 관찰은 잠재적인 가치가 있다. 체크리스트를 완성하는 데는 많은 시간이 걸리지 않는다. 한 사람당 소요시간은 대략 10~15분 정도다.

체크리스트 작성이 끝나면 팀 회의를 소집하여 체크리스트를 모으고 요약한다. 회의에서는 각 체크리스트를 검토하면서 PTR-YC 기능평가 요약표(〈표 5-6〉 참조)를 작성한다. 이 요약표의 가로축에는 예방 자료, 교수 자료, 강화 자료라고 적혀 있는데 이 각각에 해당하는 정보를 기록한다. 팀원 한 명을 지정하여 모든 팀원이 자료(체크리스트에서 수집된 정보)를 검토하고 토론할 때 이를 간단한 문장으로 요약하여 빈칸에 적어 넣게 한다. 이는 정보를 종합하고 자료에서 패턴을 찾아내는 과정이다. 모든 관찰이 유효하고, 개인마다 관찰과 인식이 다를 수 있지만, 서로 다른 기능평가 체크리스트에 기록된 여러 선행사건과 후속결과에 일관성이 있는지 알아보는 것은 유용하다. 이러한 일관성을 찾는 것이 기능평가 절차의 핵심이다.

실행자를 위한 팁
PTR-YC 기능평가 요약표를 작성할 때는 팀원들에게서 수집한 정보에 포함된 패턴이나 주제를 판별해야 한다.

표 5-6 PTR-YC 기능평가 요약표

PTR-YC 기능평가 요약표

유아명: ____________________ 날짜: ____________________

행동	예방 자료	교수 자료	강화 자료
도전행동			
바람직한 행동			

가설

조 건: ____________________

행 동: ____________________

행동의 결과: ____________________

가설문장 작성하기

팀은 PTR-YC 기능평가 요약표와 여기서 나타난 패턴을 바탕으로 가설문장을 작성한다. 가설문장은 도전행동에 대한 팀의 이해와 현재 환경이 도전행동에 영향을 미치는 방식을 요약하는 간결하고 유용한 수단이다. 가설문장은 개별화된 기능평가의 최종 산물이며 행동중재계획과 직결된다.

> 가설문장은 개별화된 기능평가의 최종 산물이며 행동중재계획과 직결된다.

가설문장은 간단한 A-B-C 형식으로 작성한다[A는 선행사건(Antecedent), B는 행동(Behavior), C는 후속결과(Consequence)를 뜻함]. 정보는 PTR-YC 기능평가 요약표에서 바로 가져올 수 있다. 선행사건은 예방 칸에서, 행동은 유아 도전행동에 대한 팀의 정의에서, 후속결과는 교수와 강화 칸에서 가져올 수 있다. 가설문장의 형식을 살펴보는 또 다른 유용한 방법은 공식으로 설명하는 것이다.

조건(환경에서 발생한 사건) + **행동**(행동 묘사) + **행동의 결과**(그 행동을 강화하는 전형적인 후속결과)

'조건'에는 도전행동을 유발하는 것으로 관찰된 선행사건을 적는다. '행동'에는 유아의 도전행동을 적는다. '행동의 결과'에는 유아가 도전행동을 한 후 주로 받는 후속결과를 적는다. 다음은 가설문장의 예시다.

- (**조건**) 소근육 활동을 하게 하면 (**행동**) 질은 소리를 지르거나 파괴적 행동을 보인다. (**행동의 결과**) 그 결과로 질은 소근육 활동을 하지 않게 된다.
- (**조건**) 마무드(Mahmud)가 운동장에 있을 때 1미터 이내에서 또래가 장난감을 가지고 놀고 있으면, (**행동**) 마무드는 또래를 때리거나 발로 찬다. (**행동의 결과**) 그 결과로 또래는 떠나고 마무드는 홀로 남겨진다.
- (**조건**) 성인의 관심이 주어지지 않으면(대개 10분 이상) (**행동**) 토마스는 자신의 머리를 반복하여 때린다. (**행동의 결과**) 그 결과로 주로 붙잡기, 진정시키기, 달래기

의 형태로 성인의 관심을 얻는다.

하나 이상의 가설문장을 준비해야 할 수도 있음을 기억해야 한다. 예를 들면, 중도 지적장애를 가지고 있고 시끄러운 특정 소리에 민감한 토마스의 기능평가를 통해 토마스의 도전행동에 관련된 상황이 여러 가지이고 상황마다 행동의 기능(행동을 유지시키는 후속결과)이 다르다는 점이 발견될 수 있다. 앞서 언급된 예에서 토마스의 머리 때리기는 성인의 관심에 의해 강화되고 있다. 다음의 가설문장에서는 머리 때리기가 불쾌한 소음의 제거에 의해 강화되고 있다.

- (**조건**) 음악이나 웃음소리 등이 매우 시끄럽거나 고음일 때 (**행동**) 토마스는 자신의 머리를 반복하여 때린다. (**행동의 결과**) 그 결과로 곁에 있던 성인은 불쾌한 소음이 없는 곳으로 토마스를 데려간다.

더 많은 가설문장의 예시와 작성 절차는 다음에 나올 사례에 제시되어 있다.

팀은 이 장에 설명된 과정을 모두 완료한 후 기능평가를 위한 자기 평가 체크리스트(〈표 5-7〉 참고)를 작성해야 한다. 다음 장으로 넘어가기 전에 체크리스트의 모든 질문에 '예'로 답할 수 있어야 한다.

표 5-7 기능평가를 위한 자기 평가 체크리스트

기능평가를 위한 자기 평가 체크리스트

	예	아니요
1. 팀은 교실 실제의 현재 상태를 이 장 도입부에 제시된 대로 신중하게 평가하였는가?	☐	☐
2. 이 장과 제6장의 도입부에 설명된 교실 실제의 개선을 위한 조치가 마련되었는가?	☐	☐
3. 팀은 기능평가를 위해 3개의 체크리스트를 작성할 사람을 결정하였는가? (주의: 체크리스트는 관련된 모든 팀원과 주기적으로 유아를 만나는 그 외의 사람들이 작성해야 한다.)	☐	☐
4. 팀은 작성된 체크리스트를 검토하고 PTR-YC 기능평가 요약표를 작성하였는가?	☐	☐
5. 환경이 어떻게 행동에 영향을 미치는지 그리고 도전행동의 기능이 무엇인지에 대한 팀의 이해를 요약한 가설문장을 작성하였는가?	☐	☐
6. 관찰 기간 및 주요 자료 수집자를 정했는가?	☐	☐

이 질문에 대한 답이 모두 '예'일 때 팀은 다음 단계로 넘어갈 수 있다.

Prevent-Teach-Reinforce for Children: The Early Childhood Model of Individualized Positive Behavior Support
by Glen Dunlap, Kelly Wilson, Phillip Strain, and Janice K. Lee.

사례

하사니를 위한 세 번째 회의: PTR-YC 평가

하사니 팀의 세 번째 회의에서는 PTR-YC 기능평가를 통해 수집된 자료를 모아 가설을 개발하고, 이를 활용하여 중재계획을 구상하기 시작하였다. 각 팀원은 회의에 올 때 각자가 작성한 PTR-YC 행동 평정 척도와 PTR-YC 기능평가 체크리스트를 가져왔다. 촉진자는 이 평정 체계가 유용했는지, 어떤 점이 좋았는지, 어려운 점은 없었는지

간단히 논의하며 PTR-YC 행동 평정 척도에 기록된 자료를 검토하였다. 팀이 측정한 자료에는 일관성이 있었는데, 이는 팀원들이 비슷한 방식으로 평정하고 있고 이런 식의 정보 수집에 별 문제가 없음을 의미한다.

촉진자는 정보를 종합하여 기록하기 위해 PTR-YC 기능평가 체크리스트 서식을 새로 하나 꺼냈다. 팀은 한 사람씩 돌아가며 발표하는 방식으로 기능평가 체크리스트에 있는 각자의 응답을 공유하였다. 첫 번째 팀원이 질문을 읽고 자신의 응답을 말하면 다른 팀원들도 그 질문에 대한 자신의 답과 추가로 논의할 사항을 차례대로 발표하였다. 기록자가 서식에 메모를 하는 동안 촉진자는 토론을 계속 진행하였다. 팀은 기능평가 내용을 논의하는 동시에 PTR-YC 기능평가 요약표를 작성하기로 하였다. 〈표 5-8〉부터 〈표 5-10〉은 이 회의에서 종합한 최종 PTR-YC 기능평가 체크리스트다.

팀은 PTR-YC 기능평가의 각 항목을 검토하면서 관련된 정보를 PTR-YC 기능평가 요약표(〈표 5-11〉 참조)에 기록하였다. 이 요약표는 팀이 바람직한 행동을 어떻게 강화할지에 관한 아이디어뿐만 아니라 유발요인과 행동의 패턴, 도전행동의 예상 기능, 도전행동을 유지하는 것으로 보이는 강화제를 정리하는 데 도움을 주었다.

PTR-YC 기능평가 체크리스트를 통해 수집된 정보(자료)를 정리하면서 팀은 두 가지를 명확히 깨달았다. 첫째는 하사니에게 가르쳐야 할 많은 기술이 판별되었고 이제 우선순위를 정해야 한다는 것이다. 둘째는 도전행동(반응하지 않기)의 기능은 비선호 활동이나 전이 시간의 회피로 추정된다는 점이다. 이 정보는 하사니의 도전행동에 대한 가설문장을 작성하는 데 사용되었다.

회의를 마무리하면서 팀은 모든 단계를 완료했는지 확인하기 위해 '기능평가를 위한 자기 평가 체크리스트'(〈표 5-7〉 참조)를 작성하였다. 팀원들은 이 과정이 팀을 강화하고 중심을 잡게 하며 공동의 목표에 대한 이해와 언어를 공유하게 해 주었음을 깨달았다. 팀은 단합됨을 느꼈다. 이 회의의 마지막 단계는 각 팀원이 행동중재계획을 위한 회의에 무엇을 작성해서 와야 하는지 확인하는 것이었다. 각 팀원은 중재 전략을 검토한 후 도전행동을 감소시킬 예방 전략 하나, 교수 전략 하나, 강화 전략 하나씩과 바람직한 행동을 지원할 강화 전략 한 가지를 선택하여 다음 회의에 오기로 했다.

표 5-8 하사니의 PTR 기능평가 체크리스트: 예방 영역

PTR 기능평가 체크리스트: 예방 영역

도전행동: 반응하지 않기　　작성자명: 팀　　유아명: 하사니

1. 하루 중 도전행동이 가장 많이 발생하는 시간이 있나요? 있다면, 언제인가요?

X 오전　___ 식사 전　___ 식사 중　___ 식사 후　___ 식사 준비
___ 오후　X 저녁　___ 낮잠시간

기타:

2. 하루 중 도전행동이 가장 적게 발생하는 시간이 있나요? 있다면, 언제인가요?

___ 오전　X 식사 전　X 식사 중　___ 식사 후　___ 식사 준비
X 오후　___ 저녁　___ 낮잠시간

기타:

3. 도전행동이 가장 많이 발생하는 특정 활동/일과가 있나요? 있다면, 무엇인가요?

X 도착(등원)　___ 화장실 가기/기저귀교체　___ 식사
___ 귀가(하원)　X 또래와 상호작용　___ 간식
X 대집단 활동　___ 자유 선택 놀이　X 전이(구체적으로)
X 소집단 활동　___ 특별한 사건(구체적으로) ______
___ 낮잠시간　______

기타: 가족은 등원 준비와 취침 전 일과도 도전행동이 많이 발생하는 활동이라고 하였음.

4. 도전행동이 가장 적게 발생하는 특정 활동/일과가 있나요? 있다면, 무엇인가요?

___ 도착(등원)　___ 화장실 가기/기저귀교체　X 식사
X 귀가(하원)　___ 또래와 상호작용　X 간식
___ 대집단 활동　X 자유 선택 놀이　___ 전이(구체적으로)
___ 소집단 활동　___ 특별한 사건(구체적으로) ______
___ 낮잠시간　______

기타:

5. 가까이 있을 때 도전행동의 발생 가능성이 높은 특정 또래 혹은 성인이 있나요? 있다면, 누구인가요?

___ 형제자매　구체적으로: ______　___ 교사
___ 가족 구성원(들)　구체적으로: ______　___ 부모
___ 돌봄 제공자(들)　구체적으로: ______　___ 다른 유아(구체적으로)
___ 기타 성인　구체적으로: ______　______

기타:

〈계속〉

6. 가까이 있을 때 도전행동의 발생 가능성이 낮은 특정 또래 혹은 성인이 있나요? 있다면, 누구인가요?

___ 형제자매 구체적으로: ____________________ ___ 교사
___ 가족 구성원(들) 구체적으로: ____________________ ___ 부모
___ 돌봄 제공자(들) 구체적으로: ____________________ ___ 다른 유아(구체적으로)
___ 기타 성인 구체적으로: ____________________ ____________________

기타:

7. 도전행동의 발생 가능성을 높이는 특정 상황이 있나요?

___ 무언가를 하라는 요구
X 지시
___ 꾸중 또는 지적
___ "안 돼"라는 말
___ 특정 또래 옆자리
X 일정 변경
___ 또래/성인의 관심을 받을 때
___ 식사를 위한 착석
X 다른 사람과의 놀이
___ 사이좋게 나눠 쓰기
___ 차례대로 하기
___ 혼자 놀이하기
___ 새롭거나 생소한 과제
___ 성인과의 1대1 시간
X 전이 시간
X 선호 활동의 종료
___ 선호하는 물건 제거
X 비선호 활동의 시작
___ 활동이 너무 길어질 때
___ 구조화된 시간
___ 구조화되지 않은 시간
___ 휴식 시간(할 일이 없는 상태)
X 교사가 다른 사람을 보고 있을 때
___ 비선호 활동을 하는 동안

기타:

8. 도전행동의 발생 가능성을 높이는 물리적 환경 조건이 있나요(예: 너무 더움, 너무 추움, 너무 복잡함, 너무 시끄러움, 너무 혼란스러움, 기후 조건)?

___ 예(구체적으로) ____________________
X 아니요

9. 날마다 발생하지는 않지만 발생하는 날에는 도전행동의 발생 가능성을 높이는 상황이 있나요?

X 질병
___ 알레르기
___ 신체적 상태
___ 식단 변화
___ 약을 복용하지 않음
___ 약이 바뀜
___ 배고픔
___ 파티나 행사
___ 양육자 변경
X 피로
X 일정의 변화
___ 부모가 집에 없음
___ 가정 내 갈등
___ 수면 부족
___ 함께 살지 않는 부모와 시간을 보냄

기타:

앞에서 언급하지 않은 추가 의견

표 5-9 하사니의 PTR-YC 기능평가 체크리스트: 교수 영역

PTR-YC 기능평가 체크리스트: 교수 영역

도전행동: 반응하지 않기 작성자명: 팀 유아명: 하사니

1. 이 도전행동이 또래의 관심을 얻기 위해 나타나는 것으로 보이나요?

___ 예(그 또래가 누구인지 쓰세요) ___
X 아니요

2. 이 도전행동이 성인의 관심을 얻기 위해 나타나는 것으로 보이나요? 그렇다면, 유아가 관심을 얻으려 애쓰는 특정 성인이 있나요?

___ 예(그 성인이 누구인지 쓰세요) ___
X 아니요

3. 이 도전행동이 또래 또는 성인에게서 사물(예: 장난감, 게임, 교구, 음식)을 얻기 위해 나타나는 것으로 보이나요?

___ 예(물건이 무엇인지 쓰세요) ___
X 아니요

4. 이 도전행동이 선호 활동에서 비선호 활동으로의 전이를 지연시키기 위해 나타나는 것으로 보이나요?

X 예(전이 상황을 쓰세요) 도착(등원)
___ 아니요

5. 이 도전행동이 비선호(예: 어려운, 지루한, 반복적인) 과제나 활동을 끝내거나 지연시키기 위해 나타나는 것으로 보이나요?

X 예(비선호 과제나 활동이 무엇인지 쓰세요) 테이블 활동, 전체 모임, 대집단 시간
___ 아니요

6. 이 도전행동이 비선호 또래 또는 성인을 회피하기 위해 나타나는 것으로 보이나요?

___ 예(그 또래 또는 성인이 누구인지 쓰세요) ___
X 아니요

7. 이후에 이 도전행동이 발생할 가능성을 줄이기 위해 유아가 배워야 할 사회성 기술은 무엇인가요?

___ 적절한 방법으로 관심 얻기
X 나눠 쓰기-장난감 주기
X 나눠 쓰기-장난감 요구하기
X 차례 지키기
X 또래 및 성인과 상호작용 시작하기
X 또래와 성인에게 반응하거나 대답하기
X 상호작용에 참여하기(또래 및 성인과 대화를 주고받으며 화제를 유지하기)
___ 놀이 아이디어 제안하기("너는 엄마 해.")
X 또래와 함께 장난감과 교구를 올바르게 갖고 놀기
___ 긍정적인 말과 칭찬 수용하기
___ 긍정적으로 말하기
___ 또래 칭찬하기
___ 칭찬이나 강화 기다리기
X 우정 형성 기술

기타:

〈계속〉

8. 이후에 이 도전행동이 발생할 가능성을 줄이기 위해 유아가 배워야 할 문제해결 기술은 무엇인가요?

- ____ 분노 조절하기
- ____ 충동적 행동 조절하기
- X 진정 전략
- X 도움 요청하기
- X 독립적 놀이를 위한 시각적 자료 사용하기
- ____ 자기 관리
- ____ 독립적으로 놀이하기
- X 협동하여 놀이하기
- X 지시 따르기
- X 일정표와 일과 수행하기
- ____ "안 돼"를 받아들이기
- ____ 감정 조절하기
- X 활동에 참여하기
- X 활동 참여를 유지하기
- ____ 적절한 해결책 선택하기
- ____ 적절한 옵션 중에서 선택하기
- ____ 선택한 것을 따르기

기타:

9. 이후에 이 도전행동이 발생할 가능성을 줄이기 위해 유아가 배워야 할 의사소통 기술은 무엇인가요?

- X 휴식 요청하기
- X 도움 요청하기
- X 다른 사람에게 반응하기
- X 원하는 것 요구하기
- X 말로 효과적인 의사소통하기
- X 그림으로 효과적인 의사소통하기
- ____ 수어로 효과적인 의사소통하기
- X 적절하게 감정 표현하기(예: 좌절, 분노, 속상함)
- X 거절하기(예: "싫어요." "그만할래요.")

기타:

앞에서 언급하지 않은 추가 의견

표 5-10 하사니의 PTR-YC 기능평가 체크리스트: 강화 영역

PTR-YC 기능평가 체크리스트: 강화 영역

도전행동: 반응하지 않기 작성자명: 팀 유아명: 하사니

1. 평소 유아의 도전행동에 뒤따르는 후속결과는 무엇인가요?

___ 타임아웃	X 지원 제공	___ 학급규칙 복습
___ 교실 밖으로 내보내기	X 구어로 재지시	___ 신체적 촉진
___ 조용한 장소로 보내기	X 활동 지연	___ 또래의 반응
___ 진정시키기/달래기	X 활동 변경	___ 신체적 제지
___ 지금 막 발생한 행동에 대한 대화	X 활동 중단	___ 강화제(예: 장난감, 물건, 관심) 제거
X 혼자 있게 하기	X 활동에서 배제	___ 자연적 후속결과(구체적으로) ___
	___ 말로 꾸중하기	

기타:

2. 유아가 성인과 다른 유아에게 칭찬받는 것을 좋아하나요? 유아가 칭찬받고 싶어 하는 어떤 사람이 있나요?

X 예(누구인지 쓰시오) 아마라(어머니), 제리(아버지), 작업치료사, 담임교사

___ 아니요

3. 유아는 성인 및 다른 유아의 인정이나 칭찬을 받을 만한 적절한 행동(예: 적절하게 참여하기, 협동하기, 지시 따르기)을 얼마나 자주 하나요?

___ 매우 자주 X 때때로 ___ 드물게 ___ 거의 하지 않음

4. 유아는 성인 및 다른 유아의 지적(예: 꾸중, 오류 수정, 학급규칙 상기시키기)을 받을 만한 도전행동을 얼마나 자주 하나요?

X 매우 자주 ___ 때때로 ___ 드물게 ___ 거의 하지 않음

5. 유아가 가장 좋아하는 사물이나 활동은 무엇인가요? 특별한 보상이 될 수 있는 사물이나 활동은 무엇인가요?

___ 성인과의 사회적 상호작용	___ 하이파이브	X 선호 활동을 할 시간
___ 또래와의 사회적 상호작용	___ 또래의 칭찬	___ 컴퓨터 시간
___ 게임하기	___ 성인의 칭찬	X 미술활동(예: 그리기, 색칠하기)
___ 교사 보조하기	___ 음악	___ 물건/장난감(구체적으로) ___
X 바깥놀이 시간 연장	___ 퍼즐	
___ 성인의 추가적 칭찬과 관심	X 특별 활동	X 음식(구체적으로) 사탕, 케이크
X 구체물(예: 스티커, 도장)	___ 특별 도우미	

기타:

앞에서 언급하지 않은 추가 의견

표 5-11 하사니의 PTR-YC 기능평가 요약표

PTR-YC 기능평가 요약표

유아명: 하사니 날짜: 9월

행동	예방 자료	교수 자료	강화 자료
도전행동 반응하지 않기	시간: 오전과 저녁 일과, 도착(등원), 소집단 활동, 대집단 활동, 또래와 상호작용, 전이 특정 상황: 지시, 다른 사람과의 놀이, 전이 시간, 비선호 활동의 시작 및 지속, 선호 활동 종료, 일정 변화, 교사가 다른 사람을 보고 있을 때 질병 , 피로	기능: 전이를 지연시키거나 종료시키기 위함, 비선호 활동을 지연시키거나 종료시키기 위함	혼자 있게 하기와 지원 제공, 구어로 재지시, 활동 지연, 활동 변경, 활동 중단, 활동에서 배제
바람직한 행동 참여하기	시간: 식사 전, 식사 중, 귀가(하원), 오후, 자유 선택 놀이, 간식, 식사 특정 상황: 성인과의 일대일 상황, 선호 활동 중	사회성 기술: 또래와 성인에게 반응하거나 대답하기, 공유하기(장난감 주기와 요구하기), 차례 지키기, 상호작용 시작하기, 상호작용에 참여하기, 또래와 성인에게 반응하거나 대답하기, 장난감을 올바르게 갖고 놀기, 우정 형성 기술 문제해결: 진정 전략, 도움 요청하기, 시각적 자료 사용하기, 협동하여 놀이하기, 지시 따르기, 일정표와 일과 수행하기, 활동에 참여하기, 참여를 유지하기	바깥놀이 시간 연장, 구체물(예: 스티커, 도장), 특별 활동, 선호 활동을 할 시간, 미술 활동(예: 그리기), 음식(사탕, 케이크)

가설

조 건: 하사니에게 비선호 활동이나 전이를 하게 하면

행 동: 하사니는 성인이나 또래에게 반응하지 않는다.

행동의 결과: 그 활동이나 전이가 지연, 변경, 또는 중단된다.

조엘을 위한 세 번째 회의: PTR-YC 기능평가

조엘의 팀은 두 번째 회의 후 일주일 동안 PTR-YC 기능평가 체크리스트를 각자 작성하였다. 팀은 조엘의 아버지 게리의 의견을 들으려고 몇 차례 연락을 했지만, 게리는 회의를 위한 정보를 제공할 시간이 없었다. 교육 전문가인 샐리는 게리의 근무 일정이 덜 바쁘던 시기에 이미 친분을 쌓아두었으므로 자신이 팀을 대신하여 게리에게 연락을 취하겠다고 하였다. 샐리는 게리에게 회의에서 논의된 내용을 알리고, 여건이 허락할 때 게리가 할 수 있는 역할을 알려 주었다. 샐리는 또한 게리의 의견이 이후 게리가 가정에서 실행할 전략을 개발하는 데 도움이 된다는 사실을 게리에게 알렸다.

팀원들은 함께 검토할 PTR-YC 행동 평정 척도와 각자 작성한 PTR-YC 기능평가 체크리스트를 가지고 세 번째 회의에 왔다. 자료를 살펴보면서, 팀은 조엘이 하루에 10회 이상 때리기 행동을 하는 날이 드물다는 것을 깨달았다. 실제 기초선 자료에서도 5점으로 평정된 날이 없었고 4점도 단 하루뿐이었다. 팀은 대부분 3점(5~7회 때리기)으로 평정하였다. 팀은 조엘이 하루에 10회 이상 타인을 때린다고 생각했기 때문에 이 자료를 보고 놀랐다.

이에 팀은 PTR-YC 기능평가 자료를 어서 살펴보고 싶어졌다. 샐리가 팀과 공유할 추가의 관찰 자료를 가지고 있었으므로 팀은 샐리를 이 절차의 촉진자로 정하였다. 샐리는 팀 전체의 응답을 기록할 수 있는 PTR-YC 기능평가 체크리스트 서식을 갖고 있었다. 샐리는 또한 PTR-YC 기능평가 요약표를 꺼내서 체크리스트에 팀의 응답을 기록하는 동시에 요약표의 해당 칸에 정보를 채워 넣었다. 추가 사항을 기록하고 모두에게 사본을 배부할 또 다른 팀원도 선발하였다. 마지막으로, 팀이 1시간 동안 아주 많은 내용을 다루어야 하기 때문에 시간 관리자를 정하였다.

기능평가에서 수집된 자료를 종합하면서 팀은 조엘이 다른 성인이나 또래를 때릴 때 성인의 관심을 많이 받음을 발견하였다. 성인은 규칙을 이야기하고, 재지시하거나 꾸중을 하고, 지금 일어난 행동과 그 행동 대신 조엘이 했어야 하는 행동을 설교하는 방식으로 반응하였다. 이러한 반응은 대부분 부정적인 관심이었기 때문에 지금까지 팀원들은 그것이 행동을 강화하고 있다고 생각하지 않았다. 그러나 팀원들은 논의를 통해 그러한 부정적인 반응이 조엘에게 충분히 강화로 작용함을 깨달았다. 이는 조엘이 왜 긍정적인 말이나 칭찬을 잘 수용하지 못하는지에 대한 토론으로도 이어졌다.

지금까지 팀은 때리기 행동의 기능이 활동에서의 회피라고 생각하였지만, 자료는 그러한 예상을 뒤엎고 행동의 기능이 성인의 관심임을 보여 주었다. 또한 팀은 조엘에게 긍정적인 말과 칭찬 수용하기를 지도해야겠다고 생각하였다. 이러한 대화는 회의록의 비고란에 기록해 두었다.

샐리는 또한 자신의 관찰 자료를 공유하였다. 샐리는 조엘의 때리기 행동이 도착(등원) 시간에 일관성 있게 나타나고 있음을 발견하였다. 조엘은 매일 도착 후 첫 5분 안에 누군가를 때렸다. 이에 팀은 조엘이 프로그램 장소에 도착한 시간과 때리기 행동 발생의 규칙성을 살펴보았다. 이 대화는 팀이 가설문장을 만드는 데 도움을 주었다. 자료를 종합하여 팀이 합의한 가설이 완성되면, 팀은 이 가설문장을 바탕으로 조엘을 위한 개별화된 중재를 개발할 준비가 된 셈이다. 〈표 5-12〉부터 〈표 5-14〉는 이 회의에서 종합한 PTR-YC 기능평가 결과다.

다음 회의를 위해 팀은 매뉴얼에서 중재를 다룬 장을 읽고 목표행동을 위한 예방, 교수, 강화 전략을 골라 보기로 하였다. 팀원들은 중재 목록에 자신의 선택을 표시하는 법을 배웠다. 샐리는 이번 회의 내용을 게리에게 전달하고 중재계획을 위한 다음 회의에 게리가 어떻게 참여할지 안내하는 역할을 담당하기로 했다. 또한 게리에게도 PTR-YC 기능평가 체크리스트를 작성해 보도록 권하였다. 다음 회의는 일주일 후로 정하였고, 팀은 계속해서 PTR-YC 행동 평정 척도를 이용하여 자료를 수집하였다. 〈표 5-15〉는 조엘의 PTR-YC 기능평가 요약표다.

표 5-12 조엘의 PTR 기능평가 체크리스트: 예방 영역

PTR 기능평가 체크리스트: 예방 영역

도전행동: 다른 사람 때리기　작성자명: 팀　유아명: 조엘

1. 하루 중 도전행동이 가장 많이 발생하는 시간이 있나요? 있다면, 언제인가요?

X 오전　___ 식사 전　___ 식사 중　___ 식사 후　___ 식사 준비
X 오후　___ 저녁　___ 낮잠시간

기타:

2. 하루 중 도전행동이 가장 적게 발생하는 시간이 있나요? 있다면, 언제인가요?

___ 오전　___ 식사 전　X 식사 중　___ 식사 후　___ 식사 준비
___ 오후　___ 저녁　___ 낮잠시간

기타:

3. 도전행동이 가장 많이 발생하는 특정 활동/일과가 있나요? 있다면, 무엇인가요?

X 도착(등원)　___ 화장실 가기/기저귀 교체　___ 식사
___ 귀가(하원)　___ 또래와 상호작용　___ 간식
X 대집단 활동　___ 자유 선택 놀이　X 전이(구체적으로) ________
X 소집단 활동　___ 특별한 사건(구체적으로) ________
___ 낮잠시간

기타:

4. 도전행동이 가장 적게 발생하는 특정 활동/일과가 있나요? 있다면, 무엇인가요?

___ 도착(등원)　___ 화장실 가기/기저귀 교체　X 식사
___ 귀가(하원)　___ 또래와 상호작용　X 간식
___ 대집단 활동　___ 자유 선택 놀이　___ 전이(구체적으로) ________
___ 소집단 활동　___ 특별한 사건(구체적으로) ________
___ 낮잠시간

기타:

5. 가까이 있을 때 도전행동의 발생 가능성이 높은 특정 또래 혹은 성인이 있나요? 있다면, 누구인가요?

___ 형제자매　구체적으로: ________　___ 교사
___ 가족 구성원(들)　구체적으로: ________　___ 부모
___ 돌봄 제공자(들)　구체적으로: ________　___ 다른 유아(구체적으로)
___ 기타 성인　구체적으로: ________　________

기타:

〈계속〉

6. 가까이 있을 때 도전행동의 발생 가능성이 낮은 특정 또래 혹은 성인이 있나요? 있다면, 누구인가요?

___ 형제자매	구체적으로: ________	X 교사
___ 가족 구성원(들)	구체적으로: ________	___ 부모
___ 돌봄 제공자(들)	구체적으로: ________	___ 다른 유아(구체적으로)
X 기타 성인	구체적으로: 메리(보조교사)	________

기타:

7. 도전행동의 발생 가능성을 높이는 특정 상황이 있나요?

X 무언가를 하라는 요구	X 사이좋게 나눠 쓰기	X 비선호 활동의 시작
X 지시	X 차례대로 하기	___ 활동이 너무 길어질 때
___ 꾸중 또는 지적	___ 혼자 놀이하기	___ 구조화된 시간
X "안 돼"라는 말	___ 새롭거나 생소한 과제	___ 구조화되지 않은 시간
___ 특정 또래 옆자리	___ 성인과의 1대1 시간	___ 휴식 시간(할 일이 없는 상태)
___ 일정 변경	X 전이 시간	X 교사가 다른 사람을 보고 있을 때
X 또래/성인의 관심을 받을 때	X 선호 활동의 종료	X 비선호 활동을 하는 동안
___ 식사를 위한 착석	X 선호하는 물건 제거	

기타:

8. 도전행동의 발생 가능성을 높이는 물리적 환경 조건이 있나요(예: 너무 더움, 너무 추움, 너무 복잡함, 너무 시끄러움, 너무 혼란스러움, 기후 조건)?

___ 예(구체적으로) ________

X 아니요

9. 날마다 발생하지는 않지만 발생하는 날에는 도전행동의 발생 가능성을 높이는 상황이 있나요?

___ 질병	___ 배고픔	___ 부모가 집에 없음
___ 알레르기	___ 파티나 행사	___ 가정 내 갈등
___ 신체적 상태	___ 양육자 변경	X 수면 부족
___ 식단 변화	X 피로	___ 함께 살지 않는 부모와 시간을 보냄
___ 약을 복용하지 않음	X 일정의 변화	
___ 약이 바뀜		

기타: 팀은 조엘이 가끔 매우 피곤해 보인다는 것을 발견함

앞에서 언급하지 않은 추가 의견

표 5-13 조엘의 PTR-YC 기능평가 체크리스트: 교수 영역

PTR-YC 기능평가 체크리스트: 교수 영역

도전행동: 다른 사람 때리기 작성자명: 팀 유아명: 조엘

1. 이 도전행동이 또래의 관심을 얻기 위해 나타나는 것으로 보이나요?

___ 예(그 또래가 누구인지 쓰세요) ___

X 아니요

2. 이 도전행동이 성인의 관심을 얻기 위해 나타나는 것으로 보이나요? 그렇다면, 유아가 관심을 얻으려 애쓰는 특정 성인이 있나요?

X 예(그 성인이 누구인지 쓰세요) 게리, 샐리

___ 아니요

3. 이 도전행동이 또래 또는 성인에게서 사물(예: 장난감, 게임, 교구, 음식)을 얻기 위해 나타나는 것으로 보이나요?

X 예(사물이 무엇인지 쓰세요) 장난감, 특히 새로운 장난감

___ 아니요

4. 이 도전행동이 선호 활동에서 비선호 활동으로의 전이를 지연시키기 위해 나타나는 것으로 보이나요?

X 예(전이 상황을 쓰세요) 하기 싫어 보이는 모든 것, 그러나 이것은 매일 변함

___ 아니요

5. 이 도전행동이 비선호(예: 어려운, 지루한, 반복적인) 과제나 활동을 끝내거나 지연시키기 위해 나타나는 것으로 보이나요?

X 예(비선호 과제나 활동이 무엇인지 쓰세요) 소집단 활동 같은 모든 비선호 활동

___ 아니요

6. 이 도전행동이 비선호 또래 또는 성인을 회피하게 위해 나타나는 것으로 보이나요?

___ 예(그 또래 또는 성인이 누구인지 쓰세요) ___

X 아니요

7. 이후에 이 도전행동이 발생할 가능성을 줄이기 위해 유아가 배워야 할 사회성 기술은 무엇인가요?

X 적절한 방법으로 관심 얻기
X 나눠 쓰기-장난감 주기
X 나눠 쓰기-장난감 요구하기
X 차례 지키기
___ 또래 및 성인과 상호작용 시작하기
___ 또래와 성인에게 반응하거나 대답하기
___ 상호작용에 참여하기(또래 및 성인과 대화를 주고받으며 화제를 유지하기)
___ 놀이 아이디어 제안하기("너는 엄마 해.")
X 또래와 함께 장난감과 교구를 올바르게 갖고 놀기
X 긍정적인 말과 칭찬 수용하기
X 긍정적으로 말하기
X 또래 칭찬하기
X 칭찬이나 강화 기다리기
___ 우정 형성 기술

기타:

〈계속〉

8. 이후에 이 도전행동이 발생할 가능성을 줄이기 위해 유아가 배워야 할 문제해결 기술은 무엇인가요?

X 분노 조절하기
X 충동적 행동 조절하기
X 진정 전략
___ 도움 요청하기
___ 독립적 놀이를 위한 시각적 자료 사용하기

X 자기 관리
___ 독립적으로 놀이하기
X 협동하여 놀이하기
X 지시 따르기
X 일정표와 일과 수행하기
X "안 돼"를 받아들이기
___ 감정 조절하기

X 활동에 참여하기
___ 활동 참여를 유지하기
___ 적절한 해결책 선택하기
___ 적절한 옵션 중에서 선택하기
___ 선택한 것을 따르기

기타:

9. 이후에 이 도전행동이 발생할 가능성을 줄이기 위해 유아가 배워야 할 의사소통 기술은 무엇인가요?

___ 휴식 요청하기
___ 도움 요청하기
___ 다른 사람에게 반응하기
X 원하는 것 요구하기

X 말로 효과적인 의사소통하기
___ 그림으로 효과적인 의사소통하기
___ 수어로 효과적인 의사소통하기

X 적절하게 감정 표현하기(예: 좌절, 분노, 속상함)
___ 거절하기(예: "싫어요." "그만할래요.")

기타:

앞에서 언급하지 않은 추가 의견

표 5-14 조엘의 PTR-YC 기능평가 체크리스트: 강화 영역

PTR-YC 기능평가 체크리스트: 강화 영역

도전행동: 다른 사람 때리기 작성자명: 팀 유아명: 조엘

1. 평소 유아의 도전행동에 뒤따르는 일반적인 후속결과는 무엇인가요?

X 타임아웃
X 교실 밖으로 내보내기
X 조용한 장소로 보내기
___ 진정시키기/달래기
X 지금 막 발생한 행동에 대한 대화

___ 혼자 있게 하기
X 지원 제공
X 구어로 재지시
X 활동 지연
X 활동 변경
X 활동 중단
X 활동에서 배제

X 말로 꾸중하기
X 학급규칙 복습
___ 신체적 촉진
___ 또래의 반응
___ 신체적 제지
___ 강화제(예: 장난감, 물건, 관심) 제거
___ 자연적 후속결과(구체적으로) ___

기타:

2. 유아가 성인과 다른 유아에게 칭찬받는 것을 좋아하나요? 유아가 칭찬받고 싶어 하는 어떤 사람이 있나요?

X 예(누구인지 쓰시오) 게리, 샐리
___ 아니요

3. 유아는 성인 및 다른 유아의 인정이나 칭찬을 받을 만한 적절한 행동(예: 적절하게 참여하기, 협동하기, 지시 따르기)을 얼마나 자주 하나요?

___ 매우 자주 X 때때로 ___ 드물게 ___ 거의 하지 않음

4. 유아는 성인 및 다른 유아의 지적(예: 꾸중, 오류 수정, 학급규칙 상기시키기)을 받을 만한 도전행동을 얼마나 자주 하나요?

X 매우 자주 ___ 때때로 ___ 드물게 ___ 거의 하지 않음

5. 유아가 가장 좋아하는 사물이나 활동은 무엇인가요? 특별한 보상이 될 수 있는 사물이나 활동은 무엇인가요?

X 성인과의 사회적 상호작용
___ 또래와의 사회적 상호작용
___ 게임하기
X 교사 보조하기
___ 바깥놀이 시간 연장
___ 성인의 추가적 칭찬과 관심
X 구체물(예: 스티커, 도장)

___ 하이파이브
___ 또래의 칭찬
___ 성인의 칭찬
___ 음악
___ 퍼즐
X 특별 활동
X 특별 도우미

X 선호 활동을 할 시간
___ 컴퓨터 시간
___ 미술활동(예: 그리기, 색칠하기)
X 물건/장난감(구체적으로) 트럭, 자동차
___ 음식(구체적으로) ___

기타:

앞에서 언급하지 않은 추가 의견

표 5-15 조엘의 PTR-YC 기능평가 요약표

PTR-YC 기능평가 요약표

유아명: 조엘 날짜: 10월

행동	예방 자료	교수 자료	강화 자료
도전행동 다른 사람 때리기	시간: 오전과 오후, 특히 도착(등원) 시 활동: 대집단 활동, 소집단 활동, 전이 특정 상황: 무언가를 하라는 요구, 지시, "안 돼"라는 말, 사이좋게 나눠 쓰기, 차례대로 하기, 비선호 활동 시작 및 지속, 선호 활동의 종료, 관심을 받을 때, 교사가 다른 사람을 보고 있을 때	기능: 전이를 지연시키고 성인의 관심을 얻기 위함	후속결과: 구어로 재지시, 지원 제공, 지금 막 발생한 행동에 대한 대화, 학급 규칙 복습, 활동 지연이나 변경, 타임아웃 또는 조용한 장소로 보내기, 말로 꾸중하기, 활동에서 배제, 활동 중단, 교실 밖으로 내보내기
바람직한 행동 비선호하는 학급 활동에 참여하기	시간: 식사 중 활동: 간식 사람: 교사와 보조교사 특정 상황: 성인과의 1대1 시간, 선호 활동을 하는 동안	사회성 기술: 적절한 방법으로 관심 얻기, 공유하기(장난감 주기와 요구하기), 차례 지키기, 장난감을 올바르게 갖고 놀기, 긍정적인 말과 칭찬 수용하기, 긍정적으로 말하기, 강화 기다리기, 또래 칭찬하기 문제해결: 분노 조절하기, 충동적 행동 조절하기, 진정 전략, 자기 관리, "안 돼."를 받아들이기, 협동하여 놀이하기, 지시 따르기, 활동에 참여하기, 일정표와 일과 수행하기	강화: 성인과의 사회적 상호작용, 구체물(예: 스티커, 도장), 특별 활동, 특별 도우미, 선호 활동을 할 시간, 물건/장난감(예: 트럭, 자동차), 교사 보조하기

가설

조　　건: 도착 활동에 참여하라는 말을 들으면

행　　동: 조엘은 또래나 성인을 때린다.

행동의 결과: 말로 꾸중하기, 재지시, 지금 막 발생한 행동에 대한 대화 또는 학급규칙 복습 등을 통해 관심을 받는다.

제시를 위한 세 번째 회의: PTR-YC 평가

제시의 양어머니 루시는 남편 케이와 함께 작성한 PTR-YC 기능평가 체크리스트를 세 번째 회의에 가져왔다. 보조교사인 로렌도 자신의 체크리스트를 가져왔다. 담임교사인 엘은 자신과 센터장이 각자 작성한 체크리스트를 가져왔다. 지난 일주일간 작성된 PTR-YC 행동 평정 척도에 대한 논의를 먼저 시작하였는데, 엘과 로렌은 자료를 보며 제시의 행동이 생각만큼 자주 발생하지 않았음을 깨달았다. 조작적 정의를 이용하여 도전행동을 관찰하고 여러 도전행동을 별개로 보지 않고 행동군으로 살펴본 것이 도전행동의 일일 발생 빈도를 정확하게 측정하는 작업을 쉽게 만들어 주었다. 팀이 처음에 생각한 것만큼 도전행동이 자주 발생하지 않았기 때문에, 팀은 척도의 점수 체계를 조정해야 할지를 논의하였다. 논의 결과, 점수 체계는 현재대로 유지하기로 하였다. 팀이 목표로 삼은 바람직한 행동인 일과 수행하기를 제시가 잘 해 내려면 많은 촉진과 성인의 지원이 필요하다는 것은 분명하였다.

다음으로 팀은 PTR-YC 기능평가 체크리스트의 각 영역을 살펴보면서 PTR-YC 기능평가 요약표에 정보를 기록하였다(〈표 5-16〉부터 〈표 5-19〉 참조). 팀은 각 항목을 검토하면서 이번 회의에 참석하지 못한 사람들을 포함한 모든 이의 체크리스트에 있는 정보를 요약하였다. 정보를 종합하여 요약표에 기록해 보니 도전행동에 영향을 미치는 요소들이 더욱 명확해졌고, 도전행동을 초래하는 두 가지 다른 상황(즉, 제시가 자신이 원하는 무언가를 얻지 못했을 때, 그리고 제시가 성인으로부터 전적인 관심을 받지 못했을 때)이 분명하게 드러났다. 팀은 두 개의 가설문장을 만들었고, 목표로 삼았던 바람직한 행동을 바꾸어야 함을 깨달았다. 팀은 일과 수행하기보다 원하는 것을 요구하거나 성인의 집중적인 관심 요청하기가 제시에게 더 유익한 목표라고 판단했다. 팀은 새로운 바람직한 행동(요구하기)의 조작적 정의(물건이나 성인의 관심을 요구하기 위해 사진이나 몸짓을 사용한다.)를 작성했다. 팀은 평정 척도를 수정하고 새로운 점수 제계를 설정하였으며, 도전행동에 대한 자료 수집을 계속하는 동시에 새로운 바람직한 행동에 대한 자료 수집을 시작하기로 했다. 〈표 5-20〉은 제시의 수정된 PTR-YC 행동 평정 척도다. 다음으로 팀은 오는 금요일에 모여 행동중재계획을 수립하기로 하고, 그 전에 각자 모든 중재 전략을 읽고 행동중재계획에 포함할 수 있겠다고 생각되는 전략을 예방, 교수, 강화의 세 영역별로 한 가지 이상 선택해 보기로 하였다.

표 5-16 제시의 PTR 기능평가 체크리스트: 예방 영역

PTR 기능평가 체크리스트: 예방 영역

도전행동: 자신과 타인에 대한 신체적 공격 작성자명: 팀 유아명: 제시

1. 하루 중 도전행동이 가장 많이 발생하는 시간이 있나요? 있다면, 언제인가요?

X 오전 ___ 식사 전 ___ 식사 중 ___ 식사 후 ___ 식사 준비
X 오후 ___ 저녁 ___ 낮잠시간

기타:

2. 하루 중 도전행동이 가장 적게 발생하는 시간이 있나요? 있다면, 언제인가요?

___ 오전 ___ 식사 전 X 식사 중 ___ 식사 후 ___ 식사 준비
___ 오후 ___ 저녁 X 낮잠시간

기타:

3. 도전행동이 가장 많이 발생하는 특정 활동/일과가 있나요? 있다면, 무엇인가요?

___ 도착(등원) ___ 화장실 가기/기저귀 교체 ___ 식사
___ 귀가(하원) X 또래와 상호작용 ___ 간식
X 대집단 활동 X 자유 선택 놀이 X 전이(구체적으로)
X 소집단 활동 ___ 특별한 사건(구체적으로) 이야기나 노래가 끝남
___ 낮잠시간

기타:

4. 도전행동이 가장 적게 발생하는 특정 활동/일과가 있나요? 있다면, 무엇인가요?

___ 도착(등원) ___ 화장실 가기/기저귀 교체 X 식사
___ 귀가(하원) ___ 또래와 상호작용 X 간식
___ 대집단 활동 ___ 자유 선택 활동 ___ 전이(구체적으로)
___ 소집단 활동 ___ 특별한 사건(구체적으로)
___ 낮잠시간

기타: 악기를 다루는 음악 시간, 성인과 함께 읽기

5. 가까이 있을 때 도전행동의 발생 가능성이 높은 특정 또래 혹은 성인이 있나요? 있다면, 누구인가요?

___ 형제자매 구체적으로: ___ ___ 교사
___ 가족 구성원(들) 구체적으로: ___ ___ 부모
___ 돌봄 제공자(들) 구체적으로: ___ ___ 다른 유아(구체적으로)
___ 기타 성인 구체적으로: ___

기타:

〈계속〉

6. 가까이 있을 때 도전행동의 발생 가능성이 낮은 특정 또래 혹은 성인이 있나요? 있다면, 누구인가요?

___ 형제자매 구체적으로: ______________ X 교사
___ 가족 구성원(들) 구체적으로: ______________ X 부모
___ 돌봄 제공자(들) 구체적으로: ______________ ___ 다른 유아(구체적으로)
X 기타 성인 구체적으로: ______________ ______________

기타:

7. 도전행동의 발생 가능성을 높이는 특정 상황이 있나요?

X 무언가를 하라는 요구	X 다른 사람과의 놀이	X 선호하는 물건 제거
X 지시	X 사이좋게 나눠 쓰기	___ 비선호 활동의 시작
___ 꾸중 또는 지적	X 차례대로 하기	___ 활동이 너무 길어질 때
___ "안 돼"라는 말	___ 혼자 놀이하기	___ 구조화된 시간
___ 특정 또래 옆자리	___ 새롭거나 생소한 과제	X 구조화되지 않은 시간
___ 일정 변경	___ 성인과의 1대1 시간	X 휴식 시간(할 일이 없는 상태)
X 또래/성인의 관심을 받을 때	X 전이 시간	X 교사가 다른 사람을 보고 있을 때
___ 식사를 위한 착석	X 선호 활동의 종료	___ 비선호 활동을 하는 동안

기타:

8. 도전행동의 발생 가능성을 높이는 물리적 환경 조건이 있나요(예: 너무 더움, 너무 추움, 너무 복잡함, 너무 시끄러움, 너무 혼란스러움, 기후 조건)?

___ 예(구체적으로) ______________
X 아니요

9. 날마다 발생하지는 않지만 발생하는 날에는 도전행동의 발생 가능성을 높이는 상황이 있나요?

X 질병	X 배고픔	___ 부모가 집에 없음
___ 알레르기	___ 파티나 행사	___ 가정 내 갈등
X 신체적 상태	___ 양육자 변경	X 수면 부족
___ 식단 변화	X 피로	X 함께 살지 않는 부모와 시간을 보냄
___ 약을 복용하지 않음	X 일정의 변화	
___ 약이 바뀜		

기타: 간질이 일어난 날, 주중에 친부모를 방문한 후

앞에서 언급하지 않은 추가 의견

표 5-17 제시의 PTR-YC 기능평가 체크리스트: 교수 영역

PTR-YC 기능평가 체크리스트: 교수 영역

도전행동: 자신과 타인에 대한 신체적 공격 작성자명: 팀 유아명: 제시

1. 이 도전행동이 또래의 관심을 얻기 위해 나타나는 것으로 보이나요?

X 예(그 또래가 누구인지 쓰세요) 맨디(맨디는 항상 제시를 돕고 싶어함). 늘 맨디인 것은 아님

___ 아니요

2. 이 도전행동이 성인의 관심을 얻기 위해 나타나는 것으로 보이나요? 그렇다면, 유아가 관심을 얻으려 애쓰는 특정 성인이 있나요?

X 예(그 성인이 누구인지 쓰세요) 제시와 시간을 보내는 모든 성인

___ 아니요

3. 이 도전행동이 또래 또는 성인에게서 사물(예: 장난감, 게임, 교구, 음식)을 얻기 위해 나타나는 것으로 보이나요?

X 예(사물이 무엇인지 쓰세요) 소리가 나는 물건, 특정 책

___ 아니요

4. 이 도전행동이 선호 활동에서 비선호 활동으로의 전이를 지연시키기 위해 나타나는 것으로 보이나요?

X 예(전이 상황을 쓰세요) 이야기/읽기 종료, 노래 부르기 시간 종료, 소리 나는 인형 치우기

___ 아니요

5. 이 도전행동이 비선호(예: 어려운, 지루한, 반복적인) 과제나 활동을 끝내거나 지연시키기 위해 나타나는 것으로 보이나요?

___ 예(비선호 과제나 활동이 무엇인지 쓰세요) ___

X 아니요

6. 이 도전행동이 비선호 또래 또는 성인을 회피하기 위해 나타나는 것으로 보이나요?

___ 예(그 또래 또는 성인이 누구인지 쓰세요) ___

X 아니요

7. 이후에 이 도전행동이 발생할 가능성을 줄이기 위해 유아가 배워야 할 사회성 기술은 무엇인가요?

X 적절한 방법으로 관심 얻기

___ 나눠 쓰기-장난감 주기

X 나눠 쓰기-장난감 요구하기

X 차례 지키기

X 또래 및 성인과 상호작용 시작하기

X 또래와 성인에게 반응하거나 대답하기

___ 상호작용에 참여하기(또래 및 성인과 대화를 주고받으며 화제를 유지하기)

___ 놀이 아이디어 제안하기("너는 엄마 해.")

___ 또래와 함께 장난감과 교구를 올바르게 갖고 놀기

___ 긍정적인 말과 칭찬 수용하기

___ 긍정적으로 말하기

___ 또래 칭찬하기

___ 칭찬이나 강화 기다리기

___ 우정 형성 기술

기타:

〈계속〉

8. 이후에 이 도전행동이 발생할 가능성을 줄이기 위해 유아가 배워야 할 문제해결 기술은 무엇인가요?

___ 분노 조절하기	___ 자기 관리	X 활동에 참여하기
___ 충동적 행동 조절하기	X 독립적으로 놀이하기	X 활동 참여를 유지하기
___ 진정 전략	___ 협동하여 놀이하기	___ 적절한 해결책 선택하기
X 도움 요청하기	X 지시 따르기	X 적절한 옵션 중에서 선택하기
___ 독립적 놀이를 위한 시각적 자료 사용하기	X 일정표와 일과 수행하기	X 선택한 것을 따르기
	X "안 돼"를 받아들이기	
	___ 감정 조절하기	

기타:

9. 이후에 이 도전행동이 발생할 가능성을 줄이기 위해 유아가 배워야 할 의사소통 기술은 무엇인가요?

___ 휴식 요청하기	___ 말로 효과적인 의사소통하기	X 적절하게 감정 표현하기(예: 좌절, 분노, 속상함)
X 도움 요청하기	X 그림으로 효과적인 의사소통하기	X 거절하기(예: "싫어요." "그만할래요.")
___ 다른 사람에게 반응하기	___ 수어로 효과적인 의사소통하기	
X 원하는 것 요구하기		

기타:

앞에서 언급하지 않은 추가 의견

표 5-18 제시의 PTR-YC 기능평가 체크리스트: 강화 영역

PTR-YC 기능평가 체크리스트: 강화 영역

도전행동: 자신과 타인에 대한 신체적 공격 작성자명: 팀 유아명: 제시

1. 평소 유아의 도전행동에 뒤따르는 일반적인 후속결과는 무엇인가요?

___ 타임아웃	X 지원 제공	___ 학급규칙 복습
___ 교실 밖으로 내보내기	X 구어로 재지시	X 신체적 촉진
___ 조용한 장소로 보내기	X 활동 지연	X 또래의 반응
X 진정시키기/달래기	___ 활동 변경	___ 신체적 제지
___ 지금 막 발생한 행동에 대한 대화	___ 활동 중단	___ 강화제(예: 장난감, 물건, 관심) 제거
X 혼자 있게 하기	X 활동에서 배제	___ 자연적 후속결과(구체적으로) ______
	___ 말로 꾸중하기	

기타:

2. 유아가 성인과 다른 유아에게 칭찬받는 것을 좋아하나요? 유아가 칭찬받고 싶어 하는 어떤 사람이 있나요?

X 예(누구인지 쓰시오) 거의 모든 사람

___ 아니요

3. 유아는 성인 및 다른 유아의 인정이나 칭찬을 받을 만한 적절한 행동 (예: 적절하게 참여하기, 협동하기, 지시 따르기)을 얼마나 자주 하나요?

___ 매우 자주 X 때때로 ___ 드물게 ___ 거의 하지 않음

4. 유아는 성인 및 다른 유아의 지적(예: 꾸중, 오류 수정, 학급규칙 상기시키기)을 받을 만한 도전행동을 얼마나 자주 하나요?

X 매우 자주 ___ 때때로 ___ 드물게 ___ 거의 하지 않음

5. 유아가 가장 좋아하는 사물이나 활동은 무엇인가요? 특별한 보상이 될 수 있는 사물이나 활동은 무엇인가요?

X 성인과의 사회적 상호작용	___ 하이파이브	___ 선호 활동을 할 시간
___ 또래와의 사회적 상호작용	___ 또래의 칭찬	___ 컴퓨터 시간
___ 게임하기	X 성인의 칭찬	___ 미술활동(예: 그리기, 색칠하기)
___ 교사 보조하기	X 음악	X 물건/장난감(구체적으로) 소리 나는 장난감
___ 바깥놀이 시간 연장	___ 퍼즐	
X 성인의 추가적 칭찬과 관심	___ 특별 활동	___ 음식(구체적으로) ______
___ 구체물(예: 스티커, 도장)	___ 특별 도우미	

기타: 성인이 무릎에 앉히고 책 읽어 주기

앞에서 언급하지 않은 추가 의견

표 5-19 제시의 PTR-YC 기능평가 요약표

PTR-YC 기능평가 요약표

유아명: 제시 날짜: 1월 19일

행동	예방 자료	교수 자료	강화 자료
도전행동 자신과 타인에 대한 신체적 공격	시간: 오전과 오후 활동: 대집단 활동, 소집단 활동, 또래와 상호작용, 자유 선택 놀이, 전이(이야기나 노래가 끝남) 특정 상황: 무언가를 하라는 요구, 지시, 또래/성인의 관심을 받을 때, 다른 사람과의 놀이, 사이좋게 나눠 쓰기, 차례대로 하기, 전이 시간, 선호 활동의 종료, 선호하는 물건 제거, 구조화되지 않은 시간, 휴식 시간, 교사가 다른 사람을 보고 있을 때 가끔 발생하는 상황: 질병, 신체적 상태, 배고픔, 피로, 일정의 변화, 수면 부족, 함께 살지 않는 부모와 시간을 보냄, 간질이 일어난 날, 주중에 친부모를 방문한 후	기능: 원하는 것을 얻지 못했을 때, 성인의 집중적 관심을 받지 못했을 때	후속결과: 진정시키기/달래기, 혼자 있게 하기, 지원 제공, 구어로 재지시, 활동 지연, 신체적 촉진, 또래의 반응, 활동에서 배제
바람직한 행동 사진이나 몸짓으로 요구하기	시간: 식사 중, 낮잠시간 활동: 식사, 간식, 악기를 다루는 음악 시간, 성인과 함께 읽기 사람: 교사와 부모, 기타 성인 특정 상황: 성인과의 1대1 시간, 선호 활동을 하는 동안	사회성 기술: 적절한 방법으로 관심 얻기, 공유하기(장난감 요구하기), 차례 지키기, 성인과 상호작용 시작하기, 성인에게 반응하거나 대답하기 문제해결: 도움 요청하기, 독립적으로 놀이하기, 지시 따르기, 일정표와 일과 수행하기, "안 돼."를 받아들이기, 활동에 참여하기, 활동 참여를 유지하기, 적절한 옵션 중에서 선택하기, 선택한 것을 따르기	강화: 성인과의 사회적 상호작용, 성인의 추가적 칭찬과 관심, 성인의 칭찬, 음악, 소리 나는 장난감, 성인이 무릎에 앉히고 책 읽어 주기

〈계속〉

		의사소통 기술: 도움 요청하기, 그림으로 효과적인 의사소통하기, 감정 표현하기, "싫어요." 또는 "그만할래요."라고 말하기	

가설

조　　건: 또래에게서 원하는 물건을 얻지 못하면

행　　동: 자신과 타인에 대한 신체적 공격 행동을 보인다.

행동의 결과: 원하는 물건을 얻는다.

가설

조　　건: 성인의 관심을 원하지만 받지 못하거나 성인의 관심이 자신에게서 떠나면

행　　동: 자신과 타인에 대한 신체적 공격 행동을 보인다.

행동의 결과: 성인의 관심을 끌게 되거나 관심받는 시간이 연장된다.

표 5-20 교사와 보조교사가 작성한 제시의 수정된 PTR-YC 행동 평정 척도

PTR-YC 행동 평정 척도

유아명: 제시　　평정자: 엘과 로렌　　관찰시간: 하루 종일　　월: 1월

날짜/시간

바람직한 행동	5	5	5	5	5	5	5	5	5	5	5	5	5	5	5	5	5	5	5	5
	4	4	4	4	4	4	4	4	4	4	4	4	4	4	4	4	4	4	4	4
사진이나 몸짓으로	3	3	3	3	3	3	3	3	3	3	3	3	3	3	3	3	3	3	3	3
요구하기	2	2	2	2	2	2	2	2	2	2	2	2	2	2	2	2	2	2	2	2
	1	1	1	1	1	1	1	1	1	1	1	1	1	1	1	1	1	1	1	1
도전행동	5	5	5	5	5	5	5	5	5	5	5	5	5	5	5	5	5	5	5	5
	4	4	4	4	4	4	4	4	4	4	4	4	4	4	4	4	4	4	4	4
자신과 타인에	3	3	3	3	3	3	3	3	3	3	3	3	3	3	3	3	3	3	3	3
대한 신체적 공격	2	2	2	2	2	2	2	2	2	2	2	2	2	2	2	2	2	2	2	2
	1	1	1	1	1	1	1	1	1	1	1	1	1	1	1	1	1	1	1	1

← 기초선 →　　← 중재 →

바람직한 행동: 사진이나 몸짓으로 요구하기

5 = 사진을 사용하라는 구어 촉진만 제공함

4 = 사진을 사용하라는 동작 촉진만 제공함

3 = 사진을 사용하라는 신체적 안내를 처음에만 잠시 제공함

2 = 사진을 사용하라는 신체적 안내를 부분적으로 제공함

1 = 교사가 유아의 손을 잡고 사진을 사용하도록 안내함

도전행동: 자신과 타인에 대한 신체적 공격

5 = 하루에 8회 이상 발생

4 = 하루에 6~7회 발생

3 = 하루에 4~5회 발생

2 = 하루에 2~3회 발생

1 = 하루에 1회 이하로 발생

이던을 위한 세 번째 회의: PTR-YC 평가

센터장이자 담임교사인 조안과 보조교사인 캐롤은 매일 아침 아이들의 등원 전 15분을 이던을 위한 PTR-YC 절차를 위해 확보해 두고 PTR-YC 기능평가 체크리스트를 함께 작성하기로 했다. 화요일에 두 사람은 예방 영역 체크리스트를 작성하였다. 이던의 할머니 베로니카는 월요일에 자신이 작성한 체크리스트를 제출하였고, 조안과 캐롤은 베로니카가 제공한 정보를 바탕으로 절차를 시작하였다. 예방 영역 체크리스트의 각 항목을 검토하면서, 조안과 캐롤은 서로의 대화와 베로니카의 응답 결과에 기초하여 합의를 이끌어 냈다. 많은 항목에서 의견이 일치하였지만, 조안과 캐롤이 이던의 행동을 항상 보고 있었기 때문에 이 절차를 통해 걱정스러운 영역을 더 많이 판별할 수 있었다. 항목을 논의하면서 조안은 그들의 응답을 종합한 결과를 PTR-YC 기능평가 체크리스트의 빈 서식에 기록하였고, 캐롤은 PTR-YC 기능평가 요약표에 기록하였다. 조안과 캐롤은 'PTR-YC 기능평가 체크리스트: 예방 영역'과 'PTR-YC 기능평가 요약표'를 베로니카에게 보내어 추가할 정보나 피드백을 받기로 하였다. 수요일에는 교수 영역 체크리스트를 작성하였고 요약표의 교수 자료 칸을 채웠다. 이어서 강화 영역 체크리스트도 작성하기 시작하였지만, 아이들이 등원하기 시작하여 그리 많이 하지는 못하였다. 목요일 아침, 조안과 캐롤은 체크리스트와 요약표를 완성하고 가설문장을 만들었다. 그들은 지난 며칠간 체크리스트를 작성했기 때문에, 가설문장을 쉽게 작성할 수 있었다. 캐롤은 가설문장에 대한 베로니카의 피드백을 받기 위해 'PTR-YC 기능평가 체크리스트: 강화 영역'과 'PTR-YC 기능평가 요약표'를 복사하였다. 또한 조안과 캐롤은 이던이 지난 3일간 얼마나 자주 파괴적 행동을 보였는지 파악하기 위해 신속하게 빈도 그래프를 살펴보았고, 향후 며칠간 자료를 더 수집해야겠다고 생각하였다. 〈표 5-21〉부터 〈표 5-24〉는 이던의 기능평가 체크리스트와 요약표다.

조안과 캐롤은 어떤 교실 실제를 실행할지도 논의하였다. 두 사람은 모든 실제를 실행하고 싶었지만 당장 그럴 수는 없음을 알고 있었다. 두 사람은 5:1 비율의 긍정적인 관심 제공하기부터 시작하기로 했는데, 이는 이 실제가 즉시 시작 가능한 것이고, 별도의 자료를 준비할 필요가 없기 때문이었다.

표 5-21 이던의 PTR 기능평가 체크리스트: 예방 영역

PTR 기능평가 체크리스트: 예방 영역

도전행동: 파괴적 행동 작성자명: 팀 유아명: 이던

1. 하루 중 도전행동이 가장 많이 발생하는 시간이 있나요? 있다면, 언제인가요?

X 오전 ___ 식사 전 ___ 식사 중 ___ 식사 후 ___ 식사 준비
X 오후 ___ 저녁 ___ 낮잠시간

기타:

2. 하루 중 도전행동이 가장 적게 발생하는 시간이 있나요? 있다면, 언제인가요?

___ 오전 X 식사 전 X 식사 중 X 식사 후 ___ 식사 준비
___ 오후 ___ 저녁 ___ 낮잠시간

기타:

3. 도전행동이 가장 많이 발생하는 특정 활동/일과가 있나요? 있다면, 무엇인가요?

___ 도착(등원) ___ 화장실 가기/기저귀 교체 ___ 식사
___ 귀가(하원) X 또래와 상호작용 ___ 간식
___ 대집단 활동 X 자유 선택 놀이 ___ 전이(구체적으로) ________
___ 소집단 활동 ___ 특별한 사건(구체적으로) ________
___ 낮잠시간

기타:

4. 도전행동이 가장 적게 발생하는 특정 활동/일과가 있나요? 있다면, 무엇인가요?

___ 도착(등원) X 화장실 가기/기저귀 교체 X 식사
___ 귀가(하원) ___ 또래와 상호작용 X 간식
X 대집단 활동 ___ 자유 선택 놀이 ___ 전이(구체적으로) ________
X 소집단 활동 ___ 특별한 사건(구체적으로) ________
___ 낮잠시간

기타:

5. 가까이 있을 때 도전행동의 발생 가능성이 높은 특정 또래 혹은 성인이 있나요? 있다면, 누구인가요?

___ 형제자매 구체적으로: ________ ___ 교사
___ 가족 구성원(들) 구체적으로: ________ ___ 부모
___ 돌봄 제공자(들) 구체적으로: ________ ___ 다른 유아(구체적으로) ________
___ 기타 성인 구체적으로: ________

기타:

〈계속〉

6. 가까이 있을 때 도전행동의 발생 가능성이 낮은 특정 또래 혹은 성인이 있나요? 있다면, 누구인가요?

___ 형제자매 구체적으로: ______________ X 교사
___ 가족 구성원(들) 구체적으로: ______________ X 부모
___ 돌봄 제공자(들) 구체적으로: ______________ ___ 다른 유아(구체적으로)
___ 기타 성인 구체적으로: ______________ ______________

기타:

7. 도전행동의 발생 가능성을 높이는 특정 상황이 있나요?

___ 무언가를 하라는 요구
___ 지시
___ 꾸중 또는 지적
X "안 돼"라는 말
___ 특정 또래 옆자리
___ 일정 변경
___ 또래/성인의 관심을 받을 때
___ 식사를 위한 착석
X 다른 사람과의 놀이
X 사이좋게 나눠 쓰기
X 차례대로 하기
___ 혼자 놀이하기
___ 새롭거나 생소한 과제
___ 성인과의 1대1 시간
___ 전이 시간
___ 선호 활동의 종료
X 선호하는 물건 제거
___ 비선호 활동의 시작
___ 활동이 너무 길어질 때
___ 구조화된 시간
X 구조화되지 않은 시간
X 휴식 시간(할 일이 없는 상태)
X 교사가 다른 사람을 보고 있을 때
___ 비선호 활동을 하는 동안

기타:

8. 도전행동의 발생 가능성을 높이는 물리적 환경 조건이 있나요?(예: 너무 더움, 너무 추움, 너무 복잡함, 너무 시끄러움, 너무 혼란스러움, 기후 조건)

___ 예(구체적으로) ______________
X 아니요

9. 날마다 발생하지는 않지만 발생하는 날에는 도전행동의 발생 가능성을 높이는 상황이 있나요?

X 질병
___ 알레르기
___ 신체적 상태
___ 식단 변화
___ 약을 복용하지 않음
___ 약이 바뀜
___ 배고픔
___ 파티나 행사
___ 양육자 변경
X 피로
___ 일정의 변화
___ 부모가 집에 없음
___ 가정 내 갈등
X 수면 부족
___ 함께 살지 않는 부모와 시간을 보냄

기타:

앞에서 언급하지 않은 추가 의견

표 5-22 이던의 PTR-YC 기능평가 체크리스트: 교수 영역

PTR-YC 기능평가 체크리스트: 교수 영역

도전행동: 파괴적 행동 작성자명: 팀 유아명: 이던

1. 이 도전행동이 또래의 관심을 얻기 위해 나타나는 것으로 보이나요?

X 예(그 또래가 누구인지 쓰세요) 이던이 원하는 물건을 가진 모든 사람
___ 아니요

2. 이 도전행동이 성인의 관심을 얻기 위해 나타나는 것으로 보이나요? 그렇다면, 유아가 관심을 얻으려 애쓰는 특정 성인이 있나요?

___ 예(그 성인이 누구인지 쓰세요) ___
X 아니요

3. 이 도전행동이 또래 또는 성인에게서 사물(예: 장난감, 게임, 교구, 음식)을 얻기 위해 나타나는 것으로 보이나요?

X 예(사물이 무엇인지 쓰세요) 블록, 빨간 자동차, 물놀이 장난감, 특정 미술 재료, 특정 책
___ 아니요

4. 이 도전행동이 선호 활동에서 비선호 활동으로의 전이를 지연시키기 위해 나타나는 것으로 보이나요?

___ 예(전이 상황을 쓰세요) ___
X 아니요

5. 이 도전행동이 비선호(예: 어려운, 지루한, 반복적인) 과제나 활동을 끝내거나 지연시키기 위해 나타나는 것으로 보이나요?

___ 예(비선호 과제나 활동이 무엇인지 쓰세요) ___
X 아니요

6. 이 도전행동이 비선호 또래 또는 성인을 회피하기 위해 나타나는 것으로 보이나요?

___ 예(그 또래 또는 성인이 누구인지 쓰세요) ___
X 아니요

7. 이후에 이 도전행동이 발생할 가능성을 줄이기 위해 유아가 배워야 할 사회성 기술은 무엇인가요?

X 적절한 방법으로 관심 얻기
X 나눠 쓰기-장난감 주기
X 나눠 쓰기-장난감 요구하기
X 차례 지키기
X 또래 및 성인과 상호작용 시작하기
___ 또래와 성인에게 반응하거나 대답하기
___ 상호작용에 참여하기(또래 및 성인과 대화를 주고받으며 화제를 유지하기)
X 놀이 아이디어 제안하기 ("너는 엄마 해.")
___ 또래와 함께 장난감과 교구를 올바르게 갖고 놀기
___ 긍정적인 말과 칭찬 수용하기
___ 긍정적으로 말하기
___ 또래 칭찬하기
___ 칭찬이나 강화 기다리기
X 우정 형성 기술

〈계속〉

기타:

8. 이후에 이 도전행동이 발생할 가능성을 줄이기 위해 유아가 배워야 할 문제해결 기술은 무엇인가요?

X 분노 조절하기
X 충동적 행동 조절하기
X 진정 전략
X 도움 요청하기
___ 독립적 놀이를 위한 시각적 자료 사용하기
X 자기 관리
___ 독립적으로 놀이하기
X 협동하여 놀이하기
___ 지시 따르기
X 일정표와 일과 수행하기
X "안 돼"를 받아들이기
X 감정 조절하기
___ 활동에 참여하기
___ 활동 참여를 유지하기
X 적절한 해결책 선택하기
___ 적절한 옵션 중에서 선택하기
___ 선택한 것을 따르기

기타:

9. 이후에 이 도전행동이 발생할 가능성을 줄이기 위해 유아가 배워야 할 의사소통 기술은 무엇인가요?

___ 휴식 요청하기
X 도움 요청하기
___ 다른 사람에게 반응하기
X 원하는 것 요구하기
X 말로 효과적인 의사소통하기
___ 그림으로 효과적인 의사소통하기
___ 수어로 효과적인 의사소통하기
X 적절하게 감정 표현하기 (예: 좌절, 분노, 속상함)
___ 거절하기(예: "싫어요." "그만할래요.")

기타:

앞에서 언급하지 않은 추가 의견

표 5-23 이던의 PTR-YC 기능평가 체크리스트: 강화 영역

PTR-YC 기능평가 체크리스트: 강화 영역

도전행동: 파괴적 행동 작성자명: 팀 유아명: 이던

1. 평소 유아의 도전행동에 뒤따르는 일반적인 후속결과는 무엇인가요?

___ 타임아웃	X 지원 제공	___ 학급규칙 복습
___ 교실 밖으로 내보내기	X 구어로 재지시	X 신체적 촉진
X 조용한 장소로 보내기	___ 활동 지연	X 또래의 반응
X 진정시키기/달래기	___ 활동 변경	___ 신체적 제지
X 지금 막 발생한 행동에 대한 대화	___ 활동 중단	X 강화제(예: 장난감, 물건, 관심) 제거
	X 활동에서 배제	
X 혼자 있게 하기	X 말로 꾸중하기	___ 자연적 후속결과(구체적으로) ___

기타:

2. 유아가 성인과 다른 유아에게 칭찬받는 것을 좋아하나요? 유아가 칭찬받고 싶어 하는 어떤 사람이 있나요?

X 예(누구인지 쓰시오) 거의 모든 사람

___ 아니요

3. 유아는 성인 및 다른 유아의 인정이나 칭찬을 받을 만한 적절한 행동 (예: 적절하게 참여하기, 협동하기, 지시 따르기)을 얼마나 자주 하나요?

___ 매우 자주 ___ 때때로 X 드물게 ___ 거의 하지 않음

4. 유아는 성인 및 다른 유아의 지적(예: 꾸중, 오류 수정, 학급규칙 상기시키기)을 받을 만한 도전행동을 얼마나 자주 하나요?

X 매우 자주 ___ 때때로 ___ 드물게 ___ 거의 하지 않음

5. 유아가 가장 좋아하는 사물이나 활동은 무엇인가요? 특별한 보상이 될 수 있는 사물이나 활동은 무엇인가요?

___ 성인과의 사회적 상호작용	___ 하이파이브	___ 선호 활동을 할 시간
___ 또래와의 사회적 상호작용	___ 또래의 칭찬	___ 컴퓨터 시간
___ 게임하기	X 성인의 칭찬	___ 미술활동(예: 그리기, 색칠하기)
X 교사 보조하기	___ 음악	X 물건/장난감(구체적으로)
___ 바깥놀이 시간 연장	___ 퍼즐	___
X 성인의 추가적 칭찬과 관심	___ 특별 활동	___ 음식(구체적으로)
___ 구체물(예: 스티커, 도장)	___ 특별 도우미	___

기타:

앞에서 언급하지 않은 추가 의견

표 5-24 이던의 PTR-YC 기능평가 요약표

PTR-YC 기능평가 요약표

유아명: 이던 날짜: 3월 13일

행동	예방 자료	교수 자료	강화 자료
도전행동 파괴적 행동	시간: 오전과 오후 특정 활동: 또래와 상호작용, 자유 선택 놀이 특정 상황: "안 돼."라는 말, 다른 사람과의 놀이, 사이좋게 나눠 쓰기, 차례대로 하기, 선호하는 물건 제거, 구조화되지 않은 시간, 휴식 시간, 교사가 다른 사람을 보고 있을 때, 질병, 피로, 수면 부족	기능: 물건을 얻기 위함	조용한 장소로 보내기, 진정시키기/달래기, 지금 막 발생한 행동에 대한 대화, 혼자 있게 하기, 지원 제공, 구어로 재지시, 활동에서 배제, 말로 꾸중하기, 신체적 촉진, 또래의 반응, 강화제 제거
바람직한 행동 참여하기	시간: 식사 전, 중, 후 특정 활동: 대집단 활동, 소집단 활동, 화장실 가기, 식사, 간식 특정 상황: 교사나 부모가 가까이 있을 때	사회성 기술: 적절한 방법으로 관심 얻기, 공유하기(장난감 주기와 요구하기), 차례 지키기, 또래와 상호작용 시작하기, 놀이 아이디어 제안하기, 우정 형성 기술 문제해결 기술: 분노 조절하기, 충동적 행동 조절하기, 진정 전략, 도움 요청하기, 자기 관리, 협동하여 놀이하기, 일정표와 일과 수행하기, "안 돼"를 받아들이기, 감정 조절하기, 적절한 해결책 선택하기	교사 보조하기, 성인의 추가적 칭찬과 관심, 성인의 칭찬, 물건/장난감

가설

조 건: 원하는 것을 또래에게서 얻지 못하면

행 동: 파괴적 행동(조작적 정의 참조)을 한다.

행동의 결과: 성인의 관심을 끌고, 성인의 도움으로 원하는 물건을 얻는다.

제6장

PTR-YC 중재

- 교실차원의 실제
- 개별화된 중재와 행동중재계획
- 행동중재계획의 개발
- 실행 준비: 훈련, 코칭, 계속적 지원
- 충실도 점검
- 사례

이 장에서는 중재 전략을 선택하고 행동중재계획을 작성하며 계획 실행을 준비하는 절차를 살펴볼 것이다. 이 단계는 제5장에 제시된 기능평가의 다음 단계로, 중재계획의 각 요소는 기능평가에서 얻은 정보에 논리적으로 연계되어야 한다.

제5장과 마찬가지로 제6장도 크게 두 부분으로 나뉜다. 전반부에서는 교실 실제를 다룬다. 이 실제들은 기능평가를 실시하고 개별화된 행동중재계획을 개발하기 전부터 실행 가능할 뿐 아니라 실행되어야 하는 것들이다. 높은 수준의 교실 실제를 실행하면 도전행동의 예방 가능성이 커지고 도전행동의 발생 조건에 변화를 줄 수 있다. 그러므로 팀은 이러한 실제를 최대한 신속하고 성실하게 실행해야 한다.

후반부에서는 개별화된 행동중재계획의 각 요소인 예방 · 교수 · 강화를 다룬다. 최상의 전략을 선택해야 하는 근거를 먼저 소개하고, 다음으로 전략을 선택하는 절차를 제시하였다. 그다음에는 중재계획을 개발할 때와 교실에서 중재계획의 실행을 준비할 때 고려할 점을 설명하였다. 이 책의 마지막에 수록된 부록에는 예방, 교수, 강화 범주에 해당하는 증거기반 전략들이 설명되어 있다. 모든 팀원은 유아의 중재계획에 포함할 특정 전략을 선택하기 전에 부록에 나오는 이 전략들을 숙지해야 한다.

교실차원의 실제

도전행동을 보이는 것으로 판별된 유아를 포함하여 교실 내 모든 유아의 행동이 개선되게 하는 다섯 가지의 교실차원 실제가 있다. 교실차원의 실제는 이 장의 후반부에 소개될 개별화된 전략을 적용하기 전부터 실행되어야 하며 개별화된 전략을 적용하는 동안에도 실행되어야 한다. 다섯 가지 실제에 대한 자세한 설명과 예시는 다음과 같다.

5:1 비율의 긍정적 관심 보이기

'5:1 비율의 긍정적 관심'은 성인이 도전행동이 아닌 긍정적 행동에 대부분의 관심을 쏟았을 때 유아교육환경에서 유아의 행동이 개선됨을 보여 준 연구에 근거한 전략이다(Kontos, 1999; Zanolli, Saudargas, & Twardosz, 1997). 언뜻 보기에 5:1 비율을 유지하는 것은 간단하고 쉬워 보이지만, 정말 그렇다면 누구나 잘 실천했을 것이다. 도전행동에 대해 우리가 알고 있는 또 다른 사실은 도전행동이 그 행동을 한 유아에게 많은 부정적 결과를 초래한다는 점이다. 그중 하나는 성인이 유아의 성장을 촉진하는 긍정적 상호작용에 쏟는 시간을 줄이는 것이다. 많은 교사가 이 현상을 이렇게 설명한다. "뭔가를 시도했다가 아이가 폭발하는 것이 무서워서 아이를 그냥 두기로 했어요." 이 현상이 계속되면 유아는 긍정적 관심과 부정적 관심을 1:5의 비율로 받게 될 것이다.

교사인 애드킨(Adkin)의 학급에는 하루 5~10회씩 침을 뱉는 레베카(Rebecca)가 있다. 이 행동은 교직원, 다른 아이들, 학부모 모두를 방해할 뿐 아니라 불쾌감을 준다. 애드킨을 포함한 팀원들 역시 레베카와 보내는 시간의 상당 부분이 침 뱉는 행동의 뒤처리에 사용되고 있음을 인식하고 있었다. 보조교사 한 명은 이렇게 말했다. "레베카에게 뭔가를 잘했다고 말해 본 게 언제인지 기억이 나지 않아요." 팀은 레베카에게 주는 긍정적 관심과 부정적 관심의 비율을 지금과 180도 바꿔야 한다는 점을 인식하고 스스로 목표를 정하고 계속 이를 상기하기로 했다. 팀의 목표는 레베카가 유아원에 머무는 3시간 동안 레베카가 적절하게 행동하는 장면을 서른 번 포착하는 것이다. 세 명의 팀원은 주머니가 달린 앞치마를 입고 한쪽 주머니에 10개의 포커칩을 넣어 두었다가 레베카가 적절한 행동을 할 때마다 긍정적인 말을 해 주는 동시에 포커칩 하나를 꺼내어 다른 쪽 주머니로 옮겨 넣었다.

'5:1 비율의 긍정적 관심'을 실행할 때 유의할 점은 다음과 같다.

- 모든 팀원이 5:1 비율을 유지하도록 노력해야 한다.
- 애드킨 교사의 예에서 보듯이 구체적으로 목표를 설정하고 목표를 상기시켜 줄 수단을 활용하는 것이 좋다.
- 유아의 행동을 격려하는 말일 때만 긍정적인 관심(즉, 비율 5에 해당하는 관심)이라

할 수 있다. 친절하게 말했더라도 유아에게 무언가를 요구했다면(예: "여기로 오세요."), 이것은 부정적 관심(즉, 비율 1에 해당하는 관심)이다. 지시, 요구, 또는 질문은 아무리 긍정적인 어조로 친절하게 말했더라도 부정적 관심에 포함된다.

- 특정 유아의 경우 5:1 비율의 긍정적 관심만으로는 도전행동에 만족스러운 변화가 나타나지 않을 수도 있으나, 향후 궁극적인 PTR-YC의 성공을 위해서는 이 과정이 꼭 필요하다.
- 많은 현장 전문가가 5:1 비율을 위해 노력하는 과정에서 스스로가 의미 있는 변화를 경험했다고 말한다. 이 전략을 실천해 보면 하루가 끝날 무렵 자기 자신과 문제의 그 유아에 대해 좀 더 긍정적으로 느끼게 되고 문제의 그 유아가 항상 잘못된 행동만 하는 것은 아님을 알게 된다. 또한 당신이 했던 긍정적인 말을 학급의 모든 유아가 도전행동을 보이는 유아를 포함한 다른 아이들에게 해 주는 모습을 종종 발견하게 될 것이다.

예측 가능한 일정 적용하기

도전행동의 감소를 위한 가장 간단하면서도 효과적인 교실차원의 전략은 다음에 무슨 일이 일어나는지에 대한 유아의 예측 능력을 최대화하는 것이다(Christie, 1988; Wien, 1996). 일정표를 만들어 다음에 할 일이 무엇인지 유아에게 직접 지도하는 것은 아주 좋은 출발점이다. 도전행동을 줄이기 위해 일정을 잘 운영한다는 것은 벽에 커다란 일정표를 붙여 놓고 매일 똑같은 일을 한다는 뜻이 아니다. 이 전략은 일과를 유지하되 그 일과를 모든 유아가 계속 알고 있게 하라는 취지다.

교사인 리디아(Lydia)가 담당하는 학급의 일과는 다음과 같다.

- 등원 및 테이블 활동
- 하루를 시작하는 전체 모임
- 자유 선택 놀이 시간
- 이야기 듣기 시간
- 간식
- 바깥놀이 또는 실내 대근육 활동

- 소집단 활동
- 하루를 마무리하는 전체 모임
- 하원

예외적인 경우(예: 연말 파티, 견학)가 아닌 한 이 일과는 날마다 같은 순서로 진행된다. 리디아는 각 일과에 엄격한 시간제한을 두지 않기로 했는데, 이는 아직 모든 유아가 일과의 내용을 완벽하게 이해하지 못한 상태이고, 리디아를 포함한 모든 팀원이 매일 달라질 수 있는 아이들의 선호도에 따라 각 일과에 걸리는 시간을 유연하게 늘리거나 줄이기를 원했기 때문이다.

학년 첫날부터 그해 내내, 리디아는 하루를 시작하는 전체 모임을 할 때 아이들과 함께 그날의 일과부터 살펴보았는데, 주로는 아이들에게 특정 일과의 다음 순서를 짐작하게 하거나 리디아가 일부러 틀리게 말한 일과의 순서를 아이들이 바로 잡게 하여 마치 게임을 하듯이 재미있게 진행하였다. 일과를 살펴보는 이 활동은 훌륭한 선수학습이기도 했는데, 하루 내내 그리고 활동 간 전이가 있기 직전에 리디아와 팀원들은 개별 유아에게 다음 일과가 무엇인지 일정표를 읽어 달라고 부탁하곤 하였다.

일정에 변화가 생길 경우, 리디아와 팀원들은 일정 변경 전날의 '하루를 마무리하는 전체 모임'과 일정 변경 당일의 '하루를 시작하는 전체 모임'에서 아이들과 함께 곧 일어날 변화를 미리 살펴본다.

'예측 가능한 일과 적용'을 실행할 때 유의할 점은 다음과 같다.

- 일정표를 유아의 눈높이에 맞추어 잘 보이게 게시한다.
- 일정표의 각 요소를 잘 나타낼 수 있는 단어와 사진(또는 그림)을 사용한다.
- 하나의 일과가 끝나면 그 일과에 해당하는 상징을 떼거나 덮을 수 있게 일정표를 제작한다. 그 활동이 끝났음을 표현할 수 있는 다른 방법을 사용해도 좋다.
- 활동 간 전이를 하기 전, 학급 전체와 함께 그리고 개별 유아와 함께 일정표를 살펴본다.
- 일정 변경이 예정되어 있다면 아이들과 함께 다가올 변화에 대해 미리 이야기 나눈다.
- 아이들이 일과를 늘 새롭고 재미있게 느끼도록 노력한다. 예측 가능한 일정이라는 것이 매일 같은 일을 반복한다는 의미는 아니다.

일과 내의 일과 수립하기

평범한 일과가 갖는 예측 가능성만으로는 유아의 도전행동을 예방할 만큼의 충분한 구조화가 이루어지지 못할 때가 있다. 제5장에서 언급했듯이 전반적인 교실 일과에 다른 수준의 예측성을 추가하는 것이 유익할 때가 많은데(Strain, Bovey, Wilson, & Roybal, 2009), 이를 위해서는 '일과 내의 일과(routines within routines)'를 수립해야 한다.

> '출석 확인하기'는 도널드(Donald)의 반에서 매일 진행되는 일과 중 하나로, 아이들이 한 명씩 칠판으로 와서 자신의 이름 전체나 이니셜, 또는 글자 한두 개, 또는 일반적인 기호를 쓰는 활동인데 무엇을 쓰는지는 각 유아의 발달단계에 따라 다르다. 이 일과는 도널드가 교실에 도착하여 테이블 활동을 하고 있는 한 유아에게 다가가 마커펜을 건네며 "팀(Tim), 출석 확인 시간이에요. 친구 한 명과 함께 출석 확인을 하러 가세요."라고 말하면서 시작된다. 도널드의 말에 포함된 순서는 '출석 확인하기'라는 '일과 내의 일과'를 보여 준다. 도널드는 출석 확인을 하러 가라는 교사의 말을 듣고 나서 어떻게 해야 하는지도 아이들에게 가르쳤다. 즉, 아이들은 자신이 선택한 친구 한 명에게 다가가 어깨를 가볍게 두드린 후, 친구의 얼굴을 바라보고 이름을 부르며 "우리 같이 출석 확인하러 가자."라고 요청해야 함을 배웠다. 도널드는 이러한 여러 단계의 절차를 가르치기 위해 그림 순서표를 사용하여 학급의 모든 유아에게 절차의 각 단계를 연습시켰다. 도널드는 '출석 확인하기' 일과를 실제로 일정에 포함하기 2주 전부터 하루를 시작하는 전체 모임에서 아이들이 그 순서를 복습하게 하였다. 교사의 목표는 이 일과를 통해 아이들이 또래와의 상호작용 기회를 가지는 것과 서로의 이름을 알게 되는 것이었다. 이 일과를 처음 도입했을 때 도널드는 아이들이 순서를 상기하는 데 도움이 필요한 경우를 대비하여 아이들 근처에 머물렀다.

'일과 내의 일과'는 하루의 일과 중 주요 요소마다 적용될 수 있고 적용되어야 한다. 이 실제를 실행할 때 유의할 점은 다음과 같다.

- 일반적인 하나의 일과와 관련하여 당신이 가지고 있는 발달 목표(예: 또래 상호작용, 언어, 소근육 기술)를 주의 깊게 고려한 후, 유아들이 그 목표와 관련된 기술의 연습기회를 가질 수 있도록 일과 내의 일과를 수립한다.
- 항상 그림 순서표를 매개로 활용한다. 그림 순서표는 유아들이 기대 행동을 오래

도록 기억하는 데 도움을 주고, 일과 내 각 단계를 잘 이해하게 한다.

- 손가락 인형, 성인들이 실수를 연발하는 역할극(의도적으로 실수하는 장면을 연기함) 등 재미있는 활동을 이용하여 순서를 직접적으로 지도하고, 유아들이 번갈아 가며 각 순서를 실행하는 시범을 보이게 한다.

기대 행동 지도하기

도전행동을 다루기 위한 또 다른 교실차원의 전략은 모든 유아가 각 일과에서 기대되는 행동을 정확히 알게 하는 것이다(Lane, Wehby, & Cooley, 2006; Walker, Ramsey, & Gresham, 2004). 유아를 위해 일하는 팀이 일과별 기대 행동이 무엇인지에 대해 뜻을 같이하는 것은 매우 중요하다. 기대 행동을 구체화할 때, 하나의 일과를 위한 기대 행동은 세 가지 이내로 정하는 것이 바람직하다.

교사인 앨리스(Alice)와 다른 팀원들은 매일 두 시간 반씩 진행되는 유아프로그램의 일과별 기대 행동을 다음과 같이 정하였다.

- 도착 시
  - 장난감을 가지고 신나게 놀기
  - 친구와 사회적 상호작용하기
- 하루를 시작하는 전체 모임
  - 집중하기(자리에 잘 앉아 있기)
  - 적극적으로 참여하기(교사 바라보기, 지시에 따라 움직이기, 발표하기)
- 자유 선택 놀이 시간
  - 친구와 사회적 상호작용하기
  - 장난감을 가지고 혼자서도 잘 놀기
- 간식 시간
  - 친구와 사회적 상호작용하기
- 바깥놀이 또는 실내 대근육 활동
  - 단체 운동에 참여하기

- 하루를 마무리하는 전체 모임과 이야기 나누기 시간
  - 집중하기(자리에 잘 앉아 있기)
  - 적극적으로 참여하기(교사 바라보기, 지시에 따라 움직이기, 발표하기)

앨리스를 포함한 팀원들은 아이들이 이와 같은 기대 행동을 수행하는 사진을 찍어 의도적으로 교실 곳곳에 붙여 두었다. 학년 초에 교직원들은 일과 간 전이를 할 때 다음 일과를 위해 아이들이 해야 할 기대 행동을 미리 의논하였고, 사진을 이용하여 아이들에게 이를 상기시켰다. 규칙을 잘 따르는 행동을 발견한 교사들은 모든 유아 앞에서 그 행동을 인정하는 말을 해 주었다[예: "에이미(Amy), 노래 가사를 하나도 빠뜨리지 않고 정확하게 잘 불렀구나!"]. 팀은 아이들이 기대 행동을 따르지 않을 경우, 사진을 이용하여 바람직한 행동을 하도록 유도하였다.

팀이 '기대 행동에 대한 직접 지도'를 실행할 때 유의점은 다음과 같다.

- 시간이 지남에 따라 기대 행동의 수준을 조정한다. 3세 반을 예로 들어 설명하자면, 학년 초에는 하루를 시작하는 전체 모임에 참여하는 시간을 5분 이내로 정하겠지만 학년이 끝날 무렵에는 두 배 이상으로 늘린다.
- 기대 행동을 미리 연습한다. 규칙을 어긴 후 연습을 하게 하면 아이들은 이를 벌 받는 것으로 느낄 수 있다.
- 모든 유아가 매일 기대 행동을 연습할 수 있도록 기회를 부여한다.
- 5:1 비율의 긍정적 관심을 기억하고, 유아가 적절하게 행동하는 장면을 잘 포착해야 한다.

또래 관련 사회성 기술 지도하기

많은 장애유아와 비장애유아는 유아프로그램이나 이후의 삶에 성공하는 데 필요한 주요 사회성 기술이 부족하다. 연구에 따르면 유아기의 또래 내 낮은 사회적 지위와 이후 청소년 및 성인기의 문제 간에는 높은 상관관계가 있다고 한다(Odom & Strain, 1986; Strain & Kohler, 1998). 사회성에 어려움이 있는 유아는 행동 면에서도 유사한 패턴을 나타내는데, 위축되어 있거나 또래와의 상호작용을 주저하고, 또래에게 냉담하거나 또래를 의식하지 않으며, 또래와의 상호작용을 원하면서도 이를 위한 기술을 갖고 있지 못하는 등의 특징을 보인다. 이후의 삶에 나타날 문제를 예방하기 위해 유아의 사회성 발달을 도모하는 것은 유아교육기관의 주요 목표 중 하나다. 그러나 사회성 지연을 보이는 유아(예: 위축된 유아, 친구와의 상호작용을 시작하는 데 어려움이 있는 유아, 또래가 다가왔을 때 거의 반응하지 않는 유아)를 유아교육 환경에 배치한다고 해서 긍정적인 사회적 행동이나 또래 수용이 저절로 증가하지는 않는다. 이러한 유아에게는 일과와 활동을 주의 깊게 계획하기, 또래 상호작용을 지지하는 환경 조성하기, 또래 매개 중재(peer-mediated intervention) 등의 전략 실행하기, 성인이 단서와 촉진(cueing and prompting) 제공하기, 강화하기 등을 통해 사회성 기술을 적극적으로 지도해야 한다.

연구에 따르면 또래 간 상호작용 기회를 미리 계획하여 체계적으로 제공할 때(즉, 일관성 있게 기회가 발생하게 할 때) 아이들은 하루 내내 좀 더 많은 사회적 상호작용에 참여하게 되며 새로 배운 사회성 기술을 연습할 기회도 많아진다고 한다(Strain & Bovey, 2011). 간식, 등원 시간, 정리 시간 등의 일과 활동을 하는 동안 주고받는 상호작용을 통해 아이들은 사회성 기술 목표를 더 자주 연습하고 더 빨리 배울 수 있다. 또한 연구들은 또래 상호작용의 기회를 제공할 때 사회성 기술을 지도한 특정 활동에서 다른 활동으로의 일반화가 촉진됨을 보고하고 있다(Strain & Kohler, 1998). 예를 들면, 매우 수줍음을 많이 타는 유아가 간식 준비 당번이 되어 또래 한 명과 대화를 해 본 경우, 이 유아는 센터 활동 중에도 같은 또래에게 말을 걸 가능성이 크다. 현재 진행 중인 활동 안에서 사회적 상호작용이 일어나기 때문에 아이들은 자연 강화제(예: 친구들)를 쉽게 얻을 수 있고 이는 상호작용을 하려는 동기를 높은 상태로 유지시켜 준다. 유아교육기관과 어린이집 환경에서 종일 진행되는 일과에는 맥락을 방해하지 않으면서도 또래 상호작용이 일어나게 할 기회가 많다. 이 기회를 찾기 위한 한 가지 방법은 하루 내내 성인이 학급의 유아들과 함께 또는 유아들을 위해 무엇을 하는지 살펴본 후 성인과 함께했던 그 일을 또래가 하게 하는 것이다. 예를 들면, 성인이 간식을 준비하는 대신 유아 두 명을 짝지어 냅킨, 컵, 접시를 놓게 할 수도 있고, 둘씩 짝을 지어 콜라주를 만들게 하거나 하원 직전에 친구들에게 가방을 전달하는 역할을 맡길 수도 있다.

교사인 주디(Judy)의 반 전체 모임 시간은 항상 같은 방식으로 시작된다. 아이들이 전체 모임을 위해 자리에 앉으면 주디는 '역할 상자'에서 이름이 적힌 쪽지를 하나 꺼낸다.

그 쪽지에 적힌 이름이 토머스(Thomas)라면, 토머스는 자리에서 일어나, 해가 그려진 카드 여러 개가 담긴 바구니를 꺼내어 교실을 돌아다니면서 친구들에게 카드를 나눠 준다. 토머스가 제자리로 돌아가 앉으면 모든 유아는 해가 그려진 카드를 소품 삼아 율동을 하면서 "오, 해님 아저씨!"라는 노래를 부른다. 노래가 끝나면 주디 교사는 역할 상자에서 또 한번 쪽지를 꺼낸다. 쪽지에 적힌 이름이 헤일리(Haley)라면, 헤일리는 바구니를 들고 교실을 돌아다니며 친구들이 가지고 있는 카드를 돌려받아 바구니에 모은다. 헤일리가 이 역할을 혼자 수행하는 데 어려움이 있는 유아라면 성인 한 명이 헤일리가 친구들에게 다가갈 때 신체적인 도움을 줄 것이다. 그 성인은 또한 헤일리가 친구들에게 "해님 카드를 바구니에 넣어 줘."라고 말하도록 언어적인 촉진도 할 것이다. 이전에는 해님 카드를 나눠 주고 모으는 일을 성인이 했지만, 이 반의 성인들은 이를 아이들도 할 수 있는 간단한 일이라고 판단하였다. 성인들은 이처럼 아이들이 자료를 나눠 주고 모으는 역할을 담당하면 모든 유아가 또래와의 상호작용을 두 번 더 하게 되고, 자료를 나눠 주거나 모으는 역할을 맡은 유아는 1분에 12~15회의 또래 상호작용을 하게 됨을 깨달았다. 교사들은 또한 이러한 상호작용이 매일 일어나게 할 수 있다는 점도 알게 되었다.

교사들은 간식 시간에도 유사한 상황을 조성하여 아이들이 컵, 접시, 간식(적절한 경우), 주스를 나눠 주게 했다. 성인 한 명이 테이블을 하나씩 맡아서 아이들과 앉는 대신, 테이블마다 아이들을 간식 당번과 음료 당번으로 지정했다. 모니크(Monique)는 자신의 테이블에서 간식 당번으로 지정되었다. 모든 유아가 자리에 앉아 감사 노래를 부른 후 주디는 모니크에게 냅킨 한 묶음을 주었다. 촉진이 필요한 유아에게는 교사가 손짓으로 단서를 주며 모니크에게 냅킨을 요청하게 하였다. 냅킨 배부가 끝난 후 교사는 모니크에게 간식이 담긴 접시를 하나씩 차례로 건네주었다. 교사들은 다시 아이들에게 손짓으로 신호를 보내어 모니크에게 간식을 요청하게 하였고, 모니크는 모든 유아에게 간식이 담긴 접시를 나눠 주었다. 이와 동시에 음료 당번으로 지정된 마커스(Marcus)는 주스가 담긴 작은 병과 컵들을 건네받았다. 일부 아이들이 모니크에게 간식을 요청하는 동안 다른 아이들은 마커스에게 주스를 요청하였다. 교사들은 이러한 상호작용을 촉진하면서 모든 유아가 말, 손짓이나 그림, 수어, 또는 기타 의사소통 방식으로 간식과 주스를 요청하게 하였다.

교사를 포함하여 교실에서 유아를 돌보는 성인들은 또래 상호작용을 위한 기회를 조성할 때 자신에게 다음과 같은 질문을 해 보아야 한다.

- 내가 우리 반 각 유아에게 목표로 삼고 있는 사회성 기술은 무엇인가? 나는 내가 돌보는 아이들에게 무엇을 기대하는가?

- 나는 평소에 아이들과 함께 또는 아이들을 위해 어떤 역할을 하는가?
- 이 역할은 이 유아가 할 수 있는 일인가?
- 이것은 자주 하는 활동인가? 이 질문이 중요한 이유는 하루 내내, 한 주 내내, 한 달 내내, 학년 내내 풍부한 상호작용 기회가 주어지려면 자주 일어나는 활동 안에 기회를 조성해야 하기 때문이다.
- 모든 유아가 맡은 역할을 성공적으로 해낼 수 있도록 내가 확실히 지원할 수 있는가?

유아를 돌보는 성인들이 이러한 질문을 자신에게 던지면서 일과를 살펴보면 자연스러운 활동과 일과 중에 또래 상호작용을 지지하거나 장려할 기회를 찾을 수 있다. 주디를 포함한 팀원들은 하루를 시작하는 노래를 부르기 전에 해님 카드를 배부하는 임무나 간식 당번을 아이들에게 맡겨서 이 전략을 성공적으로 적용하였다. 또래 상호작용을 촉진하고 필요할 경우 단서(예: 일반적이거나 특수한 언어적 단서, 몸짓, 또는 시각적 단서)나 지원(예: 유아가 또래들에게 냅킨을 나눠 주거나 간식이 담긴 접시를 전달할 때 필요한 도움)을 제공하기 위해 교사들이 아이들 주변에 항상 준비된 상태로 대기하는 것은 매우 중요하다. 주디의 반을 예로 들면, 또래들에게 해님 카드를 돌려받아 바구니에 모으는 역할을 맡은 헤일리 옆에 한 명의 성인이 머물면서 카드를 바구니에 넣어 달라는 말을 또래들에게 하도록 언어적 촉진을 제공하는 것을 볼 수 있다. 이 성인은 또한 헤일리가 카드를 모으기 위해 교실을 돌아다닐 때 신체적 지원도 제공하였다. 아이들이 또래 관련 사회성 기술을 충분히 연습하여 능숙하게 사용하려면 하루 내내 다양한 여러 활동에서 또래 상호작용을 위한 기회가 마련되어야 한다. 교사들이 유아교육환경이나 어린이집 환경에서 일상적으로 일어나는 활동을 검토해 보면 또래 상호작용의 기회를 얼마든지 조성할 수 있음을 알게 될 것이다.

- 유아 한 명을 등원 시간의 환영 담당자로 지정할 수 있다. 이 유아는 친구들이 교실에 도착할 때마다 인사를 하면서 "오늘은 누구랑 놀 거야?" 또는 "오늘 전체 모임 시간에 '갈색 곰'과 '눈 오는 날' 중에 어떤 책을 읽고 싶어?"와 같은 간단한 질문을 한다.
- 전체 모임 시간이나 이야기 읽어 주기 시간에 유아 한 명이 다른 모든 유아에게

자료를 나눠 주고 다시 모으는 역할을 담당하게 한다.

- 성인이 유아를 지명하는 것이 아니라 각 유아가 자신의 순서가 끝난 후 다음 유아를 지명하게 한다[예: 안젤로(Angelo)는 블레어(Blair)에게 자기는 음악을 다 들었는데, 혹시 블레어가 헤드셋을 사용하고 싶은지 묻는다].
- 같은 테이블에 앉은 친구들에게 간식이나 간식 관련 물품을 나눠 주는 역할을 유아에게 맡긴다.
- 아이들이 센터 놀이를 하기 위해 흩어질 때 한 유아가 교사 역할을 맡아 다른 아이들에게 "오늘은 어디서 놀고 싶어?"라고 묻게 한다.
- 짝을 한 명 골라 센터 놀이를 함께하자고 요청하게 한다[예: 케이트(Kate)는 알리사(Alyssa)에게 소꿉놀이를 함께하자고 초청한다].

사회적 상호작용의 기회를 일과 내에 조성할 때의 좋은 점은 이러한 기회 조성에 필요한 수고가 최소화된다는 점이다. 이는 일과 내에 조성한 기회가 일과의 일부가 되어 버리기 때문이다. 또한 유아에게 부여하는 역할들은 원래 성인이 해 오던 일이기 때문에 유아가 필요로 하는 도움을 제공하기가 어렵지 않다. 유아 간 상호작용에 대한 교사의 기대가 높아지면 일반적으로 아이들도 그 기대에 부응하여 서로 교류하면서 도움을 주고받을 뿐 아니라 활동 중에 더 많은 책임을 감당할 수 있다. 마지막으로 강조할 점은 유아가 자신에게 기대되는 행동을 인식할 수 있도록 성인이 피드백을 제공해야 한다는 점이다. 또래와 상호작용하려는 유아의 노력에 대해 성인이 칭찬을 잘 하는 것도 매우 중요하다.

교실차원의 실제 요약

앞서 설명한 보편적인 교실 실제 다섯 가지는 매우 중요하므로 당신과 당신이 속한 팀은 이 다섯 가지의 실제를 최대한 성실하게 실행해야 한다. 저자들은 이 실제의 실행을 통해 도전행동이 놀랄 만큼 극적으로 감소하여 상당한 수고를 들여야 하는 개별화된 중재가 더 이상 필요하지 않게 된 많은 사례를 알고 있다.

> 다섯 가지의 보편적 교실 실제를 잘 실행하면 도전행동이 놀라울 만큼 극적으로 감소하여 상당한 수고를 들여야 하는 개별화된 중재가 더 이상 필요하지 않게 된다.

어떤 도전행동은 교실차원의 실제를 아무리 잘 실천해도 계속

된다. 이러한 도전행동을 보이는 유아가 바로 기능평가를 기반으로 한 개별화된 중재 전략을 필요로 하는 유아다. 그러므로 이제 다시 PTR-YC 모델에 대한 논의로 돌아가 이 모델을 충실하게 실행하기 위해 따라야 할 절차를 살펴본다.

개별화된 중재와 행동중재계획

이제 만성적인 도전행동을 보여 기능평가까지 마친 유아를 위해 행동중재계획을 개발할 차례다. PTR-YC 모델에서는 행동중재계획을 개발할 때 세 가지 핵심 요소(예방, 교수, 강화)별로 한 가지 이상의 전략을 반드시 포함하게 한다. 이 세 요소에 해당하는 증거기반 전략이자 추천할 만한 전략에 대한 설명은 이 책 마지막에 있는 부록에 제시되어 있다. 다음은 팀이 행동중재계획에 포함할 특정 전략을 선택할 때 고려해야 할 사항이다.

첫 번째이자 가장 중요한 고려사항은 선택된 전략이 기능평가를 통해 작성된 가설 문장과 논리적으로 얼마나 잘 연결되는가 하는 점이다. 기능평가 자료와 중재 전략이 잘 연결될수록 중재의 효과와 효율성이 높아진다. 예를 들어, 비선호 활동으로의 전이를 회피하기 위해 도전행동이 발생한다는 가설을 세웠다면 실행해야 할 중재 전략은 이 기능을 다루는 것이어야 한다. 두 번째 고려사항은 팀원들의 선호도, 특히 선택한 전략을 직접 실행하게 될 팀원들의 선호도다. 일반적으로 팀원들의 선호도는 선택된 전략이 얼마나 쉽게 실행할 수 있는 것인지, 그리고 그 전략이 교실 내 일과가 진행되는 맥락에 얼마나 잘 조화되는지에 따라 결정된다. 이 고려사항은 실행 충실도와도 밀접한 관련이 있으며, 최대의 효과를 거두기 위해 중재 전략이 정확하고 빈번하게 실행되는 정도와도 관련이 있다. 세 번째 고려사항은 선택하려는 전략의 효과가 어느 정도로 선행연구의 지지를 받고 있는가 하는 점이다. 선행연구는 중재 전략의 효과를 예측하게 해 주는 최선의 지침이지만 모든 문제를 해결할 수는 없으며, 도전행동을 보이는 특정 유아에게 가장 효과적인 전략을 정확히 찾아내 주지도 않는다. 또한, 모든 유아교육 전문가들이 도전행동의 중재 전략을 다룬 선행연구에 정통할 것이라고 기대할 수는 없다. 그러나 이 책은 그 출발점을 제공하고자 한다. 이 책 마지막에 있는 부록에 설명된 모든 전략은 이미 출판된 선행연구를 기반으로 한 것들이다. 부록에 설명한 전략을 다룬 출판물들은 이 전략이 유아들의 도전행동 감소에 효과적임을 입증하였다. 이 전략들이 단독으로 적용된 연구에서든, 증거기반의 다층적 중재 패키지에 포함되어 적용된 연구에서든 전략들의 효과는 명백하였다.

예방

예방 전략을 선택할 때 명심해야 할 두 가지 사항은 다음과 같다. 첫째, 팀은 도전행동과 관련된(또는 도전행동을 유발하는) 선행사건을 제거하거나 개선할 수 있는 전략을 선택해야 한다. 둘째, 팀은 바람직하고 친사회적인 행동과 관련된 선행사건을 추가해야 한다. PTR-YC 기능평가 요약표와 가설문장을 검토해 보면 전략 선택에 도움이 될 정보를 찾을 수 있다. 여러 예방 전략에 익숙해질수록 다양한 방식으로 전략을 선택할 수 있다. 예를 들면, 선택 기회를 제공하는 전략은 유아가 도전행동 유발요인을 피하게 해 주는 동시에 적절한 행동을 증진하는 활동이나 놀이에 참여하게 한다. 개별화된 시각적 일정표를 제공하는 전략은 불확실성에 대한 유아의 불안이나 걱정을 완화해 주고 선호하는 활동이 곧 시작될 것임을 알려 준다. 예방 전략이 갖는 강력한 효과 때문에 많은 팀은 가설과 논리적으로 잘 연결되고 교실 일과 내에서 무리 없이 적용 가능하다면 두세 가지의 예방 전략을 선택한다.

교수

많은 면에서 교수는 PTR-YC 중재의 핵심이다. 이는 교수 전략을 통해 유아가 도전행동에 의존하지 않고 사회적 상황에 성공적으로 대처할 새로운 개술을 배우게 되기 때문이다. 특정 교수 전략을 결정하기 위한 지침 역시 PTR-YC 기능평가 요약표와 가설에서 얻을 수 있다. 교수를 위해 선택할 수 있는 기술은 다양하지만, 가장 대표적이고 강력한 것은 교체기술이다. 교체기술이란 도전행동과 같은 목적(또는 기능)을 가진 의사소통 행동을 말한다. 예를 들면, 한 남자아이의 소리 지르기 행동이 갖는 기능이 교사의 관심을 얻는 것이라면, 교체기술은 그 유아가 말로 교사를 부르는 행동일 것이다. 이 유아가 말로 교사의 관심 얻는 방법을 익히고 나면, 이 새로운 기술이 소리 지르기 행동을 대체하게 될 것이다. 이처럼 도전행동을 대체할 의사소통적 교체기술을 지도하는 것을 기능적 의사소통 훈련(functional communication training)이라고 부르는데, 이 전략은 제대로만 사용하면 매우 효과적이다.

교체행동뿐 아니라 다른 행동도 행동중재계획의 일부로 지도할 수 있다. 어떤 행동은 도전행동과 물리적으로 양립할 수 없다는 점에서 꼭 지도해야 한다. 일례로, 유아가 또래와 장난감을 사이좋게 나눠 쓰면서 얌전하게 노는 동시에 도전행동을 할 가능성은 거의 없다. 따라서 이 유아에게 가르쳐야 할 행동은 도전행동이 주로 발생하는 맥락에 맞는 사회적 상호작용 기술, 협동 놀이, 평행 놀이 등이라 할 수 있다. 교수해야 할 그 외의 목표에는 자기 조절(특히 자기 점검) 기술, 선호하는 활동이 지연되는 것을 참는 기술(강화 지연을 인내하는 기술), 정서적 문해력, 문제해결 기술 등이 있다.

강화

강화는 행동중재계획의 세 번째 요소다. 이 요소의 주요 목표는 도전행동에 대한 강화제를 제거하고 바람직한 행동에 대한 강화제를 제공할 전략을 실행하는 것이다. PTR-YC 기능평가 요약표와 가설문장은 현시점에서 도전행동의 후속결과가 무엇인지 판별하고, 변화되어야 하는 것을 알아내는 데 도움이 될 것이다. 앞서 논의했듯이 5:1 비율의 긍정적 관심을 유지하는 것은 매우 중요하다. 이 외에도 사용하던 강화제의 종류 바꾸기, 도전행동 발생에 대한 성인의 반응방식 바꾸기도 강화 전략에 포함된다.

PTR-YC 중재 전략 요약

〈표 6-1〉의 중재 목록은 이 책 마지막에 수록된 부록에서 제시한 여러 전략을 목록화한 것이다. 이 목록은 팀원들이 유아의 행동중재계획에 포함할 전략을 고려하는 데 도움이 된다. 부록에 각 전략이 자세하게 설명되어 있으므로 팀원들은 행동중재계획에 포함할 전략을 결정하기 전에 이 내용을 숙지해야 한다. 일부 팀원은 이 목록에 없는 중재 전략을 추천할 수도 있는데 이는 바람직한 현상이다. 이 목록이 가능한 모든 전략을 포함하고 있는 것은 아니기 때문이다. 저자들이 가장 흔히 사용되고 연구를 통

해 여러 환경에서 효과적이라고 입증된 전략들을 포함하려고 노력하였지만, 이 목록에 없는 증거기반 전략도 얼마든지 있고 당신이 지원하려는 바로 그 유아에게만 해당하는 특별한 전략이 있을 수도 있다. 팀은 유연하고 창의적으로 전략을 선택하되, 다음 두 가지에 유의해야 한다. 첫째, 선택된 전략이 예방, 교수, 강화 영역 중 하나로 분류될 수 있어야 하며, 팀원들이 각 전략이 어느 영역에 속하는지에 대해 동의해야 한다. 둘째, 전략의 적용과 동시에 주의 깊고 객관적인 평가 자료를 수집하여 전략이 효과적인지 확인해야 한다.

표 6-1 PTR-YC 중재 목록

예방 전략	교수 전략	강화 전략
• 선택 기회 제공하기 • 난이도와 선호도를 고려하여 과제 분산하기 • 시각적 지원과 시각적 일정표 사용하기 • 선호하는 것을 활동에 삽입하기 • 일정의 예측성 높이기 • 교실의 물리적 환경 바꾸기 • 도전행동의 유발요인 제거하기	• 의사소통 기술 지도하기 • 다양한 교수 기회 삽입하기 • 또래 관련 사회성 기술 지도하기 • 자기 점검 기술 지도하기 • 강화 지연을 참고 기다리는 기술 지도하기 • 시각적 일정표를 이용한 자립 기술 지도하기	• 바람직한 행동 강화하기 • 물리적으로 양립할 수 없는 행동 강화하기 • 도전행동에 대한 강화 제거하기 • 위기 중재계획

다음 세 가지를 반드시 기억해야 한다.
1. 세 가지 영역별로 최소한 한 가지의 전략을 선택해야 한다.
2. 각 전략은 기능평가와 가설문장에 논리적으로 연결되어야 한다.
3. 전략 실행이 계획대로 이루어질 수 있다는 점에 팀원들이 동의해야 한다.

팀이 중재 목록을 살펴보며 유아의 행동중재계획에 포함할 전략을 결정할 때 기억해야 할 세 가지 유의점이 있다. 첫째, 세 가지 영역별로 최소한 한 가지의 전략을 선택해야 한다. 둘째, 각 전략은 기능평가와 가설문장에 논리적으로 연결되어야 한다. 셋째, 팀원들의 현재 업무에 지장을 주지 않고도 전략이 실행 가능하다는 점에 모든 팀원이 동의해야 한다. 특히 전략 실행을 주로 담당할 팀원들이 전략을 성실하게 그리고 효과를 거둘 만큼 충분히 실행할 수 있다고 동의하는 것이 중요하다. 계획대로 실행되지 않은 전략은 효과를 기대할 수 없으므로 전략 실행 담당자들의 동의는 필수적이다.

행동중재계획의 개발

팀이 행동중재계획에 포함될 전략의 선택을 마쳤다면 이제 실행에 대한 것을 계획할 차례인데, 여기에는 행동중재계획을 자세히 설명하는 문서의 작성도 포함된다. 이 문서는 두 부분으로 이루어진다. 첫 번째 부분은 행동중재계획을 요약해 둔 표지인데, 이 페이지는 계획 실행에 참여하는 모든 팀원과 외부 전문가가 볼 수 있도록 교실 내 중요한 장소마다 붙여 두기 위한 것이다. 두 번째 부분은 표지 이후에 나오는 페이지들로서 실행의 세부 사항을 알려 준다. 여기에는 각 전략을 실행하는 단계(또는 스크립트), 준비해야 할 자료(예: 사진으로 구성된 일정표), 전략이 언제, 얼마나 자주 적용되어야 하는지에 대한 안내, 전략 실행을 담당할 사람, 유아가 적절한 행동을 했을 때 주어야 하는 후속결과의 종류 등이 포함된다. 처음에는 정말 많은 것을 계획해야 하고 작성할 것도 많다고 느껴지겠지만, 실행에 관련된 사항을 팀이 더 많이 생각하고 예측할수록 계획대로 중재가 실행되어 효과를 거둘 가능성이 커진다. 도전행동이 만성적이고 심각하며 오래된 것일수록 준비를 더 잘 해야 한다.

행동중재계획의 문서화를 설명하기 전에, 실행을 계획하는 이 단계에서 팀이 꼭 생각해 두어야 하는 사항이 있다. 다음의 고려사항은 팀원 간 논의를 통해 합의점을 찾은 후 행동중재계획에 포함되어야 한다.

예방 전략의 상당수가 특정 자료의 구매나 제작을 요한다. 직접 만들어야 할 자료의 예로는 사진 일정표, 유아에게 선택 기회를 줄 때 사용할 그림 메뉴 등이 있다. 또 다른 예방 전략은 타이머, 도표, 체크리스트, 또는 새로운 교재를 필요로 한다. 이러한 자료를 어떻게 구하거나 만들 것인지와 이러한 자료가 잘 준비되었는지 확인할 담당자를 정하는 것은 매우 중요하다.

교수 전략은 팀원들이 어떤 교수법을 사용해야 하는지를 명확하게 이해하도록 계획되어야 한다. 유아의 반응 행동 증진을 위해 촉진을 사용하기로 했다면 어떤 종류의 촉진부터 사용할지 그리고 유아가 스스로 반응 행동을 보이도록 그러한 촉진을 점진적으로 줄여 나갈 방법은 무엇인지를 결정해야 한다. 유아에게 새로운 의사소통 행동을 지도하기로 했다면, 모든 팀원이 그러한 행동 목표와 그와 관련된 유아의 현행 수준을 이해해야 한다. 효과적인 교수를 위해서는 하루 내내 자연스러운 맥락에서 많은 기회가 제공되어야 하는데, 이러한 기회들은 사전에 예측되고 계획되어야 한다.

강화 전략을 결정하기 위해 평가 과정이 필요할 수도 있다. 여기서 평가란 바람직한 행동을 계속하려는 동기를 유아에게 충분히 부여할 수 있는 강력한 후속결과의 종류를 정확하게 결정하기 위해 실시되는 테스트를 말한다. 실행을 이제 막 시작한 팀은 최상의 행동 변화가 일어날 수 있도록 유아를 위해 계획한 강화제가 정기적으로 잘 적용되고 있는지 확인해야 한다. 강화제로 사용할 특별한 물건을 준비해야 할 때도 있는데, 이때 팀은 이 특별한 물건을 준비할 담당자도 정해야 한다.

팀은 누가, 어디서, 얼마나 자주, 어떻게 전략을 실행할지 결정해야 한다. 행동은 최선의 지원이 주어진 상황에서 바람직한 행동을 연습할 많은 기회를 거쳐 변화된다. 도전행동의 극복이 쉽지만은 않지만, 긍정적인 행동을 지지하는 환경을 조성하고 개별화된 중재를 잘 계획하여 주의 깊게 실행하면 유아를 성공으로 이끌 수 있다.

PTR-YC 행동중재계획 요약표

행동중재계획의 첫 번째 페이지인 PTR-YC 행동중재계획 요약은 개별화된 중재계획의 핵심 특징을 요약한 것이다(〈표 6-2〉 참조). 이 서식 상단에는 유아의 이름과 소속 학급을 적는 칸이 있다. 그 아래에는 이 장 전반부에서 설명한 다섯 가지의 교실 실제 목록이 있다. 이 목록은 팀원들이 다섯 가지 교실 실제를 실천하도록 상기시키기 위한 것이다. 이 실제들은 교실의 모든 유아를 위한 것이지만, 도전행동으로 인한 어려움을 가진 유아에게는 더욱 중요하다. 만약 이 다섯 가지 중 하나 또는 그 이상의 실제가 중재 대상 유아에게 특히 더 중요한 것이라면, 팀은 서식에 있는 그 실제에 동그라미를 하거나 형광펜으로 표시를 하여 그 중요성을 강조하고 그 실제를 기억하여 실천하려고 노력해야 한다.

이 서식의 하단에는 **예방**, **교수**, **강화**에 해당하는 각 전략을 적을 칸이 있다. 범주별로 선택할 수 있는 전략이 하나뿐인 유아도 있겠지만, 이 서식은 범주별로 하나 이상의 전략을 적을 수 있게 제작되었다. 각 범주의 첫 번째 칸에는 전략에 대한 간단한 설명을 적어 넣는다. 그 아래에 있는 '실행 관련 메모' 칸에는 선택한 교수 전략을 언제 사용할지 또는 시각적 일정표의 완성 여부를 언제 확인할지 등과 같은 세부사항을 적는다. 이 서식의 작성 예시는 이 장 마지막에 나오는 사례에 제시되어 있다.

표 6-2 PTR-YC 행동중재계획 요약표

PTR-YC 행동중재계획 요약표

유아명: ____________________ 학급: ____________________

모든 유아를 위한 교실차원의 실제

☐ 5:1 비율의 긍정적 관심 보이기
☐ 일과별 기대 행동 지도하기
☐ 긍정적인 또래 관련 사회성 기술 지도하기
☐ 예측 가능한 일정 적용하기
☐ 예측 가능한 일과 내의 일과 적용하기

중재 전략

	예방	교수	강화
간단한 설명			
실행 관련 메모			

Prevent-Teach-Reinforce for Children: The Early Childhood Model of Individualized Positive Behavior Support
by Glen Dunlap, Kelly Wilson, Phillip Strain, and Janice K. Lee.

이 요약표 서식은 행동중재계획의 첫 페이지다. 그다음 페이지부터는 이 계획을 일관성 있고 정확하게 실행하는 데 필요한 세부 사항을 적는데, ① 사용할 자료, ② 전략을 실행할 활동과 일과, ③ 실행을 담당할 사람, ④ 전략을 바르게 실행하기 위해 따라야 하는 절차 목록을 상세하게 명시해야 한다. 이러한 절차 목록을 과제분석(task analysis)이라고도 부르는데, 절차 목록만 나열하는 것이 아니라 각 절차에 대한 설명도 포함하여 작성해야 한다. 〈표 6-3〉은 세 가지 범주별 전략에 대한 과제분석 예시다. 이 장 마지막에 있는 사례에도 과제분석 예시가 포함되어 있다.

표 6-3 과제분석 예시

예방: 소근육 활동을 할 때 도전행동을 자주 보이는 사라(Sarah)에게 색칠하기 활동 중 선택 기회 제공하기

- 색칠할 그림 세 가지를 보여 주는 시각적 도표를 준비한다.
- 도표를 유아에게 보여 주며 "어떤 그림을 색칠하고 싶어?" 하고 묻는다.
- 유아가 하나를 고르면, 크레파스와 함께 그 그림을 즉각 제공한다.
- 유아가 선택을 잘 한 것과 색칠하기 활동에 잘 참여한 것에 대해 칭찬한다.
- 오래 걸리는 활동이라면(사라가 색칠하기를 마치는 데 시간이 많이 걸린다면), 두세 번에 나누어 색칠하기를 완성하게 한다.

교수: 말로 의사소통을 하지 못하며 한 자리에 오래 앉아 있어야 하는 상황에서 탠트럼을 보이는 스티브(Steve)에게 의사소통 기술 지도하기(기능적 의사소통 훈련)

- 오전 전체 모임 시간과 그 외 모든 유아가 앉아 있어야 하는 활동 시간에 성인(교사나 보조교사)이 스티브 가까이에 머문다.
- 스티브가 지루해 보이면(탠트럼의 전조 행동), 성인 한 명이 스티브에게 다가가 "스티브가 쉬고 싶구나."라고 말하면서 휴식시간을 뜻하는 신호(두 주먹을 붙였다가 떼는 동작)를 사용하도록 촉진한다.
- 스티브가 휴식시간 신호를 사용하면 성인은 즉시 미소를 지으며 스티브가 자리에서 일어나 교실의 다른 장소로 가는 것을 허락한다.

강화: 또래의 상호작용 시도에 좀 더 긍정적으로 반응하기를 배워야 하는 마흐무드(Mahmoud)의 바람직한 행동 강화하기

- 성인은 무음 타이머(진동 타이머)를 5분 간격으로 설정한다.
- 5분마다 타이머가 진동하면, 성인은 마흐무드를 보면서 마흐무드가 적절하게(긍정적으로) 또래의 상호작용 시도에 반응하는 장면을 포착한다.
- 성인은 마흐무드와 또래의 바람직한 행동에 대해 긍정적으로 인정하는 말을 해 준다(두 유아 모두에게 효과적이라고 알려진 보상을 사용할 수도 있음).

실행 준비: 훈련, 코칭, 계속적 지원

행동중재계획의 실행이 늘 쉬운 것은 아니다. 행동중재계획의 실행을 위해서는 성인의 지도 방식이나 도전행동을 보이는 유아와 상호작용하는 방식이 변화되어야 한다. 모든 변화는 어렵다. 유아에게도 성인에게도 어려울 수 있다. 그러나 변화는 중요하며 가능하다. PTR-YC의 목적은 이 변화를 최대한 단순하게 만드는 것이다.

행동중재계획을 실행할 때, 다음 두 가지를 기억해야 한다.

- 모든 유아는 긍정적이고 친사회적인 행동을 배울 수 있으며 도전행동의 패턴을 중단할 수 있다. 이러한 변화가 어떤 아이들에게는 어려울 수 있지만, 환경이 잘 조성되고 필요한 중재와 지원이 제공되면 모든 유아는 변화될 수 있다.
- 모든 교사(그리고 교실에서 일하는 다른 성인들)는 양질의 행동중재계획에 명시된 중재 전략을 실행할 수 있다. 어떤 교사들은 실행을 어려워할 수도 있지만, 환경이 잘 조성되고 필요한 준비와 지원이 제공되면 모든 교사는 행동중재계획을 실행할 수 있다.

교사들과 다른 교실 내 성인들이 행동중재계획을 성실하고 일관성 있게 그리고 최선을 다해 실행하려면 어떤 지원이 필요할까? 이 질문에 대한 답은 교사, 교실, 행동중재계획, 대상 유아별로 다르겠지만 지원의 목표는 항상 같다. 그 목표는 바로 교사와 기타 실행자들이 자신감 있고 편안한 마음으로 행동중재계획의 모든 전략을 정확하고 성실하며 유창하게 실행할 능력을 갖추는 것이다.

어떤 교사들은 특정 전략을 처음부터 능숙하게 실행한다. 어떤 전략은 너무 간단해서 실행하는 데 큰 노력이나 특별한 능력이 필요하지 않다. 그러나 어떤 전략은 많은 수고가 필요하며, 어떤 교사들은 전략을 효과적으로 실행하는 데 필요한 관련 경험이 부족할 수도 있다. 사실 이러한 상황은 매우 흔하다. 이 경우, 교사가 능숙한 실행에 필요한 유능함과 자신감을 가질 수 있도록 지원이 제공되어야 하며, 팀은 이를 위해 필요한 훈련, 코칭, 지속적 지원을 계획해야 한다.

> **실행자를 위한 팁**
> 성공을 향한 계획을 세워야 한다. 이제 막 실행을 시작한 교사가 전략을 편안하고 자신있게 실행하기 위해 좀 더 많은 지원이 필요해 보인다면, 추가의 지원을 제공할 계획을 세우는 것이 최선이다. 초기에 지원을 풍부하게 제공하면 모든 사람이 성공을 거둘 것이다.

훈련을 제공하는 방식에는 여러 가지가 있으며, 교사의 선호도는 주요 고려사항 중 하나다. 그러나 무엇보다 효과적인 훈련은 개별 유아와 교사 그리고 구체적인 중재 전략에 초점을 맞춘 개별화된 훈련이다. 또한 훈련은 실제 상황에서 제공되어야 하는데, 그것이 어렵다면 최소한 교실에서 대부분의 훈련이 이루어져야 하며 실제 연습과 피드백이 제공되어야 한다. 이 점에서 중재 전략이 실제로 적용되고 있는 교실에 훈련자(또는 코치)가 머물면서 제공하는 현장 코칭이 상당 부분을 차지하도록 계획된 훈련이 이상적이라 할 수 있다. 훈련이 진행될 때 훈련자와 이들의 지원을 받는 교사 간에 공동의 목표를 지향하는 신뢰 관계가 수립되는 것은 매우 중요하다.

훈련자는 같은 프로그램에서 일하는 경험 많은 전문가일 수도 있고, 외부 자문가 또는 교육구나 지역 기관에서 일하는 사람일 수도 있다. 훈련자가 많고 다양하면 훈련의 효과가 커질 수 있겠지만, 무엇보다 중요한 것은 지속적인 점검과 지원을 위한 계획이다. 초기 훈련을 받은 교사가 높은 수준의 능숙함에 도달했다고 해서 그 수준이 계속 유지될 수 있는 것은 아니다. 그러므로 유아프로그램은 훈련 계획에 반드시 지속적인 지원을 포함해야 한다.

충실도 점검

행동중재계획이 효과를 기두려면 일관성 있고 정확하게 실행되어야 한다. 팀원들이 아무리 좋은 의도를 가졌더라도 실행 충실도가 자동으로 확보되지는 않는다. 충실도는 점검되어야 한다. 충실도가 부족하면 이를 보완해야 하는데, 특히 중재가 시작된 첫 며칠 동안에 보완이 이루어져야 한다. 그러나 충실도 점검은 중재가 여러 주에 걸쳐 제대로 실행된 후에도 여전히 중요하다.

충실도 점검을 위해 권하고 싶은 방법은 PTR-YC 전략 실행의 충실도(〈표 6-4〉 참조) 서식을 이용하는 것이다. 이 서식은 행동중재계획의 실행에 관여하는 교사와 기타 성인들에게 계획에 포함된 전략을 자주 그리고 충실하게 실행해야 함을 상기시키기 위한 것이지만, 동시에 문제를 해결하는 용도로도 쓰인다. 중재 실행의 첫 3주 동안에는 이 서식을 최소한 주 2회씩 작성하는 것이 바람직하며, 적절한 진보가 나타나기 시작했다면 그다음부터는 주 1회씩 작성한다. 이 서식은 행동중재계획의 전부 혹은 일부의 실행을 담당하고 있는 교실 내 각 성인에 대하여 따로따로 작성되어야 한다. 이 서식은 실행을 한 사람이 작성할 수도 있고(자기 평가의 일종으로), 교실에 함께 있으면서 실행을 관찰한 다른 사람이 작성할 수도 있다. 이 서식의 자세한 활용법은 다음과 같다.

실행자를 위한 팁
충실도 점검 서식에 포함되는 전략 관련 설명은 비교적 간단해야 하며 행동중재계획에 나와 있는 절차를 바탕으로 작성되어야 한다. 이와 관련하여 팀이 어려움을 느낀다면, 이는 전략 실행 절차를 좀 더 작은 단위로 나누어야 할 필요가 있음을 뜻한다. 전략 실행을 위한 절차가 잘 정의되었는지 확인하는 것은 매우 중요하다.

- 특정 유아의 PTR-YC 실행 점검을 위한 모든 관찰에 사용할 서식을 만든다. 먼저 왼편에 있는 예방 · 교수 · 강화 칸에 각 전략에 대한 간단한 설명과 전략 실행을 위한 필수적인 절차를 적어 넣는다. 행동중재계획상에서 각 요소에 해당하는 전략이 두 가지 이상일 경우 칸을 추가한다. 서식의 분량이 다음 페이지까지 늘어나도 무방하다. 전략과 절차를 적어 넣은 다음에는 여러 중재자와 여러 날에 걸쳐 이루어질 관찰을 위해 이 서식을 여러 장 복사해 둔다.
- 서식의 해당 칸에 날짜, 중재자, 관찰자, 관찰시간을 기록한다. 관찰시간은 행동중재계획이 실행되는 시간과 일치되어야 한다. 이 시간은 유아가 교실에 머무는 시간 전체(즉, 하루 내내)일 수도 있고 중재가 집중적으로 실행되는 특정 일과일 수도 있다.
- 관찰자는 관찰을 마친 후 각 전략에 대한 다음 세 가지의 질문에 대해 '예' 또는 '아니요'로 답한다.
  - **모든 절차가 계획대로 실행되었는가?** 중재자가 특정 전략과 관련하여 행동중재계획에 명시된 중요한 절차를 실행하지 않는 일이 반복된다면, 관찰자는 '아니요' 에 동그라미 표시를 해야 한다. 중재자가 계획대로 전략의 각 단계를 실행했다면 관찰자는 '예' 칸에 동그라미 표시를 한다.

- **유아가 팀의 의도대로 반응하였는가?** 일반적으로, 유아가 중재에 어떻게 반응할지는 어느 정도 예측이 가능하다. 일례로, 요구하기를 의미하는 의사소통 카드를 사용하도록 교사가 촉진을 제공하는 것이 중재 전략이라면, 예상 가능한 유아의 반응은 요구하기 카드를 사용하는 것이다. 관찰자는 유아의 반응에 따라(또는 반응이 얼마나 부족한지에 따라) '예' 또는 '아니요' 중 하나로 답하면 된다.
- **전략이 계획한 만큼 자주 실행되었는가?** 팀은 하루 중 또는 하나의 일과 중에 전략이 얼마나 자주 실행되어야 하는지를 미리 생각해 두어야 한다. 교수와 강화 전략은 기회가 있을 때마다 최대한 자주 실행되어야 한다. 예방 전략은 보통 특정 상황에 국한하여 실행하게 되는데, 예방 전략의 효과를 최대화하기 위해서는 그러한 특정 상황 내에서는 항상 실행되어야 한다. 관찰자는 전략의 실행 빈도에 따라 '예' 또는 '아니요' 중 하나로 답한다.

작성을 마친 서식은 지정된 장소에 보관해야 한다. 이 자료는 팀 회의 시 그리고 진보에 대한 우려가 제기될 때마다 검토되어야 한다. 이와 관련된 내용은 제7장에서 좀 더 자세히 다룰 것이다.

이 장에서 설명한 절차를 모두 마치면, 팀은 잠시 시간을 내어 '중재를 위한 자기 평가 체크리스트'(〈표 6-5〉참조)를 작성해야 한다. 다음 장으로 가기 전에 체크리스트의 모든 질문에 '예'로 답할 수 있어야 한다.

표 6-4 PTR-YC 전략 실행의 충실도

PTR-YC 전략 실행의 충실도

유아명: ____________ 중재자: ____________ 관찰자: ____________
날짜: ____________ 관찰시간: ____________

	모든 절차가 계획대로 실행되었는가?		유아가 팀의 의도대로 반응하였는가?		전략이 계획한 만큼 자주 실행되었는가?	
예방 전략 절차: 1. 2. 3. 4. 5.	예	아니요	예	아니요	예	아니요
교수 전략 절차: 1. 2. 3. 4. 5.	예	아니요	예	아니요	예	아니요
강화 전략 절차: 1. 2. 3. 4. 5.	예	아니요	예	아니요	예	아니요

Prevent-Teach-Reinforce for Children: The Early Childhood Model of Individualized Positive Behavior Support
by Glen Dunlap, Kelly Wilson, Phillip Strain, and Janice K. Lee.

표 6-5 중재를 위한 자기 평가 체크리스트

중재를 위한 자기 평가 체크리스트

	예	아니요
1. 팀은 교실차원의 실제가 잘 실천되고 있는지를 주의 깊게 평가하였는가? 교실차원의 실제가 더 잘 실행되게 할 적절한 조치가 마련되었는가?	☐	☐
2. 팀원들은 예방, 교수, 강화에 포함된 모든 중재 전략(PTR-YC 중재 목록에 포함된 전략)에 대한 설명을 숙지하였는가?	☐	☐
3. 팀은 PTR-YC 행동중재계획에 포함할 중재 전략을 결정하였는가?	☐	☐
4. 팀은 PTR-YC 행동중재계획의 첫 번째 부분(요약)을 작성하였는가?	☐	☐
5. 팀은 PTR-YC 행동중재계획의 두 번째 부분(과제분석 포함)을 작성하였는가?	☐	☐
6. 팀은 PTR-YC 행동중재계획의 실행을 담당하고 있는 교실 내 성인들에게 어떤 훈련과 계속적 지원을 제공할지 결정했는가?	☐	☐

이 질문에 대한 답이 모두 '예'일 때 팀은 다음 단계로 넘어갈 수 있다.

사례

하사니를 위한 네 번째 회의: PTR-YC 중재

하사니 팀의 네 번째 회의에서는 행동중재계획을 작성하였다. 팀원들은 여러 전략에 대한 아이디어를 가지고 회의에 왔다. 팀은 접착식 메모지에 팀원들의 모든 아이디어를 한 가지씩 적은 후, 이를 예방, 교수, 강화의 세 범주로 분류하면서 벽에 부착된 큰 종이에 나누어 붙였다. 팀은 범주별로 실행할 전략을 결정한 후, 중재 실행 시기를 프로그램 도착 시간으로 정했는데 이는 이 시간이 선호 활동과 비선호 활동의 기회가 모두 존재하는 시간이기 때문이었다. 또한 하루 내내 하사니에게 강도 높은 지원을 제공할 수 있을지 확신하기가 어려웠기 때문에 우선 프로그램 도착 시간에 전략을 시도해 보고 하사니의 반응을 살펴볼 생각이었다. 시각적 자료를 준비하고 역할극을 통해 전략 실행 방법을 연습할 시간이 필요했기 때문에 팀은 3일 동안 이러한 준비를 한 후 월요일부터 실행을 시작하기로 했다. 〈표 6-6〉과 〈표 6-7〉은 하사니의 PTR-YC 행동중재계획 요약표와 행동중재계획이다.

표 6-6 하사니의 PTR-YC 행동중재계획 요약표

PTR-YC 행동중재계획 요약표

유아명: 하사니　　　학급: 꿀벌반

모든 유아를 위한 교실차원의 실제

- ☐ 5:1 비율의 긍정적 관심 보이기
- ☐ 일과별 기대 행동 지도하기
- ☐ 긍정적인 또래 관련 사회성 기술 지도하기
- ☐ 예측 가능한 일정 적용하기
- ☐ 예측 가능한 일과 내의 일과 적용하기

중재 전략

	예방	교수	강화
간단한 설명	시각적 지원과 시각적 일정표 사용하기	시각적 일정표를 이용한 자립 기술 지도하기	바람직한 행동 강화하기
실행 관련 메모	도착 시간에만 실시: 스크립트로 연습한 인사하기 반응을 하도록 시각적 자료와 함께 하사니를 맞이한다. 도착 시간에 두 번 이상 인사하기 반응을 하도록 촉진하기 위해 시각적 지원을 활용한다.	시각적 자료를 이용하여 인사하기, 테이블 활동 시작하기, 출석 확인하기를 수행하도록 촉진한다.	긍정적 관심이 부정적 관심의 5배가 될 때까지 긍정적 관심을 높이고 하사니의 반응을 끌어내야 할 때는 더 많은 관심을 준다. 바람직한 행동을 할 때는 행동 특정적 칭찬을 제공한다.

표 6-7 하사니의 행동중재계획

행동중재계획

유아명: 하사니
나이: 2.5세
부모명: 아마라와 제리
학급: 꿀벌반
작성일: 9월 20일
도전행동: 하사니는 익숙한 요구를 받았을 때 5초 안에 반응하지 않는다.
도전행동의 기능: 전이 또는 비선호 활동을 미루거나 하지 않게 되는 것
가설문장: 하사니는 성인이나 또래가 비선호 활동을 시작하라는 요구나 지금 하는 활동을 멈추고 다른 활동으로 전이하라는 요구를 하면 이에 따르지 않는다. 그 결과로 활동이나 전이가 지연되거나 변경되거나 종료된다.

	예방	교수	강화
전략	시각적 지원과 시각적 일정표 사용하기	시각적 일정표를 이용한 자립기술 지도하기	바람직한 행동 강화하기
실행 시기	도착 시간	인사하기, 테이블 활동 시작하기, 출석 확인하기	하사니가 활동에 참여하거나 요구 및 상호작용에 반응할 때마다
실행 절차	• 하사니가 도착 직후 자신의 사물함에 소지품을 넣고 나면, 하사니에게 사물함에 들어있던 미니 일정표(인사하기 스크립트와 사진으로 이루어진 일정표)를 꺼내어 보여 준다. • 하사니를 교사나 친구 한 명에게 데려가 스크립트대로 인사를 하도록 촉진한다. 하사니가 인사를 잘 하는 데 필요한 최대한의 지원을 제공한다. • 하사니가 일정표의 각 단계를 할 때마다(스스로 하지 않았더라도) 말로 칭찬하고, 그 단계가 끝났음을 알리기 위해 해당 사진을 뒤집어 놓는다.	• 관련된 모든 영역에 시각적 자료를 놓아 두되, 하사니가 꺼내어 사용하기 쉬운 곳에 두어야 한다. • 하시니가 지금 해야 할 활동영역으로 가서 시각적 자료를 보게 한다. • 하사니가 시각적 자료를 활용하여 활동에 참여하게 한다(필요할 경우 촉진 제공). 초기에는 각 영역에서 해야 할 일을 단순화하여 세 단계를 넘지 않게 한다. • 각 단계가 끝날 때마다 이를 알리기 위해 해당 사진을 뒤집어 놓는다.	• 하사니가 바람직한 행동을 할 때마다 즉시 행동 특정적 칭찬을 제공한다. 하사니가 요구에 반응할 때는 더 많이 칭찬한다. • 적절한 상황이라면 이러한 칭찬을 신체적 애정표현(예: 안아 주기, 간질이기), 알파벳 송 또는 그리기 활동 시간 허용 등과 함께 제공해도 좋다.

〈계속〉

	• 또래 한 명을 더 골라서 인사하기 단계를 반복한다. • 도착 직후 인사하기 단계를 최소한 세 명의 교사나 또래에게 반복한다. • 세 명에게 인사를 마치면 인사하기에 대한 미니 일정표를 사물함에 도로 넣게 한다.	• 각 단계가 끝날 때마다 말로 칭찬을 하고 활동이 모두 끝났을 때는 더 많이 칭찬한다. • 나머지 두 활동에 대해서도 앞의 단계를 반복하고 하사니에게 필요한 최대한의 지원을 제공하여 자립기술을 성공적으로 익히게 한다.	

조엘을 위한 네 번째 회의: PTR-YC 중재

중재를 다룬 조엘 팀의 네 번째 회의는 예상보다 시간이 좀 더 많이 소요되어 거의 2시간이 걸렸다. 조엘의 아버지인 게리를 회의에 참석하게 하려고 노력했지만, 게리는 응하지 않았다. 교육 전문가인 샐리가 회의를 촉진하였고 기록자와 시간 관리자를 먼저 지정하였다.

조엘의 경우 등원 시간이 항상 문제였기 때문에 샐리는 이 시간이 어떤 모습인지를 토의하는 것으로 회의를 시작하였다. 토의가 진행됨에 따라 샐리는 등원 시간에 조엘이 해야 할 일의 순서가 명확하게 정의되어 있지 않음을 깨달았고 팀에게 PTR-YC 매뉴얼의 교실 실제 부분을 검토해 보자고 제안하였다. 검토 결과, 팀은 교실 실제와 관련하여 개선이 필요한 영역이 많음을 알게 되었다. 팀은 실행을 두 단계(즉, 일반적인 교실 실제와 개별 지원)로 나누어 진행하기로 하였다.

첫 번째 단계에서 팀은 세 가지의 교실 실제(5:1 비율의 긍정적 관심 보이기, 예측 가능한 일정 적용하기, 예측 가능한 일과 내의 일과 적용하기)에 집중하기로 했다. 팀은 첫 번째 단계가 2주 정도 걸릴 것으로 예상했는데, 첫 주에는 교실 실제와 개별 전략 실행에 필요한 자료를 개발하는 데 주력하기로 하였다. 둘째 주에는 교실 실제를 실행하고, 셋째 주가 되면 개별 지원 전략에 중점을 두기로 하였다. 팀은 5:1 비율의 긍정적 관심 보이기 전략부터 시작하기로 했다.

다음으로 팀은 현재 조엘의 행동을 유지시키는 후속결과와 새로운 기술 지도에 필요한 후속결과를 논의하는 시간을 가졌다. 샐리는 이 논의를 이끌면서 조엘의 때리기 행동에 대한 팀의 반응이 조엘에게는 성인들의 많은 관심을 받는 기회로 작용했다는 점, 즉 팀의 반응이 사실은 그 행동을 악화시키고 있었음을 깨닫게 하였다. 팀원 중 한 명은 이러한 논의에 의문을 품었지만, PTR-YC 기능평가 체크리스트(〈표 5-12〉〈표 5-13〉〈표 5-14〉 참조)와 기능평가 요약표(〈표 5-15〉 참조)는 도전행동을 유지시키는 후속결과를 확인하게 해 주었다. 팀은 조엘이 때리기 행동을 함으로써 받게 되는 관심을 최소화하는 것이 중요하다고 느꼈다. 다른 사람을 때리는 행동은 묵과할 수 있는 종류의 행동이 아니므로, 팀은 때리기 행동이 발생하려는 순간이나 이미 발생한 순간에 모든 팀원이 따라야 할 규칙을 개발하였다. 우선 팀은 '때리기'라는 단어를 언급하지 않기로 하였다. 누군가를 때리기 직전에 조엘을 본 팀원은 조엘의 관심을 전환하여 활동에 참여하게 하기로 하였다. 팀은 또한 조엘의 예고 신호 목록을 만들었는데, 여기서 예고 신호란 조엘이 곧 누군가를 때릴 것이라는 단서를 주는 미묘한 행동들을 말한다. 팀은 이 목록을 금세 개발하였을 뿐 아니라 의견 일치도 쉽게 이루어졌다. 조엘의 때리기 행동이 실제로 발생한 경우 팀은 재빨리 개입하여 조엘에게 맞은 유아에게 관심을 주는 동시에 조엘에게는 적절한 활동을 하도록 재지시하기로 했다(이때 때리기 행동은 언급하지 않음). 팀원들은 조엘에게 언제 어떻게 관심을 줄지를 역할극을 하면서 함께 연습했다.

시각적 지원과 직접 지도는 조엘을 위한 개별화된 중재 중 하나로 포함되었다. 팀은 성인이 조엘에게 관심을 주는 방식이 중재의 효과에 영향을 미칠 수 있음을 인식하고, 모든 팀원이 미리 정해진 방식에 따라 비슷한 형태의 관심을 주어야겠다고 생각하였다. 〈표 6-8〉과 〈표 6-9〉는 조엘의 PTR-YC 행동중재계획 요약표와 행동중재계획이다.

표 6-8 조엘의 PTR-YC 행동중재계획 요약표

PTR-YC 행동중재계획 요약표

유아명: 조엘　　학급: 곰돌이반

✓
모든 유아를 위한 교실차원의 실제

- [ ] 5:1 비율의 긍정적 관심 보이기
- [x] 일과별 기대 행동 지도하기
- [x] 긍정적인 또래 관련 사회성 기술 지도하기
- [ ] 예측 가능한 일정 적용하기
- [ ] 예측 가능한 일과 내의 일과 적용하기

중재 전략

	예방	교수	강화
간단한 설명	선택 기회 제공하기 시각적 지원과 시각적 일정표 사용하기	시각적 일정표를 이용한 자립 기술 지도하기	물리적으로 양립할 수 없는 행동 강화하기
실행 관련 메모	등원 시간에만 실시: 등원 시 조엘이 해야 할 모든 활동에 대한 개별 일정표를 준비해 둔다(시각적 지원). 조엘은 세 가지 활동 중 두 가지를 선택하여 참여할 수 있다. 시각적 지원 자료에는 각 활동에 대한 두세 가지 기대 행동이 포함되어야 하며, 이 자료는 해당 활동영역에 게시되어 있어야 한다.	조엘에게 일정표 이용하기를 직접 지도한다. 하나의 활동이 끝날 때마다 그 활동에 해당하는 사진을 떼어 내게 지도한다. 시각적 자료에 포함된 기대 행동을 자주 언급하고, 조엘이 기대 행동을 잘 따르면 행동 특정적 칭찬을 해 준다.	5:1 비율로 긍정적 관심을 준다. 도전행동: 때리기나 때리려는 시도에 대해 언급하지 않아야 한다. 즉각 조엘을 재지시하여 자신의 말로 표현하게 한다. 바람직한 행동: 활동에 참여하려는 모든 노력에 대해 즉각 칭찬한다.

표 6-9 조엘의 행동중재계획

행동중재계획

유아명: 조엘
부모명: 게리
팀원: 게리, 담임교사, 보조교사, 샐리(교육 전문가)
가정-학교 의사소통 방법: 조엘의 알림장
가설: 조엘에게 등원 직후에 해야 하는 활동에 참여하라고 말하면 조엘은 또래나 성인을 때리기 시작한다. 그 결과로 조엘은 꾸중, 재지시, 발생한 행동에 대한 대화, 규칙에 대한 훈계 등을 통해 성인의 관심을 받는다.

〈실행 단계〉
즉각 실행: 5:1 비율의 긍정적 관심 보이기 실행을 시작한다.
첫 번째 주: 교실 실제와 개별 중재를 위한 자료를 개발하고 준비한다.
두 번째 주: 교실 전략의 실행을 시작한다.
세 번째 주: 개별화된 전략의 실행을 시작한다.
조엘의 예고 신호: 목소리가 커짐, 허락을 구하지 않고 다른 사람의 물건을 가져감, "안 해!"라고 외침, 조엘만의 고유한 표정으로 특정인이나 그 사람이 가진 물건을 쳐다봄

예방 전략: 선택 기회 제공하기, 시각적 지원과 시각적 일정표 사용하기
필요한 자료: 선택판(한 면에는 등원 시간의 기대 행동 세 가지를 보여 주는 작은 사진을 부착하고, 반대쪽 면에는 등원 시간 활동 세 가지를 보여 주는 사진을 부착함). 각 사진은 떼었다 붙였다 할 수 있도록 코팅하여 벨크로를 붙인다.
실행을 담당하기로 한 성인은 조엘이 교실에 도착할 때 문 앞에서 맞이한 후 다음 순서에 따라 안내한다.
1. 조엘이 버스에서 내려 교실로 들어온 직후 조엘에게 등원 시간에 해야 할 세 가지 기대 행동("안녕하세요?"라고 인사하기, 가방을 사물함에 넣기, 출석 확인하기)이 포함된 시각적 일정표를 보여 준다.
2. 조엘에게 세 가지 중 무엇을 먼저 하고 싶은지 묻는다.
3. 조엘은 말로 하거나 손가락으로 해당 사진을 가리키거나 해당 사진을 떼어 교사에게 건네주는 방식으로 먼저 하고 싶은 일을 선택한다.
4. 한 가지 일을 마칠 때마다 조엘이 해당 사진을 떼어 내어 '끝'이라고 적힌 봉투에 넣게 한다.
5. 세 가지를 모두 마치면, 등원 시간 활동을 선택할 차례다.
6. 선택판의 반대쪽 면에 있는 등원 시간 활동 세 가지를 보여 주고 그중 하나를 선택하게 한다.

교수 전략: 시각적 일정표를 이용한 자립기술 지도하기
실행을 담당하기로 한 성인은 등원 시간 활동을 하는 동안 조엘이 다른 사람을 때리지 않고 혼자 활동을 잘 하게 될 때까지 조엘 곁에 머문다.
1. 선택판을 이용하여 조엘에게 선택 가능한 세 가지 활동의 사진을 보여 주고 각 활동을 간단하게 설명한다.
2. 조엘에게 "어떤 것부터 하고 싶어?"라고 묻는다.

3. 조엘이 말로 하거나 손가락으로 해당 사진을 가리키거나 해당 사진을 떼어 교사에게 건네주면 그 영역으로 이동하도록 촉진한다.
4. 조엘이 활동을 선택하지 않으면, 사진 중 하나를 조엘에게 주고 그 영역으로 가게 한다.
5. 조엘이 그 영역에 도착하면 그 영역에 붙여 둔 기대 행동 사진을 가리키며 이 활동을 하는 동안 지켜야 할 기대 행동을 상기시킨다.
6. 조엘이 기대 행동을 잘 따르지 못하면 기대 행동을 수행할 수 있도록 최대한의 도움을 제공한다.
7. 기대 행동을 수행하려는 노력과 적극적인 활동 참여를 말로 칭찬한다.
8. 조엘이 활동의 모든 단계를 완료하여 활동이 끝났거나, 2분 동안 활동에 참여했다면 해당 활동의 사진을 떼어 '끝'이라고 적힌 봉투에 넣게 하고, 다음 활동을 고르도록 촉진한다.
9. 3번~7번 단계를 반복한다.
10. 마지막 활동이 끝나고 조엘이 그 사진을 '끝' 봉투에 넣으면, 대집단 시간이 시작되기 전까지 자유 선택 놀이를 하게 한다.

강화 전략: 물리적으로 양립할 수 없는 행동 강화하기

조엘이 별로 흥미를 보이지 않는 교실 활동에 참여할 때마다 말로 칭찬하고 가끔 조그만 물고기 과자를 준다. 조엘이 하는 모든 시도와 노력 그리고 부분 참여(partial participation)에 구어적 칭찬이 주어져야 한다. 한 명의 성인이 활동 시작 후 첫 2분 동안 조엘 가까이에 있으면서 칭찬, 과자 그리고 그 외 조엘에게 필요한 신체적 지원을 제공한다.

1. 조엘은 시각적 일정표에서 활동 하나를 선택하고 그 영역으로 간다.
2. 조엘이 활동영역에 도착하면 타이머를 2분으로 설정한다.
3. 조엘이 활동을 시작하면 그 상황에 대한 특정적 구어 칭찬을 제공한다("와, 정말 색칠을 잘하는구나." 또는 "와, 가위질을 정말 열심히 하네!").
4. 활동 진행에 방해가 되지 않는 범위에서 구어 칭찬과 함께 가끔 조엘에게 조그만 물고기 과자를 준다(조엘이 그림 그리기, 색칠하기를 포함하여 두 손을 다 사용하는 활동을 하고 있을 때는 과자를 주지 않는다).
5. 활동 시작 후 첫 2분 동안에는 구어 칭찬과 물고기 과자를 최대한으로 제공한다. 조엘이 스스로 활동에 참여하기 시작하면(PTR-YC 행동 평정 척도에 기록된 자료를 바탕으로 판단함) 팀은 구어 칭찬과 물고기 과자를 점차 줄여 나갈 방법을 결정할 것이다.
6. 2분이 지나면 조엘에게 그 활동을 그만하고 다른 활동을 할지 아니면 그 활동을 계속할지 선택권을 준다. 조엘이 그 활동을 계속하겠다고 하면 그때부터는 성인이 초기 2분 동안과 같은 수준의 강화를 제공할 필요는 없다. 조엘이 그 활동을 그만하겠다고 선택한 경우에는 시각적 일정표에서 다른 활동을 선택해야 하는데, 조엘이 선택하지 않으려고 하면 촉진을 제공한다.

〈자료의 활용〉

교실 실제의 실행이 시작된 후 팀은 2주에 한 번씩 만나 자료를 검토하면서 진보를 점검한다. 모든 정보는 집으로 보내어 조엘의 가족과도 공유한다. PTR-YC 전략 실행의 충실도에 대한 초기 점검이 끝난 후부터는 필요에 따라 충실도를 점검하면 된다. 조엘의 행동이 개선되지 않거나 행동 변화가 심하거나 행동이 나빠졌다면, 팀은 전략이 계획대로 실행되었는지를 알아보기 위해 PTR-YC 전략 실행의 충실도를 또 한 번 작성한다. 이 시기에는 정기적인 충실도 점검 계획을 수립하지 않아도 된다.

제시를 위한 네 번째 회의: PTR-YC 중재

제시의 팀은 행동중재계획 수립을 위해 모였다. 각 팀원은 중재 아이디어를 미리 고민해 본 후 회의에 참석했다. 팀원들은 먼저 새로운 PTR-YC 행동 평정 척도([그림 5-20])가 잘 기록되고 있는지를 논의하였다. 교사와 보조교사는 바람직한 행동의 측정을 어느 정도 편하게 느끼기 시작하였고(아직 이틀밖에 측정하지 않았지만), 제시가 좀 더 효과적인 의사소통을 하게 해 줄 전략을 찾고 싶어 하였다. 제시의 도전행동은 발생 비율 면에서 큰 변화가 없었지만, 교사와 보조교사가 느끼기에 이전보다는 강도가 줄어든 것으로 나타났다.

팀은 PTR-YC 중재 목록(〈표 6-1〉 참조)을 보면서 시각적 지원을 사용하는 것이 바로 자신들이 실행해야 할 예방 전략이라는 데 신속하게 동의하였다. 팀이 제시를 위해 선택해야 할 교수 전략이 의사소통 지도라는 점과 다양한 교수 기회를 삽입해야 한다는 점도 명백하였다. 강화 전략으로는 도전행동에 대한 강화 제거, 바람직한 행동에 대한 강화 이렇게 두 가지 전략을 선택하였다. 다음으로 팀은 제시의 바람직한 의사소통 기술을 증진하기 위해 전략을 실행할 가장 좋은 시간이 언제인지 논의하였는데, 하루 중 특정 활동이나 일과, 또는 특정 시간만을 목표로 하기보다는 하루 내내 전략을 실행하기로 하였다. 팀은 전략을 일단 실행해 보고 너무 무리라고 느껴지면, 전략 실행의 범위를 특정 활동, 일과, 또는 특정 시간으로 축소할지를 다시 논의하기로 하였다.

다음으로 팀은 교실차원 실제의 실행에 대해 논의하였는데, 제시가 좀 더 성공적으로 교실에 적응하도록 돕기 위해 팀이 할 수 있는 일을 찾으려고 교실 실제를 살펴본 것이기 때문에 결정하기가 쉬웠다. 제시가 긍정적인 관심에 매우 잘 반응한다는 점과 긍정적 관심이 몇몇 다른 아이에게도 긍정적인 영향을 미칠 수 있음을 고려하여 '5:1 비율의 긍정적 관심 보이기'를 실행하자는 결정이 쉽게 내려졌다. 팀은 또한 '예측 가능한 일정 적용하기'와 '예측 가능한 일과 내의 일과 적용하기'가 모든 유아에게 유익하면서도 팀이 실행하기에 너무 힘들지 않은 교실차원의 전략이라고 판단했다. 팀은 이 세 가지 실제를 실행하려면 해야 할 일이 많겠지만 모든 노력을 기울여 본 후에 너무 무리가 된다면 상황을 재고하기로 하였다. 최종적으로는 교사와 보조교사가 실행에 대해서 어떻게 느끼는지와 이러한 실행을 통해 제시와 다른 아이들이 어떤 영향을 받는지를 바탕으로 결정을 내릴 것이다. 〈표 6-10〉과 〈표 6-11〉은 제시의 PTR-YC 행동중재계획 요약표와 행동중재계획이다.

표 6-10 제시의 PTR-YC 행동중재계획 요약표

PTR-YC 행동중재계획 요약표

유아명: 제시　　　학급: 엘과 로렌의 반

✓ 모든 유아를 위한 교실차원의 실제

- ☐ 5:1 비율의 긍정적 관심 보이기
- ☐ 일과별 기대 행동 지도하기
- ☑ 긍정적인 또래 관련 사회성 기술 지도하기
- ☑ 예측 가능한 일정 적용하기
- ☐ 예측 가능한 일과 내의 일과 적용하기

중재 전략

	예방	교수	강화
간단한 설명	시각적 지원과 시각적 일정표 사용하기	의사소통 기술 지도하기 다양한 교수 기회 삽입하기	도전행동에 대한 강화 제거하기 바람직한 행동 강화하기
실행 관련 메모	제시가 교실에서 가장 좋아하는 물건과 성인의 사진들을 고리에 끼운 시각적 자료를 여러 개 만든다. 제시와 모든 성인이 이 자료를 가지고 다니면서 제시가 사진을 최대한 자주 활용하도록 기회를 제공하여 도전행동을 예방한다.	제시가 교실에서 가장 좋아하는 물건과 성인의 사진들을 고리에 끼운 시각적 자료를 만든다. 제시가 사진을 이용하여 원하는 것을 요청하도록 지도하기 위해 최대한 많은 기회를 제공한다.	제시가 피드백을 최대한 잘 이해할 수 있도록 말(예: 간결하고 구체적인 피드백)과 행동(예: 안아 주기, 하이파이브, 등 두드리기)으로 피드백을 하되, 제스처(예: 미소, 엄지 들어 올리기)도 곁들인다.

Prevent-Teach-Reinforce for Children: The Early Childhood Model of Individualized Positive Behavior Support
by Glen Dunlap, Kelly Wilson, Phillip Strain, and Janice K. Lee.

표 6-11 제시의 행동중재계획

행동중재계획

팀원: 루시와 케이(양부모), 사회복지사, 친부모, 엘(교사), 로렌(보조교사), 센터장
장기 비전: 제시가 행복하고, 자신의 잠재력을 발휘하는 것

가설
- 갖고 싶은 물건을 또래가 가지고 있을 때 제시는 자신과 타인에게 신체적 공격 행동을 보인다. 그 결과로 제시는 원하는 물건을 얻는다.
- 성인의 관심(무릎에 앉기, 안기, 뽀뽀하기)을 받고 싶은데 받지 못할 때 또는 성인에게서 관심을 받는 시간이 끝날 때, 제시는 자신과 타인에게 신체적 공격 행동을 보인다. 그 결과로 제시는 성인의 관심을 새롭게 받게 되거나 이미 받고 있던 관심을 더 많이 받는다.

필요한 자료: 제시가 가장 좋아하는 물건이나 사람들의 사진을 코팅한 후 한쪽 모서리에 구멍을 뚫어 고리에 끼운다. 이러한 자료를 여러 개 만들어 제시와 교실 내 모든 성인이 하나씩 가진다. 집으로도 하나를 보내고, 여분으로 하나를 더 만들어 교실에 보관한다. 필요할 경우 사진을 업데이트한다.

예방 전략: 시각적 지원과 시각적 일정표 사용하기
1. 제시에게 시각적 자료와 일정표를 보여 준다.
2. 제시가 시각적 자료 활용이나 시각적 일정표 따르기를 최대한 독립적으로 하게 한다.
3. 하나의 과제를 마치면 그 단계가 끝났음을 알리기 위해 제시가 그 과제나 활동에 해당하는 사진을 '끝'이라고 적힌 상자에 넣게 한다.
4. 지시를 잘 따른 데 대해 말로 칭찬한다.

교수 전략: 의사소통 기술 지도하기
1. 제시가 주로 어떤 것을 요구하는지(예: 성인과의 상호작용) 파악한다.
2. 고리로 연결해 둔 사진 묶음(제시의 것 또는 교실 내 성인의 것)에서 해당 사진을 찾는다.
3. 사진을 보여 주고 제시가 자신의 손가락을 그 사진에 갖다 대게 한다.
4. 성인의 도움으로 제시가 사진에 손가락을 갖다 대자마자 사진에 나오는 그 상호작용을 시작한다.
5. 원하는 것(즉, 성인과의 상호작용)을 얻게 된 제시에게 구체적인 구어 칭찬도 제공한다.

교수 전략: 다양한 교수 기회 삽입하기
(교수 기회를 삽입하기로 결정된 시간을 파악하기 위해서는 행동 매트릭스 참조)
1. 미리 정한 기회가 발생하면, 제시가 사진을 사용하도록 촉진한다.
2. 제시가 올바른 사진을 찾도록 돕는다.
3. 제시가 사진을 손가락으로 가리키게 하되 필요하면 촉진을 제공한다.

4. 제시가 사진을 가리키면, 곧 그 사진에 있는 물건이나 활동에 접근하게 해 준다.
5. 무언가를 '요구'하기 위해 사진을 사용한 것에 대해 말로 칭찬한다.

강화 전략: 도전행동에 대한 강화 제거하기

1. 제시가 도전행동을 보일 때 성인은 제시를 쳐다보거나 제시에게 말을 거는 행동하지 않는다.
2. 도전행동이 또래를 향해 발생하면, 성인은 그 또래에게만 관심을 준다.
3. 도전행동에 반응하지 않으면서 고리로 연결해 둔 사진 묶음을 꺼내 주거나 제시 스스로 꺼내도록 신체적으로 촉진한다. 이때 눈 맞춤이나 대화를 하지 않아야 한다.
4. 제시가 무언가를 요구하도록 촉진을 제공한 후에는 즉시 요구한 것을 들어준다(바람직한 행동 강화하기 절차를 따른다).

강화 전략: 바람직한 행동 강화하기

1. 제시가 고리로 연결된 사진 묶음 중 하나의 사진을 손가락으로 가리키거나 들어 올리면 그 사진에 해당하는 물건이나 활동을 즉시 제공한다.
2. 제시가 요구한 것이 당신의 관심이라면, 원하는 것을 요구하기 위해 사진을 사용한 것에 대해 구어 칭찬도 함께 제공한다.

다양한 교수 기회 삽입을 위한 행동 매트릭스: 다음은 의사소통 기술을 지도하기 위해 목표로 삼은 시간대들이다. 그러나 교사는 이 외의 시간에도 기회를 만들 수 있으며, 자연스럽게 기회가 발생할 수도 있다. 다음에 제시한 기회는 오전 중에 제시에게 반드시 주어져야 한다.

활동	제시에게 주어져야 하는 기회
도착	안아 달라고 요구할 기회
대집단	교사의 무릎에 앉혀 달라고 요구할 기회
센터	친구에게 교구나 장난감을 달라고 부탁할 기회
간식	교사 옆에 앉게 해 달라고 요청할 기회
이야기 시간	특정 책을 읽어 달라고 요구할 기회
바깥놀이	친구에게 놀잇감을 달라고 부탁할 기회
소집단	다른 사람에게 특정 물건을 달라고 부탁할 기회
마무리 모임	또래에게 하이파이브를 하자고 요청할 기회

이던을 위한 네 번째 회의: PTR-YC 중재

이던을 위한 중재는 여러 날에 걸쳐 결정되었다. 중재의 결정은 팀이 PTR-YC 기능평가 체크리스트를 진행한 방식과 유사하게 진행되었다. 센터장이자 이던의 담임교사인 조안은 중재를 논의하기 위한 회의로 모이기 전에 향후 실행할 전략에 대한 의견을 구하려고 PTR-YC 중재 목록과 각 중재에 대한 안내문을 복사하여 이던의 할머니인 베로니카에게 보냈다. 베로니카는 이메일로 조안에게 몇 가지 의견을 보내면서 자신은 팀이 어떤 전략을 선택하든 다 좋다고 말했다. 팀이 어떤 결정을 하든 그것을 제대로 실행할 거라고 믿기 때문이었다. 조안은 이 절차를 시작하기 전에 각 중재를 이미 숙지한 상태였으며, 보조교사인 캐롤에게 중재에 대한 설명을 읽고 실행하기에 가장 좋은 한두 가지 전략을 선택해 보라고 하였다. 조안과 캐롤은 예방 전략 옵션을 살펴보면서 시각적 지원과 시각적 일정표를 사용해 보면 좋겠다고 생각하였다. 조안과 캐롤은 시각적 지원과 시각적 일정표를 활용하면 이던이 특정 상황에서 어떻게 행동해야 할지를 알 수 있고(예: 친구끼리 서로를 어떻게 대해야 하는지에 대한 사진을 붙여 둠) 사진을 이용하여 다음에 할 일이 무엇인지 이해하는 데 도움이 될 것으로 판단했다. 조안과 캐롤은 이 방법이 같은 반의 다른 아이들 한두 명에게도 도움이 될 것 같다는 생각을 하였고, 시각적 자료의 활용이 다른 아이들에게도 유익한지 살펴보고 싶었다. 다음 회의에서 두 사람은 교수 전략을 검토하였는데, 전날 결정한 예방 전략을 바탕으로 생각할 때 또래 관련 사회성 기술의 지도가 가장 쉽고 논리적인 선택이라고 판단하였다. 강화 전략으로는 바람직한 행동 강화하기를 실행하기로 하였다. 그다음 이틀 동안 조안과 캐롤은 아이들이 오기 전 이른 아침 시간에 이던의 행동중재계획에 포함된 각 전략의 실행 절차를 문서로 작성하였다. 조안과 캐롤은 PTR-YC 행동중재계획 요약표(〈표 6-12〉 참조)를 복사하여 베로니카에게 보냈고, 그날부터 새 전략을 시도해 보기로 하였다. 두 사람은 자신들이 세운 계획에 조정이 필요한지 또는 그 계획이 충분히 명료한지를 알아보기 위해 자유 선택 놀이 시간에 새 전략들을 함께 시도해 보기로 하였다. 조안과 캐롤은 중재계획을 잘 실행할 자신이 있었다.

이던을 위한 PTR-YC 절차를 시작하고 교실 실제 중 하나로 긍정적 관심을 실행한지 얼마 되지 않아 조안과 캐롤은 모든 유아의 행동이 긍정적으로 변화하고 있음을 발견했다. 이던의 행동도 좋아지고는 있었지만, 아직 파괴적 행동이 나타나고 있었기 때

표 6-12 이던의 PTR-YC 행동중재계획 요약표

PTR-YC 행동중재계획 요약표

유아명: 이던　　학급: 조안과 캐롤의 반

모든 유아를 위한 교실차원의 실제

- ☐ 5:1 비율의 긍정적 관심 보이기
- ☐ 일과별 기대 행동 지도하기
- ☐ 긍정적인 또래 관련 사회성 기술 지도하기
- ☐ 예측 가능한 일정 적용하기
- ☐ 예측 가능한 일과 내의 일과 적용하기

중재 전략

	예방	교수	강화
간단한 설명	시각적 지원과 시각적 일정표 사용하기	또래 관련 사회성 기술 지도하기	바람직한 행동 강화하기
실행 관련 메모	자유 선택 놀이 시간이 시작되기 전에 게시된 사진(또래와의 적절한 상호작용 방식을 보여 주는 사진)을 보게 한다. 모든 유아에 대한 긍정적 관심을 높인다(또래와 적절한 상호작용을 하는 유아를 보면 모든 유아 앞에서 이를 칭찬하여 이던이 적절한 상호작용을 하도록 촉진하고 이던의 파괴적 행동을 예방한다).	대집단 시간에 또래 관련 사회성 기술을 소개하고 역할극 기회를 제공한다. 이던이 역할극에 최대한 많이 참여하게 한다.	자유 선택 놀이 시간에 이던 곁에 머물면서 새로 배운 기술을 사용하는 즉시 피드백을 제공한다.

문에 조안과 캐롤은 빨리 개별 중재를 시작하고 싶었다. 두 사람은 이 절차를 시작할 때부터 빈도 자료를 수집하고 있었고 이던도 곧 큰 발전을 보일 거라고 기대하고 있었다([그림 6-1] 참조). 이들은 또한 이던이 또래에게 반응하는 강도(intensity)의 추이도 함께 살펴보기로 하고, 이던의 파괴적 행동 빈도와 또래에 대한 반응 행동의 강도를 추적할 수 있는 PTR-YC 행동 평정 척도를 제작하였다(〈표 6-13〉 참조). 〈표 6-14〉는 이던의 행동중재계획이다.

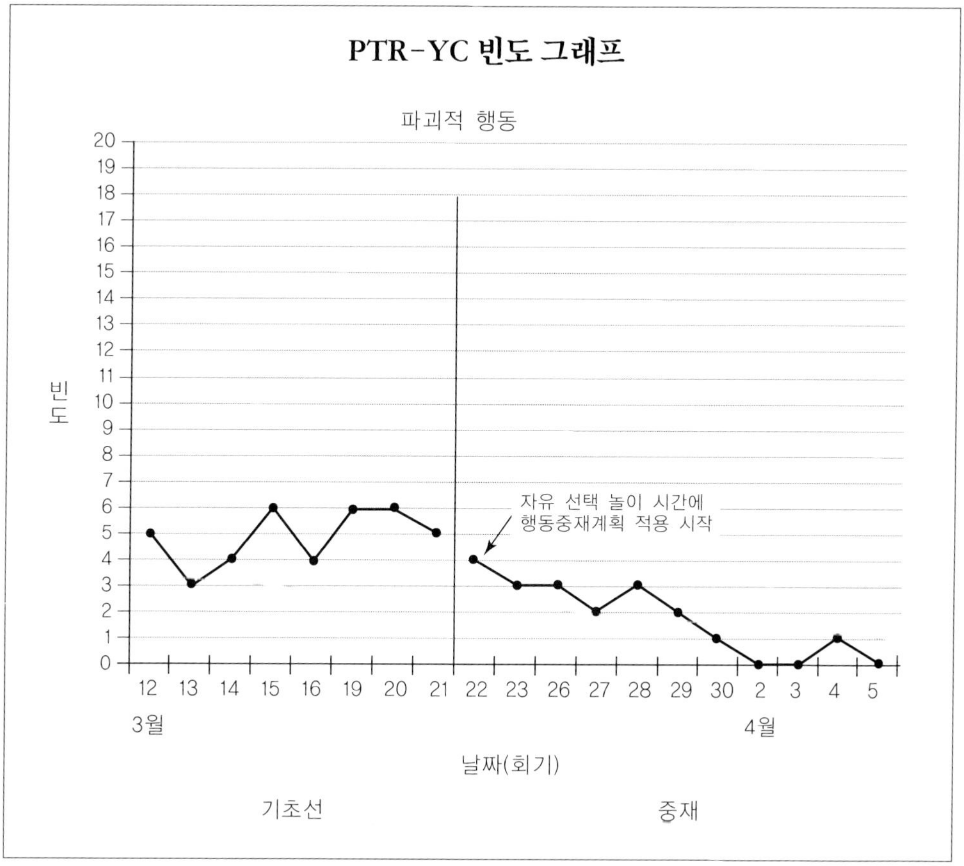

그림 6-1 이던의 빈도 그래프

표 6-13 **이던의 PTR-YC 행동 평정 척도**(빈칸은 교사와 보조교사가 추후 채워 나감)

PTR-YC 행동 평정 척도

유아명: 이던 평정자: 조안, 캐롤 관찰시간: 자유 선택 놀이 시간 월: 3월

날짜/시간

바람직한 행동	5	5	5	5	5	5	5	5	5	5	5	5	5	5	5	5	5	5	5	5
	4	4	4	4	4	4	4	4	4	4	4	4	4	4	4	4	4	4	4	4
또래에게	3	3	3	3	3	3	3	3	3	3	3	3	3	3	3	3	3	3	3	3
긍정적으로	2	2	2	2	2	2	2	2	2	2	2	2	2	2	2	2	2	2	2	2
반응하기	1	1	1	1	1	1	1	1	1	1	1	1	1	1	1	1	1	1	1	1
도전행동	5	5	5	5	5	5	5	5	5	5	5	5	5	5	5	5	5	5	5	5
	4	4	4	4	4	4	4	4	4	4	4	4	4	4	4	4	4	4	4	4
	3	3	3	3	3	3	3	3	3	3	3	3	3	3	3	3	3	3	3	3
	2	2	2	2	2	2	2	2	2	2	2	2	2	2	2	2	2	2	2	2
	1	1	1	1	1	1	1	1	1	1	1	1	1	1	1	1	1	1	1	1

바람직한 행동: 또래에게 긍정적으로 반응하기

5 = 타인의 도움 없이 손을 내밀며 친절하게 부탁함

4 = 교사의 촉진을 받아 손을 내밀며 친절하게 부탁함

3 = 교사의 도움을 받음

2 = 또래를 향해 소리를 지름

1 = 소리 지르고, 물건을 뺏고, 기물을 파괴함

도전행동:

5 =

4 =

3 =

2 =

1 =

표 6-14 이던의 행동중재계획

행동중재계획

장기 비전: 이던이 적극적이고 긍정적인 학급 구성원이 되고, 유치원에 갈 준비를 하는 것

가설: 이던은 또래에게 원하는 것을 받지 못하면 파괴적 행동(또래의 허락을 구하지 않고 장난감 뺏기, "싫어!"라고 또래에게 소리 지르기, 교사에게 일러바치기, 울기, 또래 머리카락 잡아당기기, 또래의 놀이 망치기, 욕하기)을 보인다. 그 결과로 이던은 성인의 관심과 함께 원하는 물건을 얻어 내기 위한 도움을 받는다.

예방 전략: 시각적 지원과 시각적 일정표 사용하기

필요한 자료: 또래와 적절하게 상호작용하는 모습을 보여 주는 사진들(미리 찍어 둔 사진을 출력하여 게시해야 함)

담당자: 조안과 캐롤은 함께 사진을 선택하고 게시한다. 두 사람은 하루씩 번갈아 이던 곁에 머물며 지원을 제공한다.

1. 자유 선택 놀이 시간을 시작하기 직전에 다른 친구가 가지고 노는 장난감이나 교재를 원할 때 어떻게 상호작용해야 하는지를 모든 유아와 함께 살펴본다. 이때 게시된 사진을 계속 언급한다.
2. 그날 이던을 담당하기로 한 성인은 자유 선택 놀이 시간에 이던 가까이에 머물면서, 이던 또는 다른 아이들이 적절한 상호작용 기술을 보이면 그 행동을 포착하여 칭찬해 준다.

교수 전략: 또래 관련 사회성 기술

필요한 자료: 또래와 적절하게 상호작용하는 모습을 보여 주는 사진들(게시해 둘 것), 역할극을 위한 소품들(장난감, 교재 등), 유아 수만큼의 막대사탕이 든 통

담당자: 그날의 수업 담당자

1. 대집단 시간(매일 아침)에 사회성 기술을 설명하고 이를 역할극으로 연습하는 시간을 가진다.
2. 사진을 참고하면서 그날의 기술로 정해진 사회성 기술을 배운다.
3. 막대사탕에 각 유아의 이름을 적고, 이름 적힌 부분이 보이지 않도록 통에 넣는다. 이던이 연습을 좀 더 많이 할 수 있도록 이던의 막대사탕에 추가 표시를 하여 좀 더 자주 이던이 뽑히게 한다. 상황별로 친구와 적절히게 상호작용하는 방법을 역할극으로 연습하기 위해 두 명의 유아를 뽑는다.
4. 두 유아에게 각자의 역할을 알려 주고 필요한 소품을 준다.
5. 필요할 경우 역할극이 원활하게 진행되도록 촉진을 제공한다.
6. 3번~5번 단계를 한 번 더 반복하되 이번에는 잘못된 상호작용방식으로 역할극을 하게 한다.
7. 역할극이 끝나면 모든 유아와 함께 사회성 기술 수행 절차를 복습한다.

강화 전략: 바람직한 행동 강화하기

필요한 자료: 없음

담당자: 그날 이던을 담당하는 성인(이 역할은 조안과 캐롤이 번갈아 맡음)은 이던 곁에 머물면서 이던이 노는 장면을 뚜렷이 듣고 볼 수 있어야 한다. 적절한 사회성 기술을 시도하거나 성공적으로 사용할 때마다 구체적인 구어 칭찬을 제공한다. 다음은 이 절차에 대한 하나의 예시다.

1. 이던은 또래 가까이에서 놀다가 또래의 블록 중 하나를 갖고 싶어진다.
2. 이던은 또래를 향해 손을 내민다(그 블록을 달라는 의미로).
3. 교사는 또래가 이던에게 블록을 전해 주도록 촉진한다.
4. 이던은 블록을 받는다.
5. 교사는 이던이 손을 내민 행동에 대해 말로 칭찬한다(예: "이던, 친구에게 블록을 달라고 부탁하니까 JJ가 정말 블록을 주었구나!").
6. 교사는 또래가 적절한 기술을 사용한 것에 대해서도 말로 칭찬한다("JJ, 블록을 이던과 사이좋게 나눠 쓰다니 정말 좋은 친구네!").

매주 금요일마다 자료를 검토하면서 진보를 점검한다.

제7장

자료의 활용과 다음 단계

- 실행 및 진보 점검
- 자료기반의 의사결정
- 적절한 진보가 나타나고 있을 때의 다음 단계
- 진보가 만족스럽지 못할 때의 다음 단계
- 전반적 요약과 팀 실행 지침
- 사례

이 장은, ① 행동중재계획의 실행에 대한 점검, ② 수집된 자료를 통해 중재에 대한 유아의 반응을 점검한 후 취해야 할 조치를 결정하는 과정을 다룬다. 어떤 경우에는 행동중재계획이 완벽한 효과를 거두어 즉각적인 개선이 자료에 나타나고 도전행동이 더 이상 문제가 되지 않으며 유아가 긍정적인 사회적 상호작용 측면에서 극적인 성장을 보인다. 그러나 그렇지 않을 때도 있다. 어떤 경우에는 변화가 뚜렷이 나타나지 않기도 하고, 필요한 변화를 이루기에는 진보가 너무 느리게 나타나기도 한다. 이 장에서는 이러한 여러 경우를 소개하고, 팀이 계획을 수정하고 진보를 촉진하기 위해 취할 수 있는 조치를 제안한다.

실행 및 진보 점검

중재계획을 실행하기 전에 완료되어야 하는 작업은, ① 팀 구성하기, ② 목표 정의하기, ③ 목표로 삼은 도전행동과 사회-의사소통 행동의 기초선 자료 수집하기, ④ 교실차원의 실제가 잘 실행되고 있는지 평가하고 더 잘 실행하기, ⑤ 기능평가 실시하기, ⑥ 행동중재계획 수립하기, ⑦ 필요한 훈련과 코칭 진행하기다. 이 절차들은 제3장부터 제6장까지 자세히 설명되어 있다. 다음으로 살펴봐야 할 중요한 단계는 진보 점검 자료의 수집이다.

주의 깊게 설계된 행동중재계획을 실행하기 전에 최소 3일간은 자료를 수집하고 간단한 그래프로 요약해야 한다. 일주일간 자료를 수집할 수 있다면 가장 좋지만, 최소한 3일은 수집해야 한다. 자료를 수집할 때는 PTR-YC 행동 평정 척도(제4장 참조) 서식이 주로 이용되지만, 빈도 측정을 활용해야 할 때도 있다. 수집된 자료는 중요한 정보를 제공해 준다. 도전행동에 관한 자료는 다음 중 어느 하나에 해당하는 패턴을 보일 것이다.

도전행동이 높은 수준으로 꾸준히 발생하는 패턴

이 자료 패턴은 도전행동의 수준이 수용하기 어려울 정도로 심하여 어떤 조치를 하지 않으면 계속하여 발생률이 높게 나타나리라는 것을 보여 준다([그림 7-1] 참조). 이 경우 즉시 행동중재계획이 실행되어야 한다. 도전행동이 더욱 심해지는 패턴([그림 7-2] 참조)일 때도 행동중재계획은 즉시 실행되어야 한다.

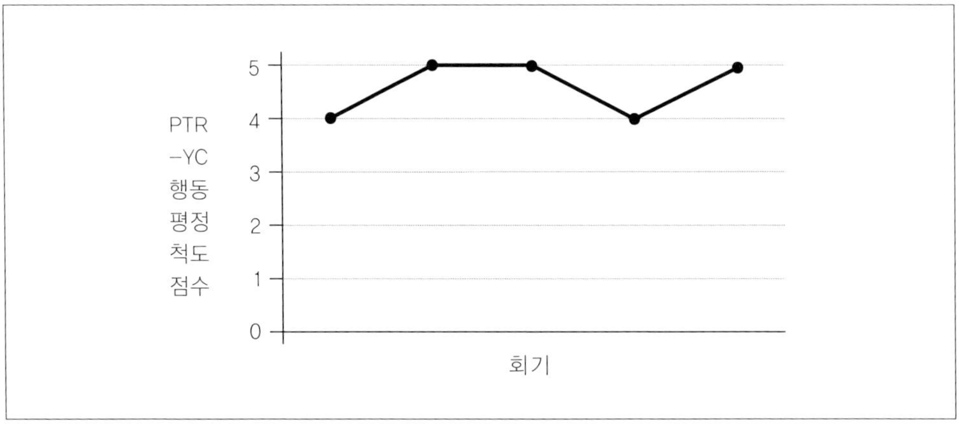

그림 7-1 꾸준히 발생하는 높은 수준의 도전행동을 보여 주는 그래프

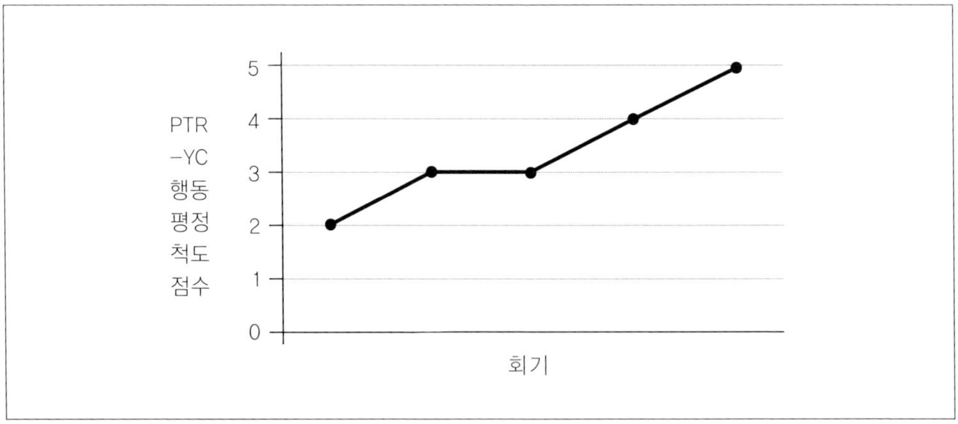

그림 7-2 점점 증가하는 도전행동을 보여 주는 그래프

도전행동이 낮은 수준으로 나타나는 패턴

도전행동이 상당히 낮은 수준으로 나타나는 이 패턴은 행동중재계획의 목표에 의문을 제기한다([그림 7-3] 참조). 이러한 현상에 대해서는 여러 가지 설명이 있을 수 있다. 첫 번째 설명은 도전행동이 실제로 감소하여 현재로서는 개별화된 중재가 필요할 만큼 걱정스러운 상황이 아니라는 것이다. 이는 교실 실제의 개선에 따른 긍정적인 효과일 수도 있고, 행동이 개선될 만한 어떤 변화가 발생했기 때문일 수도 있다. 팀은 며칠 더 자료를 수집해 보고 행동중재계획의 유보 여부를 결정해야 한다.

이에 대한 또 다른 설명은 행동이 여전히 심각한 수준으로 나타나고 있는데도 어떤 이유로 그 현상이 자료에 반영되지 않았다는 것이다. 이는 행동의 정의에 문제가 있어서일 수도 있고, 자료를 수집한 시간이 적절하지 않아서일 수도 있다. 둘 중 어느 쪽이든 자료가 염려되는 행동을 제대로 포착하지 못하고 있다면 자료 수집 방법을 수정해야 한다. 수정은 즉시 이루어져야 하며, 자료에 나타난 행동 수준이 교사와 다른 팀원들의 일화적 보고에 따른 수준과 일치될 때까지 자료를 수집해야 한다.

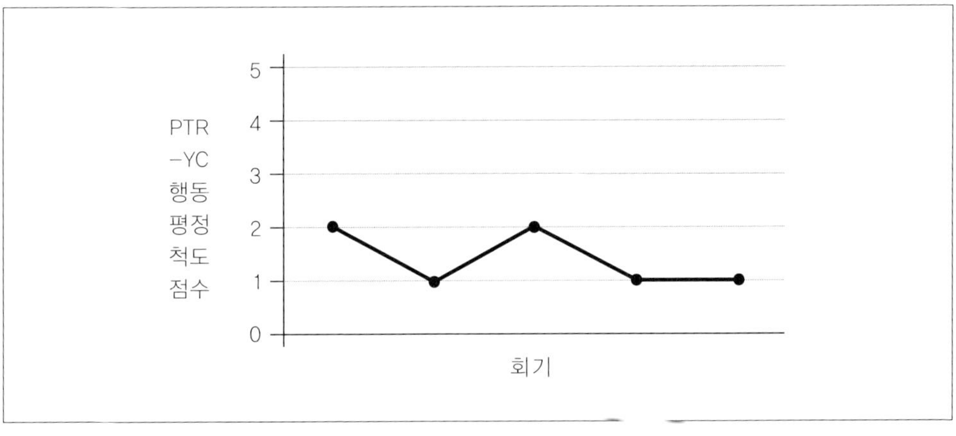

그림 7-3 낮은 수준의 도전행동을 보여 주는 그래프

도전행동이 감소하는 패턴

자료 수집을 시작한 시기에는 높은 수준으로 나타나던 도전행동이 시간의 흐름에 따라 감소할 때도 있다([그림 7-4] 참조). 이는 교실 안의 상황이나 교사가 유아와 상호작용하는 방식에 어떤 긍정적인 변화가 일어났기 때문일 수 있다. 이 경우 자료를 계속하여 수집하되, 행동이 다시 심각해졌음을 자료를 통해 확인할 때까지는 행동중재 계획의 실행을 연기해야 한다.

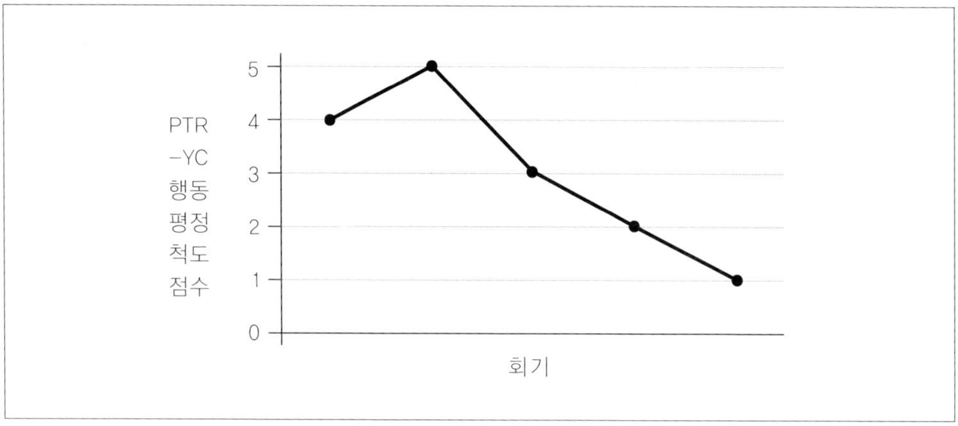

그림 7-4 점점 감소하는 도전행동을 보여 주는 그래프

도전행동이 비일관적으로 나타나는 패턴

또 다른 패턴은 도전행동이 어떤 날에는 매우 높은 수준으로 발생하고 다른 날에는 거의 발생하지 않는 형태로 나타나는 것이다([그림 7-5] 참조). 이런 패턴이 계속되면 다음 두 가지 조치가 필요하다.

실행자를 위한 팁
자료 패턴이 명확하지 않을 때는 중재계획을 대폭 바꾸기 전에 자료를 좀 더 수집하는 것이 좋다.

첫째, 팀은 도전행동이 많이 발생한 날과 그렇지 않은 날의 차이가 어떤 이유로 발생했는지 알아내야 한다. 이 패턴은 유아가 교실에 오기 전에 발생한 특정 스트레스 요인(또는 배경사건)이 하루 내내 유아에게 영향을 미쳐 평소에는 문제가 되지 않던 사건이 도전행동을 유발한 데서 비롯되었을 가능성이 크다. 그러한 스트레스 요인들은 기능평가 시 발견되지 못했을 수 있다. 만약 그런 경우라면 팀은 기능평가를 확장하여 가능한 스트레스 요인을 판별해야 할 것이다. 이러한 스트레스 요인의 예로는 수면 부족이나 이른 아침 시간의 격렬한 말다툼으로 인한 피로를 들 수 있다. 이러한 사건을 판별하고 나면 그 사건을 제거하거나 교실 내에서의 대안을 마련할 수 있다(예: 교실 도착 직후 휴식시간 제공).

둘째, 팀은 행동중재계획을 예정대로 진행하되 도전행동이 높은 수준으로 발생한 날에 특별히 초점을 두어야 한다. 특정 전략이 중지되어야 함을 알려 주는 새로운 정보가 발견되지 않는 한 행동중재계획은 진행되어야 한다. PTR-YC에서 사용하는 증거기반 전략들은 기존 배경사건의 영향을 받는 전략은 아니므로 특정 전략을 중지해야 할 상황은 거의 발생하지 않는다.

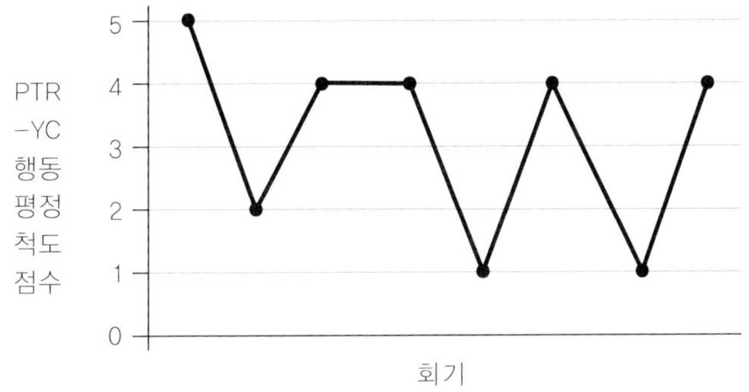

그림 7-5 비일관적 패턴의 도전행동을 보여 주는 그래프

자료기반의 의사결정

행동중재계획의 실행 이전에 수집된 자료를 기초선이라고 부르는데, 이것은 중재가 얼마나 효과적인지를 판단하기 위한 중요한 수단을 제공한다. 기초선 시기와 중재 시기를 구분하여 표시하는 가장 좋은 방법은 기초선이 끝나는 지점에 세로로 선을 긋는 것이며, 중재 기간에도 중재 이전과 똑같은 방식으로 계속 자료를 수집해야 한다.

자료기반의 의사결정은 기초선 시기에 수집된 자료와 중재 시작 후 수집된 자료의 경향성을 비교함으로써 이루어진다. 중재는 당연히 도전행동의 수준을 낮추고 바람직한 행동의 수준을 높여야 한다. 그러나 이러한 변화가 이루어지는 속도는 유아에 따라, 행동중재계획에 따라 다양하다. 유아가 바람직한 기술을 새로 배우는 데 상당한 시간이 걸릴 때도 있는데 이는 유아의 특성뿐 아니라 교수적 상호작용의 질이나 하루 중 교수를 제공하는 빈도와도 관련이 있다. 교수적 상호작용의 질이 높고 교수를 자주 제공할수록 행동 변화가 더 빨리 일어난다.

PTR-YC 행동중재계획에는 여러 요소가 포함되기 때문에 실행 후 첫 몇 회기 또는 첫 며칠이 지나면 도전행동의 개선이 어느 정도 명백히 나타나야 한다. 강화 전략은 많은 경우 교수 전략보다 빨리 행동을 개선하며, 예방 전략은 거의 즉각적인 변화를 가져온다. 그러므로 PTR-YC를 실행한 대부분의 사례에서 팀은 상당히 빠른 긍정적 변화를 기대해도 좋다. 여기서 한 가지 강조할 사항은 예방 전략이나 강화 전략이 행동 변화가 빨리 나타나게 하는 데 도움이 된다고 해서 교수 전략이 덜 중요하다는 의미는 아니라는 점이다. 오히려 교수 전략은 장기적이고 궁극적인 개선을 가능하게 하는 가장 중요한 영역이다. 사실 PTR-YC 모델에서는 모든 영역이 중요하다.

어떤 팀은 중재를 실행하는 동안 자료를 검토하면서 고무적인 경향을 보게 될 수도 있고, 어떤 팀은 적절한 진보가 나타나지 않는 경향을 보게 될 수도 있다. 다음은 각 상황에 따라 취해야 할 조치에 대한 자세한 설명이다.

적절한 진보가 나타나고 있을 때의 다음 단계

자료가 긍정적인 진보를 보여 줄 경우, 즉각적이고 단기적인 대응책은 현 상황을 유지하는 것이다. 도전행동중재와 관련하여 저지르는 가장 흔한 실수 중 하나는 중재 실행자들이 행동 변화를 이끌어 낸 지원을 너무 빨리 줄여 나간다는 것이다. 일반적인 원칙은 PTR-YC 중재를 도전행동이 지속된 기간만큼 실행하는 것이다. 즉, 도전행동이 6개월 동안 계속되어 왔다면 PTR-YC 중재도 6개월 동안 유지하는 것이 좋다. 이때 팀은 PTR-YC 중재계획에 포함된 요소들을 체계적으로 줄여 나가는 것이 유아의 미래에 유익할지의 여부를 고려해야 한다. 조만간 유아가 성인 대 유아 비율이 크게 달라지는 유치원 환경으로 옮기게 되어 새로운 환경에서 PTR-YC 계획의 일부 요소를 실행하기가 불가능해지는 사례를 생각해 보자. 이 경우에 지원이 갑자기 사라지는 것보다는 점진적으로 줄어드는 편이 더 좋을 것이다.

또한 팀은 유아가 자기 관리(self-management) 방식으로 중재 요소를 스스로 실행하도록 중재계획의 일부를 바꾸고 싶을 수도 있다. 중재 초기에 유아가 학급 활동에 적극적으로 참여하면 성인이 긍정적인 말을 해 주는 강화 전략을 적용했다고 가정해 보자. 머지않아 팀은 유아가 자기 평가와 자기 강화를 하도록 지도하는 것이 중요한 다음 단계라고 생각할 것이다. PTR-YC 모델에서는 팀이 궁극적으로 유아의 독립적 수행을 장려할 전략에 대해 심도 있게 고민하기를 강력히 권한다.

PTR-YC 지원의 유형과 강도를 줄여 나가려는 팀은 유아의 도전행동과 바람직한 행동을 꼼꼼히 살펴보아야 한다. 중재계획 전체를 장기간 실행할 것이 아닌 한, 아무리 미미한 정도여도 행동이 감소하였다면 절차의 진행 속도를 조금씩 줄여 나가는 것이 좋다.

과거에는 많은 팀이 도전행동이 해결되고 나면 PTR-YC 절차를 확장하였다. 즉, 면밀한 행동중재계획의 수립 절차를 지침으로 삼아 도전행동과 직접 관련이 없는 새로운 기술의 교수 계획을 유사한 방식으로 수립하였다. 이 책에서 말하는 교수 전략은 바람직한 행동(교체행동)을 지도하는 것에 국한되지 않으며, 좀 더 광범위한 행동의 지도를 포함한다.

PTR-YC 지원의 유형과 강도를 줄여 나가려는 팀은 유아의 도전행동과 바람직한 행동을 꼼꼼히 살펴보아야 한다. 중재계획 전체를 장기간 실행할 것이 아닌 한, 아무리 미미한 정도여도 행동이 감소하였다면 절차의 진행 속도를 조금씩 줄여 나가는 것이 좋다.

진보가 만족스럽지 못할 때의 다음 단계

PTR-YC에 관한 연구들은 이 모델이 안내하는 절차를 잘 따르면 대부분의 경우 만족스러운 행동 변화가 나타남을 보여 준다. 그러나 행동 과학에 명백하게 존재하는 불확실성 수준을 고려할 때 항상 PTR-YC의 성공이 보장되는 것은 아니다. 행동 변화가 만족스럽지 않을 때 해 볼 수 있는 일은 효과가 입증된 다양한 해결책을 시도하는 것이다.

다음에서는 초기에 적용한 전략이 성공적이지 않을 때 유아의 행동 변화를 촉진하기 위해 팀이 따라야 할 절차를 순서대로 살펴볼 것이다. 이 절차는 제시된 순서 그대로 실행되어야 한다. 그렇지 않으면 시간과 자원을 불필요하게 낭비할 위험이 있다.

1단계: 행동중재계획에 포함된 전략이 충실하게 실행되었는지 파악한다

제6장에서는 충실도 자료, 즉 중재계획이 의도대로 잘 실행되었는지에 대한 자료의 수집 방법을 설명하였다. 대부분의 경우 충실도 평가를 위한 이러한 자료 수집 체계는 행동중재계획의 실천이 제대로 자리를 잡았는지 파악하기 위해 매우 상세하게 설계되고 강력하게 추진된다. 그러나 어떤 경우에는 시간이 흐르면서 미세한 절차상의 변화가 발생하기도 하고, 어떤 팀원은 충실하게 실행을 하고 다른 팀원은 그렇지 않은 상황이 발생하기도 한다.

절차상으로, 팀이 충실도와 관련하여 명확한 결정을 내리기 위해 권장되는 방법은 다음과 같다.

- 중재계획의 실행을 담당하는 모든 팀원이 모여 특정 유아를 위한 PTR-YC 모델의 구체적 실행 상황을 검토한다. 팀 회의를 통해 실행자들에게 중재의 각 요소를 어떻게 이해하고 있으며 중재를 언제 어디서 실행하고 있는지를 설명하게 하고, 중재의 각 요소를 실행하는 모습을 동료 팀원과의 역할극 형태로 시연해 보게 한다. 팀은 이 시점에서 바로 결론을 내릴 수도 있고, 모든 중재 요소를 높은 충실도로 실행할 일련의 기술을 갖추기 위해 팀원들에게 추가의 코칭이 필요하다고 결정할 수도 있다.
- 모든 실행자가 PTR-YC를 실행할 충분한 역량을 갖추었다고 팀이 확신한 후에는 또 한 번의 회의가 필요하다. 이 회의에서는 현재의 충실도 자료 수집 절차를 검토하고, 매일 3~5회의 중재 회기 동안 자료를 수집하는 데 필요한 자원을 마련한다. 이러한 자료 수집의 목표는 중재를 제공하기로 한 모든 시간 동안 각 실행자의 행동이 어떠한지 진단하는 것이다. 기존의 충실도 자료 수집 체계로 충실도를 측정하는 동시에 팀원 한 명을 지정하여 대상 유아의 행동 중 PTR-YC 계획에 포함되지 않은 행동에 대해 실행자들이 보이는 행동을 내러티브 형식으로 서술해 보게 하는 것이 좋다. 많은 팀이 이 모든 과정에 비디오 녹화가 매우 유용함을 알게 될 것이다. 팀이 PTR-YC가 계획대로 실행되고 있다고 판단했다면 다음의 2단계로 진행하면 된다. 아무리 작은 정도여도 충실도와 관련하여 염려되는 부분이 있다면, 다음 단계로 이행하기 전에 이 문제부터 해결해야 한다.

2단계: 정해진 강화제가 제대로 주어지고 있는지 파악한다

아이들의 마음은 자주 바뀐다. 특히 유아들은 어떤 행동을 하면 특정 사람, 물건, 장난감, 또는 사건에 접근할 수 있다는 명확한 후속결과가 정해져 있어도 자신의 행동 변화에 동기를 부여하는 요인에 대한 마음이 자주 바뀐다. 많은 경우에 강화제의 결정은 상당히 단순명료한 일이다. 그러나 초기 계획이 제대로 된 성과를 내지 못한다면 강화제의 효과를 최대화하기 위해 '짝지어 비교하기 전략(paired-comparison strategy)'을 활용해 보기 바란다. 절차상으로, 팀은 다음과 같은 순서에 따라 주의 깊게 강화제를 재검토해야 한다.

- 모든 돌봄 제공자를 면담하여 대상 유아가 매우 좋아하는 것을 조사한다.
- 돌봄 제공자들이 알려 준 물건이나 기타 항목들을 유아가 정말 원하는지 알아보기 위해 비공식적 관찰(2일간)을 통해 면담 내용을 확인한다.
- 팀 회의를 통해 8~10개(10개 이내여야 함)의 강화제 후보 목록을 만든다(면담과 관찰 결과에 따라 처음 선택한 강화제가 포함될 수도 있고 아닐 수도 있음).
- 회의 후 이틀에 걸쳐 강화제 후보 목록에 있는 항목을 둘씩 짝지어 유아에게 교대로 제시한다. 두 강화제 중 유아가 선호한 것을 목록에 표시한다. 가능한 모든 조합을 유아에게 제시하여 비교한 후, 가장 자주 선택한 항목부터 가장 덜 선택한 항목에 이르기까지 강화제 후보들의 순위표를 작성한다. PTR-YC를 위해서는 이 순위표에서 가장 상위에 있는 한두 가지를 선택하면 된다. 만약 이 한두 가지 강화제가 초기 PTR-YC 계획에 포함되지 않은 것이었다면, 팀은 3단계로 이행하기 전에 이 새 강화제를 하루 5~10회 정도 시험해 보아야 한다.
- 강화제라는 동전의 이면에도 주의를 기울여야 한다. 새로운 행동을 위한 강력한 강화제를 준비하는 것도 중요하지만, 도전행동을 계속하는 유아에게 본의 아니게 강화가 주어지는 일도 없어야 한다. 가장 흔히 볼 수 있는 예는 강화의 강도나 뚜렷함이 계획대로 감소하였으나 유아가 여전히 도전행동에 대한 피드백을 어느 정도 받는 상황이다. 도전행동이 발생했을 때 교사가 더 이상 유아와 대화를 하지는 않지만(도전행동의 기능이 관심으로 추정되어 관심을 제거함), 그 유아를 쳐다보기는 하는 것이 그 예가 될 수 있다. 팀은 사소하지만 여전히 중요한 후속결과가 도전

행동 직후에 주어지고 있는 것은 아닌지를 확인하기 위해 하루나 이틀을 할애하여 관찰을 실시할 수도 있다.

3단계: 도전행동의 기능을 다시 한번 점검한다

기능은 시간이 지남에 따라 달라질 수 있으며, 같은 행동도 교실 환경의 변화에 따라 기능이 달라질 수 있다.

드물기는 하지만 팀이 처음 파악했던 행동의 기능이 잘못되었음을 발견할 때가 있다. 행동중재계획이 충실하게 실행되고 있고 강력한 강화제가 잘 적용되고 있음을 팀이 확인하였는데도 진보가 만족스럽지 못하다면, 이제 도전행동의 기능에 대해 처음 세웠던 가설을 재검토할 차례다. 팀은 회의를 소집하여 초기 가설의 오류 가능성을 염두에 두고 제5장에 제시된 PTR-YC 기능평가 체크리스트와 기능평가 요약표를 활용하여 가설을 재검토해야 한다. 새로운 기능이 발견될 수도 있고 발견되지 않을 수도 있다. 새로운 기능이 판명되었다면, 팀은 앞서 소개한 절차에 따라 새로운 행동중재계획을 개발해야 한다.

제1장에서 살펴보았듯이, 유아의 도전행동에 영향을 미치는 요인들이 유아프로그램 기반의 팀이 적절하게 진단하기에는 너무 까다롭거나 교실기반의 중재로 해결하기가 어려울 때도 있다. 드물기는 하지만 이러한 상황은 확실히 존재한다. 상황이 이러하다면 외부 전문가를 요청하는 것이 적절할 뿐 아니라 필수적이다. 경험 많은 자문가가 기능평가와 행동중재계획 설계를 돕는 것만으로 충분할 때도 있고, 광범위한 다학문적 접근이 필요할 때도 있다. 어느 편이든 팀은 성공적인 문제해결 절차를 찾아내고 실행하는 데 필요한 모든 대책을 착실하게 추진해야 한다.

전반적 요약과 팀 실행 지침

PTR-YC는 심각한 도전행동을 보이는 유아가 사회 적응 기술을 배우고 도전행동을 줄이게 하려고 고안된 긍정적인 평가와 중재 모델이다. 이 모델의 목표는 유아들이 전반적 발달을 성취하고 우정을 향유하며 유치원과 초등학교 그리고 그 이후의 모든 여정에서 성공할 수 있도록 건전한 사회정서발달을 촉진하는 것이다.

저자들은 PTR-YC가 당신과 당신이 속한 팀을 위한 효과적인 접근이라고 확신한다. 그러나 PTR-YC의 효과는 팀이 얼마나 성실하게 절차의 각 단계를 차근차근 실행하는지에 달려 있다. 이 과정을 돕기 위해 PTR-YC 팀 실행 지침(〈표 7-1〉 참조)을 활용하기 바란다. 이 지침은 팀이 많은 정보를 하나의 문서로 구조화하고 이 책에 제시된 절차와 요건을 요약하는 과정을 돕기 위해 제작되었다. 이 지침은 제3장부터 제6장에 걸쳐 각 장 마지막에 제시된 자기 평가 체크리스트를 따르고 있으므로, 팀이 두 가지를 다 할 필요는 없다. 이 서식은 원하는 팀만 사용하면 된다.

저자들은 PTR-YC가 당신과 당신이 속한 팀을 위한 효과적인 접근이라고 확신한다. 그러나 PTR-YC의 효과는 팀이 얼마나 성실하게 절차의 각 단계를 차근차근 실행하는지에 달려 있다.

표 7-1 PTR-YC 팀 실행 지침

PTR-YC 팀 실행 지침

1단계: 팀 구성과 목표 설정

유아명: ____________ 나이: ____________ 작성일: ____________

장소/환경(예: 헤드 스타트, 유아특수교육 교실, 지역사회 유아원): ____________

____

팀원(모든 팀 구성원을 기록하되 최소한 한 명의 가족 구성원을 포함할 것)

____

도전행동의 초기 조작적 정의: ____________

____

바람직한 행동의 초기 조작적 정의: ____________

____

2단계: 자료 수집

- 어떤 방법으로 자료를 측정할 것인가?(다음 중 하나에 동그라미) (행동 평정 척도 / 빈도 측정)
  - (행동 평정 척도를 사용할 경우) 점수 체계가 주의 깊게 정의되고 평정 서식에 기재되었는가? (예 / 아니요)

〈계속〉

- (빈도 측정을 사용할 경우) 측정 절차를 구체화하여 서면으로 작성하였는가? (예 / 아니요)

- 언제 자료를 수집할 것인가?(관찰시간) ____________________
- 누가 자료를 수집할 것인가?(자료 수집 담당자를 결정했는가) ____________________
- 일지와 그래프 등 영구적 자료를 보관할 장소: ____________________
- 일지와 그래프 관리 담당자: ____________________

3단계: PTR-YC 평가

- 교실 실제가 잘 실행되고 있는지 평가하였는가? (예 / 아니요)
- 교실 실제의 실행을 개선하기 위해 어떤 조치를 하였는가?

____

____

- 누가 세 영역의 PTR-YC 기능평가 체크리스트를 작성하였는가?

____

- 팀은 작성된 체크리스트를 검토하면서 PTR-YC 기능평가 요약표를 작성하였는가? (예 / 아니요)
- 가설문장: ____________________

____

____

4단계: PTR-YC 중재

- 팀원들은 중재 전략(이 책 마지막에 나오는 부록에 수록된 전략)에 대한 설명을 숙지하였는가? (예 / 아니요)
- 팀원들은 실행할 중재 전략을 결정하였는가? 또한 팀원들은 PTR-YC 행동중재계획 요약표를 작성하였는가? (예 / 아니요)
- 팀은 행동중재계획 요약표에 이어질 나머지 내용(과제분석 포함)을 작성하였는가? (예 / 아니요)
- 팀은 행동중재계획의 실행을 담당하고 있는 교실 내 성인들에게 어떤 훈련과 계속적 지원을 제공할지 결정했는가? (예 / 아니요)

5단계: 자료의 활용과 다음 단계

- 중재 전략의 실행이 시작된 후 얼마나 자주 자료를 검토하는가? ____________________

____

- 누가 자료를 검토하는가? ____________________

〈계속〉

• 자료를 바탕으로 어떤 결정을 하였는가? ________________________________

____

____

사례

하사니를 위한 다섯 번째 회의: 자료의 활용과 다음 단계

하사니의 부모는 적극적인 팀원으로 참여해 왔고, 수정된 전략을 가정에서도 적용해 왔다. 이들은 또한 PTR-YC 행동 평정 척도를 이용하여 가정에서 보이는 하사니의 목표행동을 기록하기도 하였다. 하사니의 가족은 모든 정보와 행동중재계획을 외부 서비스 전문가들과도 공유하였다. 초기 실행이 시작되었고 팀은 2주 후에 만나 진보를 점검하기로 하였다.

진보 점검 회의에 참석한 팀원들은 모든 자료 기록지와 기타 노트들을 가져와서 검토하였다. 팀의 실행은 안정적이었고, 학교와 가정에서 진보가 나타났다. 외부 서비스 전문가들도 하사니의 뚜렷한 향상을 목격함에 따라 PTR-YC 절차와 전략을 배우고 싶어 하게 되었다. 하사니의 가족이 외부 전문가들에게도 절차를 알려 주어, 이들과 팀원들 간에도 일관성이 확보되기 시작했다. 팀은 계속하여 2주에 한 번씩 모이기로 하고, 참석을 원하는 외부 전문가들은 얼마든지 참석해도 좋다고 하였다. 하사니에게 가르쳐야 할 기술이 매우 많았기 때문에 팀은 다음 목표 기술의 개발 절차를 시작하였다. 팀은 이러한 세부 목표마다 동일한 절차를 적용하였는데, 시간이 지날수록 계획 수립에 소요되는 시간이 확연하게 단축된다는 것을 발견하였다. 〈표 7-2〉와 〈표 7-3〉은 9월과 10월에 나타난 하사니의 진보를 보여 준다.

표 7-2 하사니의 PTR-YC 행동 평정 척도(9월)

PTR-YC 행동 평정 척도

유아명: 하사니 평정자: 팀 관찰시간: 하루 종일 월: 9월

날짜/시간

	9/12	9/13	9/14	9/15	9/16	9/19	9/20	9/21	9/22	9/23	9/26	9/27	9/28	9/29	9/30					
	5	5	5	5	5	5	5	5	5	5	5	5	5	5	5	5	5	5	5	5
바람직한 행동	4	4	4	4	4	4	4	4	4	4	4	4	4	4	4	4	4	4	4	4
	3	3	3	3	3	3	3	3	3	3	3	3	3	③	3	3	3	3	3	3
참여하기	2	2	2	2	2	2	2	2	2	2	②	②	②	2	②	2	2	2	2	2
	①	①	①	①	①	①	①	①	①	①	1	1	1	1	1	1	1	1	1	1
	⑤	⑤	⑤	⑤	⑤	⑤	⑤	⑤	⑤	⑤	⑤	⑤	5	5	5	5	5	5	5	5
도전행동	4	4	4	4	4	4	4	4	4	4	4	4	④	④	④	4	4	4	4	4
	3	3	3	3	3	3	3	3	3	3	3	3	3	3	3	3	3	3	3	3
반응하지 않기	2	2	2	2	2	2	2	2	2	2	2	2	2	2	2	2	2	2	2	2
	1	1	1	1	1	1	1	1	1	1	1	1	1	1	1	1	1	1	1	1

← 기초선 → (9/12–9/23)　← 중재 → (9/26–)

바람직한 행동: 참여하기

5 = 스스로 쳐다봄

4 = 언어적으로 촉진하면 쳐다봄

3 = 신체적으로 촉진하면 쳐다봄

2 = 쳐다보지도 답하지도 않음

1 = 자리를 이탈함

도전행동: 반응하지 않기

5 = 항상 거부함

4 = 주어진 기회의 75% 이상 거부함

3 = 주어진 기회의 50% 정도를 거부함

2 = 주어진 기회의 25% 정도를 거부함

1 = 성인과 또래에게 반응함

표 7-3 하사니의 PTR-YC 행동 평정 척도(10월)

PTR-YC 행동 평정 척도

유아명: 하사니 평정자: 팀 관찰시간: 하루 종일 월: 10월

날짜/시간

	10/3	10/4	10/5	10/6	10/7	10/10	10/11	10/12	10/13	10/14	10/17	10/18	10/19	10/20	10/21	10/24	10/25	10/26	10/27	10/28
	5	5	5	5	5	5	5	5	5	5	5	5	5	5	5	5	5	5	5	5
바람직한 행동	4	4	4	4	4	4	4	4	4	4	4	4	4	4	4	4	4	4	④	4
	3	③	3	③	③	3	3	③	③	③	3	③	3	③	③	③	③	③	3	③
참여하기	②	2	②	2	2	②	②	2	2	2	②	2	②	2	2	2	2	2	2	2
	1	1	1	1	1	1	1	1	1	1	1	1	1	1	1	1	1	1	1	1
	5	5	5	5	5	5	5	5	5	5	5	5	5	5	5	5	5	5	5	5
도전행동	④	④	4	4	4	4	4	4	4	4	4	4	4	4	4	4	4	4	4	4
	3	3	③	③	③	③	③	③	3	③	③	③	3	③	③	3	3	③	3	③
반응하지 않기	2	2	2	2	2	2	2	2	②	2	2	2	②	2	2	②	②	2	②	2
	1	1	1	1	1	1	1	1	1	1	1	1	1	1	1	1	1	1	1	1

바람직한 행동: 참여하기

5 = 스스로 쳐다봄

4 = 언어적으로 촉진하면 쳐다봄

3 = 신체적으로 촉진하면 쳐다봄

2 = 쳐다보지도 답하지도 않음

1 = 자리를 이탈함

도전행동: 반응하지 않기

5 = 항상 거부함

4 = 주어진 기회의 75% 이상 거부함

3 = 주어진 기회의 50% 정도를 거부함

2 = 주어진 기회의 25% 정도를 거부함

1 = 성인과 또래에게 반응함

조엘을 위한 다섯 번째 회의: 자료의 활용과 다음 단계

조엘의 팀은 2주에 한 번씩 모여 진보를 점검하고 당면한 문제를 해결하기로 하였다. 교육 전문가인 섈리는 참여를 권하는 쪽지와 함께 모든 정보를 담은 자료를 조엘의 아버지인 게리에게 보냈다. 자료를 보내고 3일이 지난 후 게리는 섈리에게 전화를 했다. 그는 중재계획과 계획의 각 요소에 대한 설명이 매우 만족스럽다고 하면서 중재계획의 내용과 가정에서 할 수 있는 노력에 대해 더 알고 싶다고 하였다. 섈리와 조엘의 담임교사는 그다음 주에 게리를 만날 수 있었고 게리와 함께 중재계획을 논의하고 등원 시간의 전략을 공유하였다. 세 사람은 조엘의 취침 전 일과를 검토하였고 섈리는 게리가 가정에서 사용할 시각적 일정표를 만들어 주겠다고 하였다. 조엘이 성인의 관심에 반응하는 방식에 대한 얼마간의 논의 후 게리는 조엘이 잘못을 했을 때 소리를 지르는 대신 조엘이 적절한 행동을 했을 때 그것을 포착하여 칭찬하는 데 더 많은 시간을 쏟겠다고 말했다. 게리는 하루가 끝나 갈 무렵에는 그렇게 하기가 정말 힘들지만, 그래도 시도해 보겠다고 하였다. 섈리는 취침 시간이나 하루가 끝나 갈 무렵보다는 게리의 분주함과 피로감이 덜한 아침 시간에 주로 그러한 칭찬을 해 보라고 권했다. 팀은 긍정적 피드백을 제공할 기회와 그때 게리가 할 수 있는 말의 구체적 예시 여러 가지를 목록으로 만들어 게리가 냉장고에 붙여 놓고 활용할 수 있게 하였다.

팀은 교실차원의 실제를 실행한 지 2주가 지난 후 다시 모여서 전략이 잘 적용되고 있는지 논의하였다. 게리는 전화로 이 회의에 잠시 참여할 수 있었다. 각 팀원은 자신이 아이들에게 말하는 방식을 어떻게 바꾸었는지, 5:1 비율의 긍정적 관심을 어떻게 유지하였는지 돌아가며 이야기하였다. 팀원들은 이 전략의 영향력에 열광하였다. 등원 시간에 대한 시각적 일정표와 일과 내의 일과를 일관성 있게 적용하자 학급 모든 유아의 적절한 행동이 증가하였다. 모든 교직원은 지난번 회의(중재 회의) 직후부터 조엘의 때리기 행동에 대한 반응방식을 바꾸었고, 전반적으로 조엘을 좀 더 긍정적으로 대하고 있다고 하였다.

한 명씩 돌아가며 자신의 경험을 나눈 후, 섈리는 PTR-YC 행동 평정 척도와 PTR-YC 전략 실행의 충실도 서식을 꺼냈다(〈표 7-4〉~〈표 7-6〉). 다른 사람을 때리는 도전행동은 이미 2점(하루 1~3회)으로 감소했고 때리는 행동이 전혀 발생하지 않는 날도 이틀이나 되었다. 팀의 중재 목표가 계속 1점(때리는 행동이 발생하지 않음)을 받는 것이

표 7-4 조엘의 PTR-YC 행동 평정 척도(10월)

PTR-YC 행동 평정 척도

유아명: 조엘 평정자: 팀 관찰시간: 등원 시간 월: 10월

날짜/시간

	9/30	10/3	10/4	10/5	10/6	10/7	10/10	10/11	10/12	10/13	10/14	10/17	10/18	10/19	10/20	10/21	10/24	10/25	10/26	10/27
바람직한 행동	5	5	5	5	5	5	5	5	5	5	5	5	5	5	5	5	5	5	5	5
	4	4	4	4	4	4	4	4	4	4	4	4	4	4	4	4	4	4	4	4
	3	3	3	3	3	3	3	3	3	3	3	3	3	3	3	3	3	③	③	3
활동에	2	2	2	2	2	2	2	②	2	2	②	2	②	②	②	②	②	2	2	②
참여하기	①	①	①	①	①	①	①	1	①	①	1	①	1	1	1	1	1	1	1	1
도전행동	5	5	5	⑤	5	5	5	5	5	5	5	5	5	5	5	5	5	5	5	5
	4	④	④	4	④	④	4	4	4	④	4	4	4	4	4	4	4	4	4	4
다른	③	3	3	3	3	3	③	③	③	3	③	③	③	3	③	3	3	3	③	3
사람 때리기	2	2	2	2	2	2	2	2	2	2	2	2	2	②	2	②	②	②	2	②
	1	1	1	1	1	1	1	1	1	1	1	1	1	1	1	1	1	1	1	1
							등원 시간 만 측정						5:1 시작				교실 전략 시작			

바람직한 행동: 활동에 참여하기

5 = 2분 동안 스스로 참여함

4 = 시각적 자료로 촉진하면 2분 동안 참여함

3 = 부분적인 도움을 받아 2분 동안 참여함

2 = 전적인 도움을 받아 2분 동안 참여함

1 = 성인이나 또래를 때리거나 활동을 떠남

도전행동: 다른 사람 때리기

5 = 10회 이상 발생

4 = 7~9회 발생

3 = 4~6회 발생

2 = 1~3회 발생

1 = 비발생

표 7-5 조엘의 PTR-YC 행동 평정 척도(11월)

PTR-YC 행동 평정 척도

유아명: 조엘 평정자: 팀 관찰시간: 등원 시간 월: 11월

날짜/시간

	10/28	10/31	11/1	11/2	11/3	11/4	11/7	11/8	11/9	11/10	11/11	11/14	11/15	11/16	11/17	11/18	11/21	11/22	11/23	
바람직한 행동	5	5	5	5	5	5	5	5	5	5	5	5	5	5	5	5	5	5	5	5
	4	4	④	4	④	④	4	4	4	4	4	4	4	4	4	4	4	4	4	4
	③	③	3	③	3	3	3	3	3	3	3	3	3	3	3	3	3	3	3	3
활동에 참여하기	2	2	2	2	2	2	2	2	2	2	2	2	2	2	2	2	2	2	2	2
	1	1	1	1	1	1	1	1	1	1	1	1	1	1	1	1	1	1	1	1
도전행동	5	5	5	5	5	5	5	5	5	5	5	5	5	5	5	5	5	5	5	5
	4	4	4	4	4	4	4	4	4	4	4	4	4	4	4	4	4	4	4	4
다른 사람 때리기	3	3	3	3	3	3	3	3	3	3	3	3	3	3	3	3	3	3	3	3
	②	2	②	②	②	2	2	2	2	2	2	2	2	2	2	2	2	2	2	2
	1	①	1	1	1	①	1	1	1	1	1	1	1	1	1	1	1	1	1	1
		핼러윈: 개별 전략 시작									공휴일									

바람직한 행동: 활동에 참여하기

5 = 2분 동안 스스로 참여함

4 = 시각적 자료로 촉진하면 2분 동안 참여함

3 = 부분적인 도움을 받아 2분 동안 참여함

2 = 전적인 도움을 받아 2분 동안 참여함

1 = 성인이나 또래를 때리거나 활동을 떠남

도전행동: 다른 사람 때리기

5 = 10회 이상 발생

4 = 7~9회 발생

3 = 4~6회 발생

2 = 1~3회 발생

1 = 비발생

표 7-6 조엘의 PTR-YC 전략 실행의 충실도

PTR-YC 전략 실행의 충실도

유아명: 조엘 중재자: 교사 관찰자: K.W.

날짜: 11/4 관찰시간: 등원 시간

	모든 절차가 계획대로 실행되었는가?		유아가 예측한 대로 반응하였는가?		전략이 계획한 만큼 자주 실행되었는가?	
예방 전략 절차: 1. 조엘에게 시각적 일정표를 보여 준다. 2. 무엇을 먼저 하고 싶은지 묻는다. 3. 조엘이 한 가지 활동을 선택한다. 4. 그 활동을 마치면 조엘은 '끝'이라고 적힌 봉투에 그 활동에 해당하는 사진을 넣는다. 5. 모든 과제가 끝나면 등원 시간 활동 중 하나를 선택하게 한다.	(예)	아니요	(예)	아니요	(예)	아니요
교수 전략 절차: 1. 조엘에게 선택판에 있는 3가지 옵션을 보여 주고 각각을 설명해 준다. 2. 조엘에게 그중 무엇을 원하는지 묻는다. 필요할 경우 선택을 돕는다. 3. 조엘이 선택한 활동에서의 기대 행동을 조엘과 함께 살펴본다. 4. 2분 이상 그 활동에 참여한다. 5. 그 활동이 끝나면 조엘이 '끝'이라고 적힌 봉투에 해당 사진을 넣는다. 6. 두 번째 활동에 대해서도 같은 절차를 반복한다.	(예)	아니요	(예)	아니요	(예)	아니요
강화 전략 절차: 1. 조엘은 일정표에서 한 가지 활동을 선택한 후 그 영역으로 간디. 2. 타이머를 2분으로 설정한다. 3. 조엘이 잘 참여하면 구체적인 구어 피드백을 제공한다. 4. 참여를 잘 하면 간간이 물고기 과자를 준다. 5. 2분이 지나고 나면 조엘은 그 활동을 계속해도 되고 그 활동을 떠나도 된다.	(예)	아니요	(예)	아니요	(예)	아니요

었기 때문에 강력한 수준의 개별화된 중재를 계속하기로 하였다. 팀은 또한 모든 교직원이 계획된 절차대로 충실하게 전략을 실행하고 있음을 알 수 있었다.

팀은 계속하여 격주로 회의를 했는데, 게리가 전화로 참여할 수 있도록 점심시간에 모임을 가졌다. 게리 역시 가정에서의 긍정적 성과를 목격하기 시작했다. 조엘은 개별화된 중재를 2주 정도 실행한 후부터 교실 활동에 더 많이 참여하게 되었다. 팀은 지속적으로 2주에 한 번씩 모여 조엘의 진보를 점검하였고, PTR-YC 기능평가를 통해 조엘에게 가르치기로 한 여러 기술을 추가로 가르칠 수 있었다. 팀이 조엘에게 더 많은 기술을 가르치자 조엘의 교실 활동 참여 시간이 증가하고 언어 기술도 증진되어 그 학년도 말에 이르렀을 즈음에는 팀이 개별화된 전략을 종료할 수 있었다. 학교 팀은 교실 차원의 실제를 개선하였을 뿐 아니라 철저하게 실천하였고, 이러한 보편적 교육과정은 조엘에게도 유익하였다.

제시를 위한 다섯 번째 회의: 자료의 활용과 다음 단계

제시의 팀은 격주 금요일마다 낮잠 시간에 모든 유아가 잠든 후 짧은 회의를 하기로 했다. 필요할 경우 센터장이 자는 아이들을 대신 지켜봐 주기로 하였고, 그러지 않아도 될 때는 회의에 참여하기로 했다. 팀은 교실 실제의 실행 덕분에 이루어진 전반적 향상에 대해 논의하였고, 일상적인 교실 활동에 참여하는 제시의 능력도 개선되고 있음을 발견하였다. 더 많은 일과와 일정을 구체화한 것이 제시의 전이에 긍정적인 영향을 미치는 것으로 보였지만, 그러한 변화가 제시에게 직접적인 도움이 된다고 말하기는 아직 일렀다. 교사와 보조교사는 교실 실제 덕분에 모든 유아에게 긍정적 효과가 나타나서 기뻤다.

팀이 PTR-YC 행동 평정 척도를 검토해 보니 전략이 효과를 거두고 있는지 그리고 제시가 개인적인 진보를 보이는지가 명확하지 않았다(〈표 7-7〉 〈표 7-8〉 참조). 자료에서는 큰 진보가 나타나지 않았지만, 교사와 보조교사는 자료 기록지로 포착할 수 없는 뚜렷한 향상을 자신들이 목격하고 있기 때문에 제시의 행동이 진일보한 것은 확실하다고 말했다. 담임교사인 엘은 교실 내 성인들이 실행 절차를 바르게 실천하고 있는지 확인하기 위해 센터장에게 단기간의 관찰을 통해 PTR-YC 전략 실행의 충실도를 평가해 달라고 부탁했다. 팀은 현재의 계획을 계속 실행하기로 하고, 2주 이내에 다시 모여

표 7-7 제시의 PTR-YC 행동 평정 척도(1~2월)

PTR-YC 행동 평정 척도

유아명: 제시 평정자: 엘, 로렌 관찰시간: 하루 종일 월: 1~2월

날짜/시간

	1/19	1/20	1/23	1/24	1/25	1/26	1/27	1/30	1/31	2/1	2/2	2/3	2/6	2/7	2/8	2/9	2/10	2/13	2/14	2/15
바람직한 행동	5	5	5	5	5	5	5	5	5	5	5	5	5	5	5	5	5	5	5	5
	4	4	4	4	4	4	4	4	4	4	4	4	4	4	4	4	4	4	4	4
	3	3	3	3	3	3	3	3	3	3	3	3	3	3	3	3	3	3	3	3
사진이나 몸짓으로	2	2	2	2	2	2	2	2	2	2	2	②	2	2	2	②	2	②	2	②
요구하기	①	①	①	①	①	①	①	①	①	①	①	1	①	①	①	1	①	1	①	1
도전행동	⑤	⑤	5	⑤	5	5	5	5	5	5	5	5	5	5	5	5	5	5	5	5
	4	4	④	4	④	④	④	4	4	4	4	4	④	4	4	4	4	4	4	4
자신과 타인에	3	3	3	3	3	3	3	③	3	③	③	③	3	③	③	3	③	3	③	3
대한 신체적	2	2	2	2	2	2	2	2	2	2	2	2	2	2	2	②	2	②	2	②
공격	1	1	1	1	1	1	1	1	1	1	1	1	1	1	1	1	1	1	1	1

← 기초선 (1/19~1/24) → ← 중재 (1/25~2/15) →

바람직한 행동: 사진이나 몸짓으로 요구하기

5 = 사진을 사용하라는 구어 촉진만 제공함
4 = 사진을 사용하라는 동작 촉진만 제공함
3 = 사진을 사용하라는 신체적 안내를 처음에만 잠시 제공함
2 = 사진을 사용하라는 신체적 안내를 부분적으로 제공함
1 = 교사가 유아의 손을 잡고 사진을 사용하도록 안내함

도전행동: 자신과 타인에 대한 신체적 공격

5 = 하루에 8회 이상 발생
4 = 하루에 6~7회 발생
3 = 하루에 4~5회 발생
2 = 하루에 2~3회 발생
1 = 하루에 1회 이하로 발생

표 7-8 제시의 PTR-YC 행동 평정 척도(2~3월)

PTR-YC 행동 평정 척도

유아명: 제시 평정자: 엘, 로렌 관찰시간: 하루 종일 월: 2~3월

날짜/시간

	2/16	2/17	2/20	2/21	2/22	2/23	2/24	2/27	2/28	2/29	3/1	3/2	3/5	3/6	3/7	3/8	3/9	3/12	3/13	3/14
바람직한 행동	5	5	5	5	5	5	5	5	5	5	5	5	5	5	5	5	5	5	5	5
	4	4	4	4	4	4	4	4	4	4	4	4	4	4	4	4	4	4	4	4
사진이나	3	3	3	3	3	3	3	3	3	3	3	3	③	3	③	③	③	3	③	③
몸짓으로	②	②	2	2	2	②	②	2	②	②	②	②	2	②	2	2	2	②	2	2
요구하기	1	1	1	①	①	1	1	①	1	1	1	1	1	1	1	1	1	1	1	1
도전행동	5	5	5	5	5	5	5	5	5	5	5	5	5	5	5	5	5	5	5	5
	4	4	4	4	4	4	4	4	4	4	4	4	4	4	4	4	4	4	4	4
자신과 타인에	3	3	3	3	3	3	3	3	3	3	3	3	3	3	3	3	3	3	3	3
대한 신체적	②	②	2	②	2	②	②	②	2	②	2	②	②	2	2	②	②	2	②	②
공격	1	1	1	1	①	1	1	1	①	1	①	1	1	①	①	1	1	①	1	1

바람직한 행동: 사진이나 몸짓으로 요구하기

5 = 사진을 사용하라는 구어 촉진만 제공함

4 = 사진을 사용하라는 동작 촉진만 제공함

3 = 사진을 사용하라는 신체적 안내를 처음에만 잠시 제공함

2 = 사진을 사용하라는 신체적 안내를 부분적으로 제공함

1 = 교사가 유아의 손을 잡고 사진을 사용하도록 안내함

도전행동: 자신과 타인에 대한 신체적 공격

5 = 하루에 8회 이상 발생

4 = 하루에 6~7회 발생

3 = 하루에 4~5회 발생

2 = 하루에 2~3회 발생

1 = 하루에 1회 이하로 발생

자료를 바탕으로 충실도를 논의하기로 하였다. 팀은 전략의 실행이 너무 어려운지에 대해서도 논의하였다. 전략의 실행에 노력이 많이 드는 것은 사실이지만, 전략이 어려운 것은 아니므로 팀은 현재의 진보를 생각하면 그 정도 수고는 할 가치가 있다는 데 동의하였다. 팀은 또한 자신들의 기술이 향상되고 아이들이 좀 더 독립적이 되면 지금보다는 수고가 줄어들 것임을 알고 있었다. 팀은 교실차원의 실제와 제시를 위한 행동중재계획의 실행을 계속하기로 하고 2주 안에 다시 모이기로 하였다.

이후에 열린 진보 점검 회의에서는 평정 척도와 충실도 자료를 검토하였다. 센터장은 PTR-YC 전략 실행의 충실도 서식을 작성하면서 모든 단계가 철저하게 실행된 것은 아님을 깨달았고, 팀원들에게 중재계획의 특정 단계를 준수하는 것이 매우 중요함을 상기시켰다(〈표 7-9〉 참조). 담임교사 엘과 보조교사 로렌은 의사소통 지도 절차를 잘 기억하기 위해 교실의 여러 장소에 붙여 두기로 하였다. 실행 단계를 충실하게 따르기만 하면 제시가 최소한의 촉진만 있어도 의사소통을 하는 것으로 보였기 때문에 모든 팀원이 계획 실행의 충실도를 유지하는 것이 갖는 중요성을 깨닫게 되었다. 제시의 의사소통 능력이 퇴보할 경우 팀은 다른 전략을 시도하기 전에 자신들이 절차를 제대로 따랐는지를 먼저 확인할 것이다.

팀은 회의를 시작할 때마다 자료를 검토하고 팀의 성공을 축하하는 시간을 가졌다. 제시는 느리지만 꾸준한 발전을 보였고, 교직원들은 제시와 함께 일하는 것과 제시에게 좀 더 효과적인 의사소통 방법을 가르치는 것에 대한 자신감과 유능감을 더 많이 갖게 되었다. 교직원들은 또한 제시를 교실 활동에 더 많이 참여하게 하였는데, 다른 유아를 향한 제시의 신체적 공격성이 줄어들었기 때문에 아이들도 제시와 더 많은 상호작용을 하기 시작했다. 팀이 행동중재계획을 실행하고 약간의 성공을 경험한 지 얼마 되지 않아 제시는 교육구를 통한 학교 서비스를 받기 시작했는데 팀은 학교와도 행동중재계획을 공유하여 중재계획이 제시의 개별화교육프로그램(individualized education program)에 포함되게 하였다. 제시는 오전에는 유아특수교육 학급에 참여하고 오후에는 엘과 로렌의 학급에 계속하여 참여하였다. 두 환경을 오가며 더 많은 개별화된 서비스를 받은 덕분에 제시는 놀라운 진전을 보이기 시작했다.

표 7-9 제시의 PTR-YC 전략 실행의 충실도

PTR-YC 전략 실행의 충실도

유아명: 제시 중재자: 교사 관찰자: 센터장
날짜: 2/6 관찰시간: 소집단

	모든 절차가 계획대로 실행되었는가?		유아가 예측한 대로 반응하였는가?		전략이 계획한 만큼 자주 실행되었는가?	
예방 전략 절차: 1. 시각적 자료와 시각적 일정표를 제시에게 보여 준다. 2. 제시가 시각적 자료를 사용하게 한다(필요할 경우 도움 제공). 3. 과제 하나가 끝나면 '끝'이라고 적힌 상자에 시각적 자료를 넣는다. 4. 지시를 잘 따른 데 대해 말로 칭찬한다.	**(예)**	아니요	**(예)**	아니요	**(예)**	아니요
교수 전략 절차: 1. 제시가 요구하는 것이 무엇인지 파악한다. 2. 고리로 연결된 사진 묶음 중 적절한 사진을 찾는다. 3. 사진을 제시에게 보여 주면서 손가락을 갖다 대도록 신체적으로 촉진한다. 4. 제시가 사진에 손가락을 갖다 대면 즉시 그것을 제공한다. 5. 제시의 의사소통 노력에 대해 구체적인 구어 피드백을 한다.	예	**(아니요)**	예	**(아니요)**	예	**(아니요)**
강화 전략 절차: 1. 도전행동을 보이면 관심을 전혀 주지 않는다. 2. 또래를 공격하면 또래에게만 관심을 준다. 3. 제시에게 관심을 주지 않은 채 제시가 적절한 사진을 찾도록 신체적으로 촉진한다. 4. 사진에 있는 것을 바로 제공한다.	예	**(아니요)**	**(예)**	아니요	**(예)**	아니요

이던을 위한 다섯 번째 회의: 자료의 활용과 다음 단계

이던의 팀은 수집된 자료를 검토하기 위해 매주 금요일에 짧은 회의를 하기로 했다. 실행을 시작한 지 2주밖에 되지 않았는데도 이던의 행동중재계획이 효과를 거두고 있었기 때문에 센터장이자 담임교사인 조안과 보조교사인 캐롤은 이던의 진보를 자축하였다. 이던이 여전히 파괴적 행동을 보이기는 하지만 이전만큼 심하지는 않았고, 자극사건이 발생해도 이내 나아지는 것으로 보였다. 행동중재계획이 잘 실행되고 있는 것으로 보였고 교실 실제 중 하나로 교사가 '예측 가능한 일정 적용하기'를 실행하였기 때문에, 팀원들은 이던이 다른 유아가 특정 장난감을 가지고 놀고 있어서 지금 바로 갖고 놀 수 없는 상황에 좀 더 긍정적으로 반응하게 되었음을 발견하였다. 조안과 캐롤은 모든 유아에게 주는 자신들의 긍정적 관심을 높이기 위해 장난감이나 기타 교실 내 자료를 두고 유아 간 다툼이 발생했을 때 다양한 형태의 적절한 행동을 보인 아이들에게 열심히 강화를 제공하였다. 이던은 이를 알아챈 것으로 보였고 서서히 또래들의 행동을 따라 하기 시작했다. 조안은 이던의 진보를 간결하게 요약하여 이던의 할머니인 베로니카에게 이메일로 알렸다.

조안과 캐롤이 행동중재계획을 실행한 지 4주가 지난 후 이던의 자료를 검토한 결과, 중재계획이 아주 훌륭한 성과를 거둔 것이 명백하였다. 조안과 캐롤은 이던의 진보가 정말 기뻤다. 이던이 여전히 약간의 파괴적 행동을 보이지만, 조안과 캐롤은 그 정도는 통제할 수 있다고 느꼈다. 조안과 캐롤은 또한 교실 실제의 실행을 통해 이던과 다른 아이들이 모두 변화되었음을 발견하고 나머지 교실 실제도 실행하기로 결심했다. 조안과 캐롤은 이던의 행동이 자료 수집을 종료해도 될 만큼 좋아졌다는 점에 동의하였지만, 중재 전략들이 너무나 효과적이었기 때문에 자료 수집 종료 후에도 자신들이 전략을 계속 실행하리라는 것을 알았다. 두 사람은 향후 실행할 나머지 교실 실제의 실행 계획을 함께 수립하고 자료도 개발하기로 하였다. 이던의 진보가 명확했기 때문에 베로니카도 이던의 행동이 다시 나빠지지만 않는다면 자료 수집을 중단해도 좋다고 하였다. 무엇이 진행되고 있고 이던이 얼마나 잘 하고 있는지를 조안이 항상 베로니카에게 알렸기 때문에 베로니카 역시 가정에서 일부 전략을 실행하고 있었는데, 특히 이던의 적절한 행동에 대해 즉각 구체적인 피드백을 주는 것과 이던을 향해 긍정적 관심을 더 많이 주는 것을 실행하고 있었다. 가정에서 베로니카가 제공하는 피드백은 이던이 센터에서 받는 것보다는 덜 구체적이었지만 여전히 효과가 있었다. 베로니카의 피드백은 표정과 몸짓이 많이 포함된 형태였는데, 이던은 이러한 할머니의 피드백에도 교실에서와 다름 없이 잘 반응하였다. 〈표 7-10〉은 이던의 PTR-YC 행동 평정 척도다.

표 7-10 이던의 PTR-YC 행동 평정 척도(3~4월)

PTR-YC 행동 평정 척도

유아명: 이던 평정자: 조안, 캐롤 관찰시간: 자유 선택 놀이 시간 월: 3~4월

날짜/시간

	3/22	3/23	3/26	3/27	3/28	3/29	3/30	4/2	4/3	4/4	4/5	4/6	4/9	4/10	4/11	4/12	4/13	4/16	4/17	4/18
바람직한 행동	5	5	5	5	5	5	5	5	5	5	5	5	5	⑤	⑤	5	⑤	⑤	⑤	5
	4	4	4	4	④	4	④	④	④	4	④	④	④	4	4	④	4	4	4	④
또래에게	3	3	3	③	3	③	3	3	3	③	3	3	3	3	3	3	3	3	3	3
긍정적으로	2	②	②	2	2	2	2	2	2	2	2	2	2	2	2	2	2	2	2	2
반응하기	①	1	1	1	1	1	1	1	1	1	1	1	1	1	1	1	1	1	1	1
도전행동	5	5	5	5	5	5	5	5	5	5	5	5	5	5	5	5	5	5	5	5
	4	4	4	4	4	4	4	4	4	4	4	4	4	4	4	4	4	4	4	4
파괴적	3	3	3	3	3	3	3	3	3	3	3	3	3	3	3	3	3	3	3	3
행동	2	2	2	2	2	2	2	2	2	2	2	2	②	2	2	②	2	2	2	2
	1	1	1	1	1	1	1	1	1	1	1	①	1	①	①	1	①	①	①	①

3/29: 개별 중재 시작

4/6: 빈도 그래프 활용 중단

바람직한 행동: 또래에게 긍정적으로 반응하기

5 = 타인의 도움 없이 손을 내밀며 친절하게 부탁함

4 = 교사의 촉진을 받아 손을 내밀며 친절하게 부탁함

3 = 교사의 도움을 받음

2 = 또래를 향해 소리를 지름

1 = 소리 지르고, 물건을 뺏고, 기물을 파괴함

도전행동: 파괴적 행동

5 = 4회

4 = 3회

3 = 2회

2 = 1회

1 = 비발생

부록

- 부록 A. 예방 중재
- 부록 B. 교수 중재
- 부록 C. 강화 중재

부록 A 예방 중재

다음은 PTR-YC의 예방 전략이자 유아프로그램에서 일반적으로 사용할 수 있는 증거기반의 중재다. 이 중재는 양질의 교실 실제에도 불구하고 만족스럽게 해결되지 않는 도전행동을 보이는 개별 유아를 위한 것이다. 행동중재계획을 수립할 때는 한 가지 이상의 예방 중재를 포함해야 한다. 대부분의 행동중재계획은 두 가지 이상의 예방 중재를 포함하고 있다. 예방 중재는 도전행동이 발생할 가능성을 낮추는 선행사건 조정을 포함하는 전략이며, 대개 짧은 시간 안에 효과가 나타난다.

1. 선택 기회 제공하기

1) 개요

(1) 정의

선택 기회 제공은 유아에게 두 가지 이상의 선택시 중 하나를 선택하게 하는 것을 의미한다.

(2) 전략에 대한 설명

이 전략은 활동, 활동 순서, 물건, 간식, 놀이 상대, 또는 둘 이상의 옵션이 있는 기타 많은 것에 대해 유아가 선택할 수 있도록 기회를 제공하는 것이다. 당신은 이미 유아들에게 선택권을 주고 있을 수도 있지만, 특정 유아를 위한 이 전략은 도전행동을 감소시키기 위해 언제, 어디서, 어떻게, 그리고 얼마나 자주 선택 기회를 제공할지 결정하는 것이다. 팀은 이 모든 요소를 포함하는 계획을 세워야 한다.

(3) 이 전략을 사용하는 이유

예방적 전략으로 선택 기회를 제공하면, ① 유아가 좋아하는 것을 선택할 수 있고(유아가 좋아하는 활동을 하면 도전행동을 적게 보이는 경향이 있음), ② 유아가 상황에 대한 약간의 통제권을 행사할 수 있게 된다는 점에서 효과적이다. 성인인 우리는 하루 동안 다양한 상황에서 다양한 방식의 선택을 통해 우리의 환경을 구조화한다. 유아에게 선택기회를 제공하는 것은 유아가 자신의 환경을 관리하거나 어느 정도 통제할 방법을 가르치는 것이다. 도전행동이 주로 발생하는 상황에서 적절한 선택지가 제공되었을 때 도전행동이 감소됨을 입증한 많은 연구가 있다. 선택 기회의 제공은 유아가 선호하는 것을 표현하게 하고 그것을 얻게 함으로써 도전행동을 감소시킨다. 이것은 가치 있는 과정이자 문제해결 기술이며, 어떤 경우에는 통제권을 행사하는 행위 자체가 강화로 작용하여 도전행동을 줄일 수 있다.

PTR-YC 평가 결과가 다음과 같을 때 이 전략의 사용을 고려한다.

- 유아가 좋아하지 않는 무언가를 하게 할 때 도전행동이 발생한다.
- 유아가 지시를 받았을 때 도전행동이 발생한다.
- 선호 활동에서 비선호 활동으로 전이할 때 도전행동이 발생한다.
- 유아가 모든 것에 대해 "싫어!"라고 말한다.
- 유아가 주기적으로 무언가 하는 것을 거부한다.

2) 실행 단계

(1) 전략 실행 절차

① 언제 선택을 제공할지 결정한다. 대개 도전행동의 발생이 예상되는 시점(기능평가에서 판별된 시점) 직전에 선택 기회를 제공해야 한다. 선택 기회는 하루 중 여러 번 제공할 수도 있고, 특별히 어려운 일과 전에만 제공할 수도 있다. 이것은 유아와 도전행동의 빈도에 따라 다르다.

② 어떤 선택지가 가능한지 결정한다. 모든 선택지는 교사와 유아의 관점에서 합리적이어야 하고, 유아가 선택한 것은 반드시 주어져야 함을 모두가 이해해야 한다.

③ 선택을 어떻게 제시할지 결정한다. 선택은 언어적 단서와 시각적 단서를 함께 제시하는 것이 가장 좋다. 그림이나 사진이 나열된 선택 목록을 준비해야 할 수도 있다.

④ 선택 기회를 제공한 경우 유아가 선택한 것을 즉시 주어야 한다.

(2) 전략 실행 아이디어

다음은 선택 기회 제공의 몇 가지 아이디어로, 이러한 예는 얼마든지 더 있다. 이 목록은 선택지를 언제 어떻게 제시해야 하는지에 관한 예를 보여 주기 위한 것이다. 팀은 창의적으로 선택 기회를 고안하고, 이 전략이 행동의 기능에 잘 맞고 학급의 일과와 활동에도 잘 조화되는지 확인해야 한다.

등원/하원
- 어떤 테이블 활동부터 할지 선택하기
- 자신의 물건을 사물함에 어떻게 넣을지 선택하기(예: 코트 걸기, 책가방 걸기)
- 인사할 친구 선택하기

소집단
- 필기구 선택하기(예: 어떤 색의 펜을 사용할지)
- 어디에 앉을지 선택하기
- 활동의 순서 선택하기(예: 색칠하기, 오리기, 붙이기 중 무엇을 먼저 할지)

대집단
- 노래 선택하기
- 숫자 세는 동작 선택하기
- 그날 자신이 맡을 역할 선택하기

전이
- 줄 서기의 기준점이 될 교실 내 가구나 물건 선택하기
- 짝 선택하기
- 전이 동작 선택하기(예: 한 발로 뛰어서 이동하기)

3) 실행 관련 유의점

- 선택은 도전행동과 연관된 활동 직전에 제공해야 한다.
- 가능한 두세 개의 선택지를 제공해야 한다.
- 유아가 선택한 것을 즉시 유아에게 주어야 한다. 유아에게는 반응의 지연이 효과적이지 않은 경향이 있다.
- 장애를 가진 유아도 의미 있는 선택을 할 수 있도록 다양한 방법(예: 그림, 음성 도구, 실물)으로 선택지를 제시한다. 대부분의 유아는 시각적 단서가 있어야 정확한 선택을 한다.
- 일부 유아는 선택하는 방법을 모를 수 있으므로 효과적인 선택하기를 위한 주의 깊은 사전 교수가 필요하다.
- 선택은 긍정적인 말로 제시되어야 하고, 유아에게 수용되고 바람직해야 하며, 성인은 유아가 선택한 것을 주어야 한다. 만약 어떤 것이 선택 사항이 아니거나, 허용할 수 없거나, 구할 수 없는 것이라면, 그것은 선택지로 제공하면 안 된다.

4) 이 전략을 지지하는 연구

Dunlap et al. (1994)

Dunlap & Kern (1996)

Harding et al. (1999)

Kern et al. (1998)

McCormick, Jolivette, & Ridgley (2003)

Waldron-Soler, Martella, Marchand-Martella, & Ebey (2000)

2. 난이도와 선호도를 고려하여 과제 분산하기

1) 개요

(1) 전략에 대한 설명

이 전략은 유아가 쉽다고 느끼거나 좋아하는 활동을 과제 안에 여기저기 배치하여(즉, 분산하여) 어렵거나 싫어하는 활동과 관련된 도전행동을 감소시킨다. 이처럼 난이도와 선호도를 고려하여 과제를 분산하면 유아가 전반적인 활동 맥락을 보다 즐겁게 느끼고 성공을 경험하여 도전행동이 감소된다.

(2) 이 전략을 사용하는 이유

우리는 어려운 과제가 주어지면 이를 회피하려 하거나 그 과제를 해내는 데 필요한 만큼의 노력을 하지 않으려 한다. 또한 어떤 일이 매우 어려워서 그것을 해내는 데 실패한 사람은 그 일을 더 이상 하지 않으려는 경향이 있다. 유아가 성공을 경험하고 적절한 기술을 발휘할 기회를 많이 주면서 동시에 사이사이에 조금 더 힘들고 어려운 과제를 끼워 넣으면(즉, 과제를 분산하면) 유아는 하기 싫거나 어려운 과제(활동)도 끝까지 노력해 보는 기회를 갖게 된다. 어려운 과제와 쉬운 과제를 분산시키면 유아가 성공 기회를 갖게 될 뿐 아니라 즐겁게 배우는 환경을 누리게 되어 도전행동을 예방할 수 있다. 이 전략은 또한 많은 과제를 부정적인 감정 및 후속결과와 결부시켜 유아에게 악영향을 줄 수 있는 다양한 감정(예: 좌절, 불안, 분노, 두려움)도 예방하거나 감소시킬 수 있다. 실패를 견디기 어려워하는 유아, 새로운 기술을 배우기 어려워하거나 배우는 데 시간이 많이 걸리는 유아, 기술이나 관심사가 제한된 유아에게는 '어려워하거나 하기 싫어하는 과제'와 '쉽다고 느끼거나 매우 좋아하는 과제'를 분산하여 제시하는 것이 도움이 될 수 있다. 자신에게 어려운 과제나 하고 싶지 않은 과제를 회피하기 위해 도전행동을 보이는 유아가 한 예가 될 것이다. 어떤 유아는 관심사가 제한되어 있어서 매번 같은 장난감만 갖고 놀거나 교실에서 일부 활동에만 참여하기도 한다. 이 전략은 유아가 다양한 활동에 참여하고, 자신의 기술이나 흥미를 확장하는 데 도움을 준다.

PTR-YC 평가 결과가 다음과 같을 때 이 전략의 사용을 고려한다.

- 유아가 특정 과제나 활동을 회피할 때 도전행동이 발생한다.
- 유아가 특정 과제나 활동을 거부할 때 도전행동이 발생한다.
- 유아에게 무언가 교정해 주거나 잘못을 지적하면 도전행동이 발생한다.
- 학습 활동 중에 도전행동이 발생한다.
- 비선호 활동으로 전이할 때 도전행동이 발생한다.
- 비선호 활동을 하는 동안 도전행동이 발생한다.
- 선호 활동이 끝날 때 도전행동이 발생한다.
- 새로운 과제나 활동 도입 시 도전행동이 발생한다.
- 과제가 어려울 때 도전행동이 발생한다.
- 활동이 너무 길 때 도전행동이 발생한다.

2) 실행 단계

(1) 전략 실행 절차

① 난이도나 선호도와 관련하여 도전행동이 발생한다고 추정되는 활동 또는 일과를 찾아낸다. 이는 기능평가 중에 이미 파악되어 있어야 한다.

② 유아가 능숙하게 잘 하며 매우 좋아하는 활동(또는 과제)을 판별한다. 이 활동은 어려운 과제들 사이에 끼워 넣을 활동이므로 전체 맥락에도 어울려야 한다. 때로 이 과제는 '하이파이브!' 또는 '초록색 찾기'와 같이 단순한 것일 수도 있다.

③ 어려운 활동 사이에 쉽고 좋아하는 활동을 충분한 비율로 배치하여 도전행동을 감소시키거나 제거한다.

(2) 전략 실행 아이디어

다음은 과제 분산의 몇 가지 아이디어로, 이러한 예는 얼마든지 더 있다. 이 목록은 과제 분산하기 전략을 언제 어떻게 제시해야 하는지에 관한 예를 보여 주기 위한 것이다. 팀이 이 전략을 어떻게 실행할지는 과제의 성격과 유아가 이미 가지고 있는 기술에 따라 다르다. 팀은 창의적으로 이 전략을 실행하고, 이 전략이 행동의 기능에 잘 맞고 학급의 일과와 활동에도 잘 조화되는지 확인해야 한다.

등원/하원

- 만약 유아가 인사하는 것 자체는 좋아하지만 다른 사람의 이름을 잘 모른다면, 대부분의 또래나 성인에게는 인사만 하게 하고, 좋아하는 한두 명의 또래나 성인(선호하는 대상)에게만 이름을 넣어 인사하도록(어려워하는 과제) 한다.
- 유아가 계속하여 등원 또는 하원 일과에 어려움을 겪는다면, '뚝딱뚝딱 밥 아저씨 매칭게임'(선호 과제)과 같이 선호 활동을 먼저 하고, 학급 일과(비선호 과제)를 그다음에 하게 한다.

자유 선택 놀이

- 유아의 놀이 기술을 확장하기 위해 간단한 주고받기 활동(네 차례, 내 차례)을 준비한다. 유아에게 5분 동안 혼자 블록을 갖고 놀게 한 후(선호 과제), 그다음 2분 동안은 주고받기 활동을 연습하게 하고(비선호 과제), 다시 혼자 놀게 한다(선호 과제). 자유 선택 놀이 시간 동안 이 순서를 두 차례 반복한다. 지속시간은 유아가 주고받기를 성공적으로 할 수 있는 능력에 따라 정해야 하며 이 시간은 변동이 있을 것이다.

대집단 활동

- 만약 유아가 노래를 따라 부르기는 어려워도 율동은 쉽게 따라 할 수 있다면, 노래의 주요 포인트에서 노래와 동작을 멈추고 유아에게 다음에 나올 단어나 구를 말하도록 한 후(비선호 과제), 노래의 나머지 부분에서는 율동만 하게 한다(선호 과제). 비선호 과제는 대집단 활동에 한 번만 넣을 수도 있고, 여러 번 넣을 수도 있다.

3) 특별히 고려할 점

요구나 처한 상황이 각기 다른 여러 유아에게 난이도와 선호도를 고려하여 과제를 분산할 때 특별히 고려할 점은 다음과 같다.

- 유아에게 인지적 지연이 있거나 새로운 과제를 학습하는 데 어려움이 있는 경우, 과제를 작은 단계로 나누고 각 단계를 더 자주 가르치고 연습시킨다(많은 교수 기회를 제공).
- 비선호 활동에 걸리는 시간은 선호 활동에 걸리는 시간보다 상대적으로 짧아야 한다. 비선호 활동은 유아가 성공적으로 참여할 수 있게 준비되어야 하며, 초기에

는 잠시만 참여하게 해도 좋다.

4) 실행 관련 유의점

이 전략을 실행할 때 다음을 확인한다.

- 어려운 과제라 해도 유아가 해낼 수 있는 정도여야 한다. 유아가 성공을 경험하는 것이 중요하다.
- 난이도와 선호도를 고려하여 과제를 분산하는 작업은 미리 계획되어야 하며, 필요한 교재들은 사전에 준비되어야 한다.
- 비선호 과제를 할 때 유아에게 기대되는 행동이 분명하게 잘 정의되어야 한다.
- 선호 과제 또는 쉬운 과제를 할 때도 긍정적인 강화를 꾸준히 제공해야 한다.

5) 이 전략을 지지하는 연구

Dunlap & Koegel (1980)

Koegel & Koegel (2012)

Winterling, Dunlap, & O'Neill (1987)

3. 시각적 지원과 시각적 일정표 사용하기

1) 개요

(1) 전략에 대한 설명

이 전략은 유아가 자신에게 기대되는 행동을 이해하고 과제 참여 능력을 기르며 독립적으로 지시를 따를 수 있도록 시각적 지원과 시각적 일정표를 사용하는 것이다. 시각적 지원에는 사물이나 활동을 보여 주거나 대표하는 그림(예: 사진, 삽화, 클립아트, 표지판, 잡지에서 오려 낸 것), 실물이나 사물(예: 특정 물건을 대표하는 것, 사물의 축소모형,

특정 물건 모양으로 만들어진 장난감), 몸짓(예: 수어 사용, 손가락으로 가리키기, 고개 끄덕이기) 등이 있다. 시각적 지원을 시간순으로 나열하여 시각적 일정표를 만들 수도 있다.

(2) 이 전략을 사용하는 이유

시각적 지원은 매일의 삶에서 일상적으로 사용되며, 해야 할 일을 상기시켜 주거나 비언어적 안내를 제공한다. 도로 표지판, 손을 씻으라는 화장실의 문구, 달력과 일정표, 길을 알려 주는 사람의 손짓 등은 우리가 일상생활에서 시각적 지원을 이용하여 타인을 이해시키고 비언어적 지시를 하는 방식의 예다. 시각적 지원은 환경을 잘 안내해 주는 보편적인 방법이다. 시각적 지원은 하루 내내 유아가 성공을 경험하게 해 주고, 일과 내 유아의 독립성을 높인다. 시각적 지원의 활용은 우리가 유아에게 기대하는 바에 대한 비언어적 단서를 유아에게 제공함으로써 도전행동을 예방한다(시각적 지원은 유아에게 기대되는 바를 유아가 이해하게 하는 데도 도움이 된다). 비언어적 단서 또는 시각적 지원은 언어적 지시를 따르거나 언어적 정보처리에 어려움이 있는 유아의 성공을 돕는 한 가지 방법이 될 수 있다.

제6장에서 설명한 기본적인 교실차원의 전략에는 교실 내 모든 유아가 예측하고 이해할 수 있는 일정표 사용이 포함된다. 이러한 교실 실제는 이 전략과 비슷한 면이 있지만 예방 전략은 교실차원이 아닌 개별차원에서 개발되고 실행된다는 점이 다르다.

PTR-YC 평가 결과가 다음과 같을 때 이 전략의 사용을 고려한다.

- 유아에게 언어적 지시를 하면 도전행동이 발생한다.
- 유아가 지시 따르기를 거부할 때 도전행동이 발생한다.
- 유아의 일정이 변경되면 도전행동이 발생한다.
- 유아와 성인이 힘겨루기를 할 때 도전행동이 발생한다.
- 유아가 교수에 잘 반응하지 않는다.
- 무엇을 해야 하는지 유아가 제대로 이해한 것 같지 않다.
- 유아가 독립적으로 일과를 수행하지 못한다.
- 유아가 일과 중 일부는 스스로 할 수 있다.
- 유아가 활동에 잘 참여하지 못한다.

2) 실행 단계

(1) 전략 실행 절차

① 유아에게 추가의 안내가 필요해 보이는 활동을 판별한다. 이 정보는 기능평가 자료에서 얻을 수 있다.

② 유아가 활동이나 일과를 더 성공적으로 수행하는 데 필요한 지원의 유형을 결정한다.

③ 지원을 실행하는 데 필요한 자료를 준비한다.

④ 유아가 시각적 지원이나 시각적 일정표에 반응하는 데 필요한 교수를 제공한다.

(2) 전략 실행 아이디어

다음은 시각적 지원 활용의 몇 가지 아이디어로, 이러한 예는 얼마든지 더 있다. 이 목록은 시각적 지원을 언제 어떻게 제시해야 하는지에 관한 예를 보여 주기 위한 것이다. 팀이 이 전략을 어떻게 실행할지는 유아가 반응하는 시각적 지원의 유형과 시각적 지원이 사용되는 방법에 따라 다르다. 팀은 창의적으로 이 전략을 실행하고, 이 전략이 행동의 기능에 잘 맞고 학급의 일과와 활동에도 잘 조화되는지 확인해야 한다.

전이

- 교실에는 모두가 볼 수 있는 일정표가 있어야 한다. 전이를 어려워하는 유아를 위한 한 가지 제안은 일정표에 들어갈 활동 그림을 탈부착이 가능한 형태로 제작하여 유아가 다음 활동으로 전이할 때 해당 그림을 떼어서 갖고 가게 하는 것이다. 예를 들어, 유아가 '전체 모임'을 뜻하는 그림을 들고 전체 모임에 도착하여 자리에 앉으면서 교사에게 그 그림을 전해 주면 교사는 전체 모임에 잘 온 것에 대해 칭찬을 해 준다.

센터/학습 공간

- 놀이의 순서도를 제작한다.

3) 특별히 고려할 점

요구나 처한 상황이 각기 다른 여러 유아에게 시각적 지원을 사용할 때 특별히 고려할 점은 다음과 같다.

- 전략을 실행하기 전 해당 유아에게 어떤 유형의 시각적 지원이 효과적일지 결정한다(예: 사물 또는 활동을 나타내거나 대표하는 그림, 실물, 몸짓).
- 시각적 지원은 유아가 청각 또는 시각의 장애를 갖고 있을 때 필수적인 중재 전략 중 하나다.
- 시각적 지원은 모든 유아에게 효과적이나 유아의 다양한 능력에 맞게 조정되어야 한다.

4) 실행 관련 유의점

이 전략을 실행할 때 다음을 확인한다.

- 시각적 지원은 유아가 일과와 활동을 독립적으로 수행하도록 돕기 위해 전략적으로 사용하는 것이다.
- 전략의 목적을 명확히 할 필요가 있다. 예를 들어, 하루 일과의 순서를 알려 주기 위한 일정표라면 고정되어 있어도 괜찮다. 만약 일정표의 목적이 전이라면 일정표에 있는 활동 그림은 탈부착이 가능해야 한다.
- 시각적 지원이 뜻하는 것이나 상징하는 바를 유아가 이해해야 한다(만약 전략이 소기의 성과를 거두지 못했다면 시각적 지원을 수정하거나 유아에게 그 의미를 가르쳐야 한다).
- 시각적 지원은 유아가 필요로 하는 한 계속 사용할 수 있다. 시각적 지원을 너무 일찍 제거하지 않아야 한다.
- 시각적 지원은 접근하기 쉽고 편리해야 한다. 시각적 지원은 모든 상황과 환경에서 손쉽게 사용할 수 있어야 하고, 유아의 능력에 맞아야 한다.

5) 이 전략을 지지하는 연구

Duda, Dunlap, Fox, Lentini, & Clarke (2004)

Sandall & Schwartz (2008)

Schmit, Alpers, Raschke, & Ryndak (2000)

4. 선호하는 것을 활동에 삽입하기

1) 개요

(1) 전략에 대한 설명

이 전략은 유아의 도전행동을 예방하기 위해 유아가 좋아하는 것을 활동에 삽입하는 것이다. 유아 일과의 모든 측면에 유아가 선호하는 것을 삽입할 수 있다. 즉, 활동에 포함할 내용, 활동을 함께할 사람, 활동 제시 방법, 또는 활동을 할 시간 등에 유아의 선호도를 반영하는 것이다.

(2) 이 전략을 사용하는 이유

대부분의 사람은 좋아하는 사람들의 사진을 걸거나, 향초를 놓거나, 특정 스낵이나 사탕을 갖다 놓거나, 좋아하는 음악을 틀어놓거나, 일하는 곳(예: 책상, 사무실, 교실)에 기념품을 갖다 놓는 등 자신의 환경을 개인화하는 것을 좋아한다. 어떤 사람들은 여러 물건으로, 또 다른 사람들은 소수의 물건으로 자신만의 환경을 꾸민다. 우리는 자신이 하는 일을 좋아하지만, 더 즐겁게 일하기 위해 좋아하는 것들을 일에 끼워 넣는다. 우리는 각자의 선호도를 바탕으로 자신만의 작업 방식을 만들어 간다. 만약 어떤 교사가 아이들은 자고로 어지르면서 놀아야 한다고 믿는다면, 아이들이 마음껏 어질러도 되는 활동을 할 기회를 많이 제공할 것이다. 만약 교사가 핼러윈을 좋아한다면, 교사는 핼러윈을 다루는 주에 많은 재미있는 활동을 할 것이다. 특정 활동에 어려움을 겪는 유아를 위해 유아가 좋아하는 것을 활동에 포함하면 유아의 흥미와 활동 참여를 증가시키고 다양한 방법으로 유아의 지식을 향상시킬 수 있다. 즐거워하는 활동에 참여할 때 유아가 도전행동을 나타낼 가능성은 매우 낮다. 도전행동을 예방하는 한 가지 방법은 활동에 유아가 좋아하는 것을 삽입하여 유아의 흥미를 높이고 유아가 다양한 활동에 참여하게 하는 것이다. 유아가 좋아하는 것을 활용하면 유아는 다양한 활동을 시도해 보려는 동기를 갖게 되고, 활동 자체가 자연스러운 강화제로 작용한다. 이 전략은 제한적 흥미를 갖고 있거나, 제한된 몇 가지만 좋아하는 유아, 특정 활동을 회피하거나 오래 걸리는 활동에는 참여하지 않는 유아, 무언가 해야 한다는 말을 듣는 것을 좋아하지 않는 유아에게 효과적이다.

PTR-YC 평가 결과가 다음과 같을 때 이 전략의 사용을 고려한다.

- 비선호 활동에 참여하게 하면 도전행동이 발생한다.
- 특정 활동 중에 도전행동이 발생한다.
- 전이할 때나 특정 활동을 시작할 때 도전행동이 발생한다.
- 반드시 해야 하는 활동(선택의 여지가 없는 활동)을 할 때 도전행동이 발생한다.
- 일과 중 특정 시간에 도전행동이 발생한다.
- 교사가 다른 사람을 주목하고 있을 때 도전행동이 발생한다.
- 유아가 활동이나 학급 일과 참여를 거부한다.

2) 실행 단계

(1) 전략 실행 절차

① 도전행동이 발생하는 활동 및 일과를 파악하고, 그 일과의 난이도와 비선호 요인이 도전행동과 연관되는지 판별한다. 이 판별은 기능평가 과정에서 이루어져야 한다.

② 동물(예: 공룡, 말), 운송수단(예: 트럭, 우주선), 영화 캐릭터 등과 같이 유아가 좋아하는 것을 판별한다.

③ 유아가 좋아하는 것을 어려운 활동이나 일과에 포함할 방법을 정한다. 이를 위해서는 약간의 창의력이 필요하지만, 대개는 물건, 그림, 또는 사진을 이용하면 쉽게 실행할 수 있다.

(2) 전략 실행 아이디어

유아가 선호하는 것을 활동에 삽입하는 방법은 무궁무진하다. 팀이 이 전략을 어떻게 실행할지는 교실 공간과 활용 가능한 자원에 따라 다르다. 팀은 창의적으로 이 전략을 실행하고, 이 전략이 행동의 기능에 잘 맞고 학급의 일과와 활동에도 잘 조화되는지 확인해야 한다.

3) 특별히 고려할 점

요구나 처한 상황이 각기 다른 여러 유아에게 선호하는 것을 활동에 삽입하는 전략을 사용할 때 특별히 고려할 점은 다음과 같다.

- 관심사가 제한된 유아의 경우, 활동에 삽입할 수 있는 선호 대상을 판별하기가 어려울 수 있다. 이 경우 선호도 평가를 해야 한다. 하지만 우리 경험상, 유아의 흥미와 즐거움을 불러 일으키는 무언가를 찾는 것은 언제나 가능했다.
- 판별된 유아의 선호 대상은 교실 방침을 방해하거나 교실 실제와 충돌하지 않아야 한다.

4) 이 전략을 지지하는 연구

Clarke et al. (1995)
Dunlap & Kern (1996)
Dunlap, Kern-Dunlap, Clarke, & Robbins (1991)
Foster-Johnson, Ferro, & Dunlap (1994)

5. 일정의 예측성 높이기

1) 개요

(1) 정의

일정의 예측성 높이기는 일정표 및 기타 단서들을 사용하여 유아가 활동 순서를 이해하고 따르게 하는 전략으로 전이 시 매우 유용하다.

(2) 전략에 대한 설명

이 전략은 일과를 명확하게 계획하여 유아가 일정 및 일과를 미리 살펴보면서 하루를 준비하게 하거나 시각적 타이머나 휴식 시간을 알리는 신호 등을 이용하여 전이에 대비하게 하는 것이다. 이 전략은 예방을 위한 것으로, 전략에 필요한 자료는 미리 준비하여 바로 사용할 수 있어야 한다. 만약 시각적 일정표를 사용한다면, 전이가 일어나기 전이나 활동 시작 전에 유아와 함께 일정표를 살펴보면서 일과를 준비한다. 만약 전이 알림으로 타이머를 사용한다면, 팀은 타이머를 준비하여 언제든지 사용할 수 있게 해야 하며, 타이머를 유아가 볼 수 있는 곳에 두어야 한다. 이 전략은 제6장에 설명된 교실차원의 실제와 밀접한 관련이 있지만, 개별 유아에게 적용된다는 점에서 차이가 있다.

(3) 이 전략을 사용하는 이유

많은 도전행동은 일과나 전이에 준비되어 있지 않을 때 발생한다. 컴퓨터나 수기로 작성해 둔 일정표를 잃어버렸을 때의 기분을 생각해 보라. 자신의 일정을 모르거나 기억해 내지 못할 때, 우리는 불안과 스트레스를 경험한다. 유아 역시 매일의 일정과 활동 내 일과, 그리고 언제 전이가 일어나는지를 알아야 한다. 우리는 유아가 전이를 하지 않으려고 할 때 일정표를 유아와 함께 살펴보곤 한다. 이 전략은 바로 그 일정표 살펴보기를 통해 유아가 하루의 일과나 그날 있을 변화에 대비하게 함으로써 도전행동을 예방하려는 것이다. 유아가 일정 내 일과를 알고 준비되어 있으면 모든 활동과 일과를 보다 성공적으로 수행할 수 있다.

PTR-YC 평가 결과가 다음과 같을 때 이 전략의 사용을 고려한다.

- 일과를 수행할 때 도전행동이 발생한다.
- 전이 전후에 도전행동이 발생한다.
- 하루 중 특정 시간에 도전행동이 발생한다.
- 유아가 지시를 받았을 때 도전행동이 발생한다.
- 비선호 활동으로 전이할 때 도전행동이 발생한다.
- 선호 활동을 마칠 때 도전행동이 발생한다.
- 활동이 시작되거나 끝날 때 도전행동이 발생한다.
- 일정 변화가 있을 때 도전행동이 발생한다.
- 일반적인 교실 전이 지원으로는 도전행동이 해결되지 않는다.

2) 실행 단계

(1) 전략 실행 절차

① 유아가 활동의 순서나 시점을 이해하지 못하여 도전행동을 보이는 활동과 일과를 파악한다. 이 정보는 기능평가를 통해 얻어야 한다.

② 유아가 이후에 일어날 일의 순서와 언제 좋아하는 활동을 하는지 이해하는 데 필요한 일정표 유형, 타이머, 또는 기타 단서를 정한다.

③ 필요한 자료를 개발하고 준비한다.

④ 하루 중 도전행동이 지속적으로 발생하는 시간에 유아가 그 시간의 일정을 잘 이해하도록 돕는 절차를 실행한다.

(2) 전략 실행 아이디어

다음은 유아가 하루 일과, 일정 변화, 전이를 준비하게 하는 데 사용할 수 있는 아이디어의 예다. 이 전략의 핵심은 예방이다. 유아를 하루 일과, 일정 변화, 전이에 준비시키는 것은 사건이 발생하기 전에 해야 한다.

도착 일과 준비하기

- 유아가 도착하면 도착 시 일어나는 모든 전이 단계가 있는 시각적 순서도 또는 일정표를 준비한다. 일정표의 첫 번째 그림은 사물함을 향해 가는 모습, 그다음 그림은 외투 걸기, 테이블로 가서 퍼즐 맞추기 등일 것이다. 이 시각적 순서도는 일과 전에 유아가 교사, 보조교사, 또는 부모와 함께 살펴본다.
- 이 일과에는 출석 체크하기, 테이블 활동(미술 공간 또는 수조작 공간) 선택하기, 장애물 코스로 가기, 대집단 또는 전체 모임 장소로 가기 등의 도착 시 활동도 포함될 수 있다. 핵심은 유아와 함께 활동 시작 전에 이 일정표를 살펴보는 것이다.

일과 준비하기

- 일관성과 예측성을 높이기 위해 전체 학급 활동으로도 일정표를 살펴보고, 대상유아와 1대1로도 일정표를 살펴본다. 예를 들어, 교사는 학급 전체와 함께 하루 일과를 살펴보고, 1대1로 유아와 함께 일정을 다시 살펴보며 추가 지원을 제공한다(대집단 시간 동안 또는 그 직후). 일정표를 보여 주는 방법을 수정하는 것도 가능하다(휴대용으로 만들어 교사가 들고 다닐 수 있음, 사물 또는 그림을 일정표에 포함할 수 있음). 이 전략의 목적은 시각적 일정표 등을 이용하여 유아를 미리 준비시키는 것이다. 유아가 하루 내내 각 활동을 하기 직전에 일정표를 살펴보게 하고, 이미 완료한 활동을 확인할 때도 일정표를 살펴보게 하면 된다.

전이 준비하기

- 많은 학급은 이미 놀이 시간의 끝을 알리는 타이머를 사용하고 있을 것이다. 이 전략은 목표로 삼은 도전행동의 예방을 위해 명확한 계획을 세우고 타이머를 사용하는 것이다. 예를 들어, 조니는 "5분 남았어."라는 말을 들으면 활동에 잘 참여하던 중임에도 불구하고 교실을 뛰어다닌다. 일반적인 교실 전이 지원이 조니의 도전행동을 효과적으로 예방하지 못할 경우, 우리는 지원을 개별화해야 한다. 조니에게 타이머를 주고 친구들에게 5분 남았음을 알려 주게 하면 조니에게도 전이 준비가 된다. 타이머는 조니가 쉽게 볼 수 있는 가까운 곳에 두어야 한다. 또한 조니에게 구체적 전이 절차를 알려 주고 다음 단계가 무엇인지를 시각적으로 상기시킨다. 준비 순서는 다음과 같다. 먼저 조니가 타이머를 가져와 시간을 설정한 후 자신이 놀고 있는 블록 영역의 선반 위에 놓는다. 다음으로 조니는 친구들에게 놀이 시간이 5분 남았다고 알린다. 그리고 자신도 블럭을 정리한다. 교사는 조니와 함께 정리 단계와 다음 그림 단계를 검토한다. 교사는 전이가 시작된 지 2분 후에 조니에게 전이 절차를 다시 상기시킬 수도 있다. 또한 전이 1분 전이 되면 동일한 지시어로 전이 절차를 한 번 더 말해 줄 수도 있다("1분 후 블록을 정리하고 다 같이 모이자.").

3) 특별히 고려할 점

요구나 처한 상황이 각기 다른 여러 유아에게 일정표와 일과 활용, 일정과 일과의 변경, 전이를 준비시킬 때 특별히 고려할 점은 다음과 같다.

- 유아에게 인지적 지연이 있거나 유아가 변화에 잘 적응하지 못하는 경우 전이를 여러 개의 작은 단계로 나누어야 한다. 예를 들어, "블록 한 개를 줍자. 하나 더 줍자. 선반에 있는 정리함에 블록을 넣자. 둥글게 앉자."와 같이 말할 수 있다. 이러한 전이 준비를 위해서는 각 전이 단계를 검토해야 한다.
- 유아가 전이를 어려워한다면, 일정표는 휴대와 운반이 가능해야 한다. 교사는 유아를 고정된 일정표로 데려가는 것이 아니라 유아가 있는 곳으로 일정표를 가져가야 한다.

4) 실행 관련 유의점

이 전략을 실행할 때 다음을 확인한다.

- 활동, 일과, 전이, 또는 변화에 앞서 일정표를 살펴볼 시간을 마련한다.
- 시각적 일정표와 일과는 미리 준비되어야 하고, 유아가 쉽게 접근할 수 있어야 한다.
- 준비 전략은 전체 학급을 대상으로 실행하고, 필요에 따라 개별화한다.

5) 이 전략을 지지하는 연구

Depaepe, Reichle, & Reichle (1993)

Sandall & Schwartz (2008)

6. 교실의 물리적 환경 바꾸기

1) 개요

(1) 전략에 대한 설명

이 전략은 도전행동 예방을 위해 교실의 특정 요소를 바꾸거나 이동시키는 것이다. 교실의 물리적 환경 바꾸기에는 전체 모임 공간이나 학습 공간을 바꾸거나 없애기, 유아의 좌석 배치 바꾸기, 특정 공간 내 요소를 바꾸기, 전체 모임 공간이나 학습 공간을 교실 내 다른 장소에 배치하기, 특정 물건을 교실이나 특정 공간에서 없애거나 정해진 개수만 남기기, 특정 사물을 유아의 손이 닿는 곳에 두기, 충분한 수의 교재교구 마련하기, 전체 모임 공간이나 특정 학습 공간에 모이는 유아의 수를 제한하기, 특정 또래나 성인이 머무는 공간과 대상 유아가 머무는 공간을 분리하기 등이 포함된다. 이 전략에는 활동의 흐름에 따라 교실 환경을 조성하는 것도 포함된다. 간식 테이블을 교실 내 싱크대 옆에 배치하는 것이 그 예가 될 것이다.

(2) 이 전략을 사용하는 이유

물리적 환경의 변화는 우리의 행동에 영향을 미칠 수 있으며 우리가 어떤 행동을 하지 않게 해 준다. 체중 감량이나 건강식을 하려는 사람은 몸에 나쁜 음식을 사지 않아야 그것을 먹고 싶은 유혹과 먹게 될 가능성을 막을 수 있다. 이 전략만으로 먹지 말아야 할 음식을 완벽하게 먹지 않게 되는 것은 아니지만, 몸에 나쁜 음식을 먹는 도전행동을 조금은 예방할 수 있다. 마찬가지로 유아가 성공할 수 있는 환경을 만들면 유아의 도전행동을 예방할 수 있다. 교사가 원하는 적절한 행동을 촉진하도록 교실의 물리적 환경을 바꾸면 도전행동을 예방할 수 있다. 교실에 있는 공간이 무엇을 위한 것이고, 유아는 그 안에서 무엇을 해야 하는지가 명확히 드러나게 교실을 조성하면, 성인이 유아에게 해야 하는 지시, 명령, 요구를 줄일 수 있다. 이러한 학급에서는 힘겨루기가 줄어들고, 일과 내에서 유아의 독립성이 높아지며, 유아의 적절한 행동을 칭찬할 기회가 많아진다.

PTR-YC 평가 결과가 다음과 같을 때 이 전략의 사용을 고려한다.

- 학급의 특정 공간에서 도전행동이 발생한다.
- 특정 사물이 있을 때 도전행동이 발생한다.
- 특정 활동을 하는 동안 도전행동이 발생한다.
- 특정 또래나 성인과 관련하여 도전행동이 발생한다.
- 도전행동이 힘겨루기를 수반한다.
- "안 돼"라는 말을 듣거나 지시를 받았을 때 도전행동이 발생한다.
- 유아가 일과 및 전이를 수행하는 데 많은 지시가 필요하다.

2) 실행 단계

(1) 전략 실행 절차

① 유아의 도전행동과 관련된 교실 활동과 일과를 판별한다. 이 정보는 기능평가를 통해 얻어야 한다. 도전행동을 유발할 수 있는 교실 내 물리적 요소가 무엇인지 파악한다.

② 바람직한 행동의 촉진을 위해 수정 가능한 물리적 배치가 있다면 이를 수정한다.

(2) 전략 실행 아이디어

교실의 물리적 환경을 조정할 방법은 다양하다. 팀이 이 전략을 어떻게 실행할지는 유아가 선호하는 것이 무엇인지, 유아가 선호하는 것을 활동에 언제 그리고 어떻게 삽입할 것인지에 따라 다르다. 팀은 창의적으로 이 전략을 실행하고, 이 전략이 행동의 기능에 잘 맞고 학급의 일과와 활동에도 잘 조화되는지 확인해야 한다.

3) 특별히 고려할 점

요구나 처한 상황이 각기 다른 여러 유아를 위해 물리적 환경을 바꿀 때 특별히 고려할 점은 다음과 같다.

- 만약 유아가 대근육 활동 기술에 장애가 있거나 지연이 있는 경우, 이 유아의 요구를 기반으로 학급의 물리적 배치를 고려해야 한다. 만약 유아가 휠체어, 보행

보조기구, 목발, 또는 기타 신체적 이동을 도와주는 도구를 사용하는 경우, 유아가 최대한 독립적으로 다닐 수 있는 충분한 공간이 있는지 확인해야 한다.
- 만약 유아가 시각장애나 청각장애를 가진 경우, 이러한 특별한 요구에 기초하여 물리적 배치를 조정해야 한다.

4) 실행 관련 유의점

이 전략을 실행할 때 다음을 확인한다.

- 교실의 물리적 배치는 법규나 인가 요건을 준수해야 한다.
- 교사는 물리적 배치와 관련하여 사고의 유연성을 가져야 한다. 이번 해에 맡은 유아에게 효과적이었던 것이 다음 해에 맡은 다른 유아에게는 효과적이지 않을 수 있다.
- 성인이 어디에 있든지 교실 내 모든 공간을 다 볼 수 있도록 공간이 배치되어야 한다.

5) 이 전략을 지지하는 연구

Duda, Dunlap, Fox, Lentini, & Clarke (2004)
Krantz & Risley (1977)
Ratcliff (2001)
Rosenkoetter & Fowler (1986)
Sainato (1990)
Sandall & Schwartz (2008)

7. 도전행동의 유발요인 제거하기

1) 개요

(1) 전략에 대한 설명

이 전략은 도전행동을 예방하기 위해 도전행동의 즉각적 유발요인이 되는 물건이나 사람을 배제하거나 피하게 해 주는 것이다. 이 전략은 특정 활동, 물건, 지시어, 또는 특정인이 즉시 도전행동을 유발할 경우, 이러한 요인을 제거하여 유발요인으로 작용하지 못하게 한다. 이것은 흔히 사용되는 효과적인 전략이지만, 특정 유발요인을 잘 판별하려면 정확한 기능평가 과정이 필요하다. 유발요인의 제거는 단기적으로는 효과적이지만, 장기적인 효과와 일반화를 위해서는 적절한 교수와 강화 전략이 동반되어야 한다.

(2) 이 전략을 사용하는 이유

유발요인 제거는 자극 통제(stimulus control)라고 부르는 주요 학습 원리에 기초한 전략으로, 이미 체계화되어 있는 절차다. 이 책에서 말하는 자극 통제란 도전행동을 포함한 모든 행동이 선행사건(그리고 환경 사건)의 영향을 받으므로, 선행 자극을 바꾸어 유아의 행동을 변화시키는 것을 말한다.

유발요인의 제거는 유아가 중요한 사회성 기술과 문제해결 기술을 배울 기회를 열어 준다. 그러나 유발요인의 제거는 유발요인의 발생을 충분히 통제할 수 있을 때만 실행할 수 있는 임시 조치임을 명심해야 한다. 많은 경우, 유발요인은 다른 여러 상황에서 그리고 미래에도 발생할 것이다. 그러므로 유아는 유발요인에 효과적으로 대처하는 방법을 배울 기회를 가져야 한다.

PTR-YC 평가 결과가 다음과 같을 때 이 전략의 사용을 고려한다.

- 특정 또래나 성인이 곁에 있을 때마다 도전행동이 발생한다.
- 특정 활동이 시작되거나 진행 중일 때면 도전행동이 발생한다.
- 특정 활동이 종료되거나 종료된다는 단서가 있을 때 도전행동이 발생한다.

- 유아에게 특정 단어나 구를 말할 때 도전행동이 발생한다(예: "안 돼."라고 말할 때 무언가를 하라고 시킬 때).
- 유아가 특정 활동이나 영역으로 전이할 때 도전행동이 발생한다.
- 유아에게 지시를 하면 도전행동이 발생한다.

2) 실행 단계

(1) 전략 실행 절차

① 도전행동의 유발요인을 판별한다. 유발요인은 기능평가 과정을 통해, 특히 'PTR-YC 기능평가 체크리스트: 예방 영역'을 사용하고 평가 회의에서의 토론을 통해 판별해야 한다.

② 목표 유아를 위해 유발요인이 제거 가능한지 판단한다. 유발요인(예: 특정 활동, 특정 또래의 존재)을 유아의 교육과정에서 제외시키거나 당장 제거하는 것이 가능할 때도 있다. 반면 유발요인을 제거하려면 너무 많은 것을 조정해야 할 때도 있다. 이 경우 선택 기회 제공하기, 선호 활동 삽입하기와 같은 다른 전략을 사용하면 유발요인의 영향을 약화시킬 수 있다.

③ 유발요인을 언제, 어떻게 제거할 것인지, 어떤 교수, 활동, 사물, 또래를 교체할 것인지 분명히 정한다.

(2) 전략 실행 아이디어

다음은 도전행동의 유발요인을 제거하는 몇 가지 아이디어로, 이러한 예는 얼마든지 더 있다. 이 목록은 이 전략을 언제 어떻게 적용해야 하는지에 관한 예를 보여 주기 위한 것이다. 팀이 이 전략을 어떻게 실행할지는 유아에게 작용하는 특정 유발자극의 성격과 이 자극을 제거할 성인의 역량에 따라 다르다. 팀은 창의적으로 이 전략을 실행하고, 이 전략이 행동의 기능에 잘 맞고 학급의 일과와 활동에도 잘 조화되는지 확인해야 한다.

등원

- 보조교사 메리(Mary)가 조(Joe)를 맞이할 때마다 도전행동이 발생하였다. 조는 교실로의 이동 초기에 어려움을 보이기 때문에 팀은 담임교사가 조를 맞이하고 교실로 데려오게 하였다. 조가 교실에 도착하여 선호 활동을 시작하면, 메리는 조가 좋아하는 활동을 하는 동안 그 곁에 있기로 하였다.

낮잠/쉬는 시간

- 낮잠시간에 특정 아이들이 가까이 있으면 도전행동이 발생하는 경우 낮잠시간 동안 이 아이들의 자리를 전략적으로 떼어 놓는다.

화장실 다녀오기/기저귀 갈기

- 만약 교사가 "화장실 갈 시간이야." 또는 "기저귀 갈 시간이야."라고 말했을 때 도전행동이 발생한다면, 유발요인이 되는 이 말 대신 사진이나 신호가 되는 물체를 보여 주면 된다. 예를 들어, 교사는 유아를 화장실로 데려가기 위해 유아에게 화장실 그림을 건넨다. 이 방법은 교사가 아무 말도 하지 않고 그림만 건네줄 때 가장 효과적이다. 기저귀를 교환해야 할 때 교사가 유아에게 물티슈를 건네는 예에서처럼 실물을 사용할 수도 있다.

3) 특별히 고려할 점

요구나 처한 상황이 각기 다른 여러 유아를 위해 도전행동의 즉각적 유발요인을 제거할 때 특별히 고려할 점은 다음과 같다.

- 지원 요구가 큰 유아일수록 적절한 행동을 잘 가르치기 위해 더 오랫동안 유발요인을 제거해야 할 수도 있다.
- 이 전략은 교체행동 지도와 같은 효과적인 교수 전략과 함께 사용해야 한다.

4) 실행 관련 유의점

이 전략을 실행할 때 다음을 확인한다.

- 유아와 정기적으로 상호작용하는 모든 성인이 팀이 파악한 특정 유발요인을 일정 기간 제거하는 것에 동의해야 한다.
- 유발요인이 제거되었을 때 어떻게 적절한 교체기술을 지도할지 계획해 두어야 한다.

5) 이 전략을 지지하는 연구

Dunlap & Kern (1996)

Kern & Dunlap (1999)

부록 B 교수 중재

다음은 PTR-YC의 교수(Teach) 영역 전략으로, 유아프로그램에서 일반적으로 사용할 수 있는 증거기반의 중재다. 이 중재는 양질의 교실 실제가 있음에도 불구하고 만족스럽게 해결되지 않는 도전행동을 가진 개별 유아를 위해 개발되었다. 행동중재계획을 수립할 때는 교수 중재 중 최소한 하나 이상을 선택하여야 한다. 교수 중재는 유아에게 새로운 기술을 가르치고 형성시키는 전략이다. 교수 전략을 적용한 결과는 유아에게 지속적인 유익이 되어야 한다. 교수 중재에 관하여 몇 가지 알아두어야 할 사항이 있다. 첫째, 도전행동이 없을 때가 교수를 하기에 가장 좋을 때다. 교수 전략은 도전행동에 대한 반응이 아니다. 오히려 교수 전략은 도전행동에 의존하지 않고도 자신의 환경을 조절하는 유아의 역량을 높여 도전행동을 할 필요가 없게 만든다. 둘째, 대부분의 교수 전략은 유아가 새로운 행동을 발휘해야 할 자연스러운 맥락에서 실행될 때 가장 효과적이다. 즉, 계속되는 활동과 일과의 맥락에서 교수가 이루어져야 한다. 마지막으로, 연습은 효과적 교수의 핵심이다. 따라서 하루 종일 가능한 한 많은 교수(그리고 연습) 기회를 계획해야 한다.

1. 의사소통 기술 지도하기(기능적 의사소통 훈련)

1) 개요

(1) 정의

기능적 의사소통 훈련(Functional Communication Training: FCT)이란 의사소통 기술을 지도하여 도전행동을 이 기술로 교체하는 것을 말한다.

(2) 전략에 대한 설명

이 전략은 PTR-YC에 있는 모든 교수 전략 중 가장 일반적이고 효과적인 전략이다. 이 전략은 많은 연구의 지지를 받고 있으며, 장기적일 뿐 아니라 단기적으로도 유아에게 도움이 된다. FCT는 주의 깊고 일관성 있게 사용되었을 때 매우 효과적이다.

FCT는, ① 유아가 보이는 도전행동의 기능 또는 목적을 판별하고, ② 같은 기능을 가지면서도 좀 더 적절하고 소통에 도움이 되는 행동을 교수하는 것이다. 보다 적절한 의사소통 행동을 교체행동이라고 부른다. FCT의 취지는 유아가 도전행동 대신 교체행동을 사용하게 하는 것이다. 교체행동은 유아가 원하는 것을 얻는다는 면에서 최소한 도전행동만큼은 효과적이어야 한다. 예를 들면, 원하는 장난감을 얻기 위해 다른 유아를 때리는 유아에게는 그 장난감을 가지고 놀게 해 달라고 부탁하는 바람직한 의사소통 방법을 지도해야 할 것이다.

교체행동으로 선택될 의사소통 방법은 유아가 이미 사용하고 있거나 매우 쉽게 배울 수 있는 것이어야 하고, 유아에게 반응을 보일 모든 사람이 알아챌 수 있는 것이어야 한다. 의사소통 방법은 말, 그림, 제스처, 수화, 의사소통 출력장치, 또는 이 여러 방법의 조합이 될 수 있다. FCT의 목적은 유아에게 새로운 의사소통 방법을 가르치는 것이 아니라 도전행동을 교체할 보다 적절한 의사소통 방법을 가르치는 것이다.

(3) 이 전략을 사용하는 이유

유아가 적절한 의사소통 기술을 사용하는 대신 도전행동을 보이는 것은 일반적으로 어떻게 의사소통하는지 알지 못하기 때문이며, 따라서 유아는 적절한 의사소통 방법을 직접적으로 배워야 한다. 이 유아들은 도전행동이 원하는 것을 얻는 데 효과적임을 이미 알고 있다. 따라서 도전행동을 제거하려면 적절한 의사소통도 효과가 있음을 유아가 깨달아야 하는데, 실제로도 적절한 의사소통이 더 효과적이다. 그러므로 이 교수 전략의 핵심은 유아가 교체행동을 하면 원하는 것을 얻게 해 주거나 원치 않는 것을 피하게 해 주는 것이다. 유아의 의사소통에 바로 반응해 주지 않으면(귀를 기울여 주지 않으면), 유아는 교체행동을 하지 않을 것이다.

PTR-YC 평가 결과가 다음과 같을 때 이 전략의 사용을 고려한다.

- 유아가 특정 과제나 활동을 회피하려 할 때 도전행동이 발생한다.

- 유아가 특정 과제나 활동을 거부하려 할 때 도전행동이 발생한다.
- 특정 활동을 하는 동안 도전행동이 발생한다.
- 비선호 활동으로 전이할 때 도전행동이 발생한다.
- 비선호 활동을 하는 동안 도전행동이 발생한다.
- 선호 활동이 끝날 때 도전행동이 발생한다.
- 다른 유아와 상호작용할 때 도전행동이 발생한다.

기능평가에서 행동의 기능을 명확히 판별하였고, 팀이 그 행동의 교체행동이 될 수 있는 의사소통 행동을 판별할 수 있다면 FCT가 고려되어야 한다.

2) 실행 단계

(1) 전략 실행 절차

① 기능평가 절차를 통해 도전행동의 기능을 판별한다. 유아가 의사소통하려는 것이 무엇인가? 기능은 대개 무언가(예: 장난감)를 얻거나 무언가(예: 어려운 요구, 너무 많은 요구, 전이요구)를 피하는 것이다.

② 유아가 같은 메시지를 좀 더 적절하게 표현할 바람직한 방법을 판별한다. 유아가 이미 가진 기술 또는 유아가 빠르고 쉽게 학습할 수 있는 기술을 선택하고, 유아가 이 기술(교체행동)을 사용하였을 때 주변에서 알아챌 수 있을 만큼 명확한지 확인한다.

③ 유아가 의사소통을 위해 주로 도전행동을 사용하는 상황을 판별한다. 이 상황이 교수를 실시할 맥락이다. 유아는 좋은 연습 기회를 충분히 가져야 잘 배울 수 있으므로 매일 이러한 상황이 많이 발생하게 해야 한다. 필요하다고 예상되는 모든 자료도 준비해 놓아야 한다.

④ 최선을 다하여 도전행동의 발생을 예측하고, 그 직전에 유아가 새로운 의사소통 행동(교체행동)을 사용하도록 촉진한다. 유아가 교체행동을 하면 유아의 요구를 꼭 들어주어야 한다.

⑤ 하루 동안 이 새로운 기술을 연습할 다양한 기회를 계획하고, 유아가 새로운 기술을 사용할 때마다 반드시 원하는 바를 얻게 한다.

⑥ 또래와 주고받는 의사소통 기술인 경우, 성인은 유아가 스스로 할 수 있을 때까지 또래 간 상호작용과 의사소통을 정기적으로 촉진해 주어야 한다.

⑦ 유아가 도전행동 대신 교체행동 사용을 학습하면, 점차 보조(촉진)를 줄여 유아가 행동을 스스로 사용하게 한다. 그러나 이 보조를 너무 빨리 제거하지 않도록 유의한다.

(2) 전략 실행 예시

다음은 FCT 사용 방법의 예다.

바깥놀이: 물놀이 테이블의 조이(Zoe)

조이의 도전행동이 관찰되어 기능평가를 실시한 결과 조이의 도전행동은 물놀이 테이블에서 자주 발생하는 것으로 나타났다. 그 물놀이 테이블은 아이들에게 인기가 있어서 늘 아이들로 붐볐다. 대개 조이는 물놀이 테이블로 달려가 다른 아이들을 밀어 냈고 때로는 다른 아이들을 때려 그 테이블을 독차지하려고 하였다. 행동의 기능은 명백히 물놀이 테이블에 접근하는 것이었다. 팀은 조이에게 "나도 놀 수 있을까?"라고 물어보거나 "내 차례야."라고 말하기를 가르치기로 하였다. 교사들이 조이를 위한 행동중재계획을 실행중이었기 때문에 교사들은 기꺼이 물놀이 테이블을 추가로 마련하였고, 물놀이를 하기 위한 효과적인 의사소통 방법을 조이에게 가르쳤다. 또한 다른 아이들이 조이의 교수에 협력하게 하는 것도 계획하였다. FCT 중재를 하는 동안, 조이가 테이블에 접근하면, 교사는 조이에게 "물놀이 테이블에서 놀고 싶으면 '내 차례야.'라고 말하렴."이라고 말했다. 교사는 필요시 두 가지 이상의 촉진을 사용할 준비가 되어 있었다. 조이가 교체행동을 사용하였을 때는 물놀이 테이블 영역에 들어가는 것이 허용되었다. 교사는 조이가 "내 차례야."라고 말할 때마다 칭찬하고, 놀이를 하도록 격려하였다. 교사는 해당 테이블에 머무르며 적절한 의사소통을 계속 촉진하였고, 활동이 진행되는 동안 상호작용이 긍정적이고 성공적인지 확인하였다. 이러한 과정은 조이가 도전행동을 하기 전 교체행동을 사용하도록 하기 위함이었다. 조이가 "내 차례야."라는 말을 성공적으로 사용하게 되면서 조이는 단계적으로 자신이 원하는 것을 소통하는 방법과 다른 아이들의 놀이를 존중하는 방법을 배우게 되었다.

실내놀이: 소집단 안의 카이(Kai)

카이는 여러 활동을 옮겨 다니며 어떤 활동에도 오래 참여하지 않는 아이였다. 교사는 카이가 활동을 떠나자 교재가 있는 곳으로 돌아오라고 재지시하여 카이가 그 활동에 좀 더 머무르게 하였다. 그러자 카이는 소리를 지르고, 바닥에 드러누워, 팔을 마구 움직이고 발길질을 했다(탠트럼). 카이를 바닥에서 일어나게 하는 것이 너무 어려워 교사는 결국 포기하였고 카이는 겨우 진정되어 자리에서 일어나 다른 활동으로 갔다. 카이가 보이는 탠트럼의 기능은 자기가 다 했다고 생각하는 활동에서 벗어나는 것으로 파악되었다. 장기목표는 카이가 소집단 활동에 더 오래 참여하게 하는 것이었지만, 당장의 목표는 탠트럼을 줄이고, 카이가 활동을 마쳤을 때 "끝"을 뜻하는 수어를 하는 것이었다. 교사는 "끝"에 해당하는 수어를 배웠고, 소집단 시간에 카이에게 이 새로운 기술을 가르치기로 하였다. 이 기술을 지도하는 동안, 교사는 소집단 활동 시간마다 카이 곁에 머물렀다. 카이가 떠나려 하거나 실제로 떠나기 시작하는 것이 분명할 때, 교사는 카이에게 "끝"을 뜻하는 수어를 하도록 모델링을 하고, "끝!"이라고 말해 주고, 카이가 "끝" 수어를 하도록 손을 잡고 촉진해 주었다. 카이가 수어를 하면(스스로 하거나 촉진을 받거나) 다음 활동으로 넘어가는 것을 허용해 주었고, 다음 활동에는 다른 교사가(또는 보조교사가) 카이 곁에 머물며 같은 절차를 수행하였다. 이것은 카이가 독립적으로 "끝"을 수어로 할 수 있을 때까지 소집단 활동 시간 내내 실시되었다.

3) 특별히 고려할 점

요구나 처한 상황이 각기 다른 여러 유아에게 의사소통 기술을 지도할 때 특별히 고려할 점은 다음과 같다.

- 언어 기술에 제한이 있는 유아의 경우 유아에게 쉬운 의사소통 방법을 찾는다.
- 신체적인 제한이 있는 유아를 위해 실현 가능하고 실제적인 의사소통 방법을 찾는다.
- 인지적 지연이 있거나 새로운 기술을 배우기 어려워 하는 유아에게는 진전이 보이기까지 많은 연습 기회가 필요하다. 기술을 혼자 연습할 기회가 필요할 수도 있다.

4) 실행 관련 유의점

이 전략을 실행할 때 다음을 확인한다.

- 선택한 의사소통 방법은 유아가 사용하기에 단순하고 쉬워야 한다.
- 메시지 전달에 필요한 것만 말하게 한다. 처음 이 기술을 가르칠 때, 적절한 문법, 완벽한 문장, 또는 존댓말이나 사교성 표현(예: 감사합니다.)은 요구하지 않는다. 처음 의사소통 기술을 가르칠 때는 유아 자신에게 가장 쉬운 방법을 허용한다.
- 의사소통(교체행동)은 매번 유아에게 효과가 있어야 한다(유아가 원하는 것을 얻거나 원하지 않는 것을 피할 수 있어야 한다).
- 만약 어떤 자료가 필요하다면(예: 사진, 기기), 그것은 항상 유아가 사용할 수 있고 접근 가능하도록 준비해 놓아야 하며 모든 사람은 유아가 이를 사용하였을 때 어떻게 반응해야 할지 알고 있어야 한다.
- 만약 수어나 몸짓을 사용한다면, 유아와 상호작용하는 모든 사람(예: 또래, 성인)은 유아가 하는 수어 또는 몸짓이 무엇인지 그리고 어떻게 반응해야 하는지 알아야 한다.
- 유아가 새로운 의사소통 기술을 연습할 다양한 기회를 만들고 유아가 그 기술을 연습할 시간을 마련해야 한다.

5) 이 전략을 지지하는 연구

Carr & Durand (1985)

Carr et al. (1994)

Dunlap, Ester, Langhans, & Fox (2006)

Dunlap & Fox (1999)

Durand (1990)

Neilsen, Olive, Donovan, & McEvoy (1998)

Reeve & Carr (2000)

2. 다양한 교수 기회 삽입하기

1) 개요

(1) 정의

일과 또는 활동에 다양한 교수 기회를 삽입하는 것을 말한다.

(2) 전략에 대한 설명

이 교수 전략은 하루 내의 여러 일과(또는 활동) 또는 특정 일과(또는 활동)에 미리 계획된 다양한 교수 기회를 조성하는 것을 말한다. 예를 들면, "이번에는 내 차례야."라고 말하는 기술을 목표로 할 경우 어느 한 일과나 시간(예: 이 말을 하지 못하는 것이 문제가 되는 블록 놀이 시간)에만 기술을 가르치는 것이 아니라 대집단 시간, 소집단 시간, 미술 시간, 바깥놀이 시간 등에서도 자기 차례를 요청하는 기술을 연습할 기회를 미리 계획하여 제공하는 것을 말한다. 다시 말해서 유아가 자기 차례를 요청하는 기술을 발휘할 기능적이고 실제적인 기회를 여러 번 제공하기 위해 학급에 이미 수립된 일과와 활동에 그 기술을 염두에 둔 기회를 최대한 많이 만드는 것이다. 하나의 일과나 활동을 하는 동안에도 여러 번의 교수 기회를 삽입할 수 있다.

유의점: 이 전략은 유아가 배워야 할 핵심 기술을 효과적으로 교수하기 위한 접근으로, 다른 교수 전략과 함께 사용해야 한다. 목표 기술을 연습해야 하는 하루 내의 여러 활동에 교수 기회를 삽입하면 유아가 그 기술을 다양한 상황에 일반화하여 사용할 가능성이 커진다.

(3) 이 전략을 사용하는 이유

우리는 새로운 운동, 외국어, 또는 취미 같은 것을 잘 하고 싶을 때, 그것을 하는 데 필요한 기술을 습득하려고 많은 시간을 투자하고 집중적인 학습 기회를 만든다. 일단 그 기술을 배우고 어느 정도 자신이 생기면 우리는 그 기술을 습관처럼 또는 자동반응처럼 할 수 있도록 집중적으로 연습한다. 유아 역시 필요한 기술을 습득하려면 이러한 집중적인 학습 기회가 필요하다. 유아에게 다양한 환경에서 집중적인 학습 기회를 제공하면, 유아는 하루에도 여러 번 집중적인 연습 기회를 갖게 되고 그 기술에 좀 더 빨리 능숙해질 가능성도 커진다.

PTR-YC 평가 결과가 다음과 같을 때 이 전략의 사용을 고려한다.

- 여러 활동에서 도전행동이 발생한다.
- 다양한 유아/성인과 함께 있을 때 도전행동이 발생한다.
- 다양한 상황에서 도전행동이 발생한다.

2) 실행 단계

(1) 전략 실행 절차

① 목표 설정 시 유아에게 가르칠 기술을 정한다.

② 그 기술을 교수하기 위한 단계를 정한다. 모든 사람이 그 전략을 쉽게 실시할 수 있도록 단계와 세부 사항을 충분히 포함한다.

③ 그 기술을 집중적으로 지도할 수 있는 자연적 일과 또는 활동을 판별한다.

④ 그 기술을 그 일과 또는 활동에 어떻게 삽입할지 정한다(이 정보를 구조화하기 위해 행동 매트릭스를 활용할 수 있다).

(2) 전략 실행 예시

다음은 일과 또는 활동에서 다양한 교수 기회 삽입하기를 활용한 예다.

하나의 일과/활동 내내 다양한 교수 기회를 삽입하기

카슨(Carson)은 제한된 언어 기술을 가지고 있어서 팀은 카슨이 무언가를 원할 때 다른 사람이 쥐고 있는 물건을 낚아채는 대신 손바닥을 위로 향한 채 손을 내밀어 물건을 요구하는 기술을 목표로 정했다. 카슨은 미술을 정말 좋아했기 때문에 교사는 해당 활동에 필요한 모든 물건을 미술 책상 위에 올려놓았다. 카슨은 손을 내밀어 자신에게 필요한 물건을 요구하도록 촉진 받았고, 이 활동은 가위, 풀, 마커 펜, 크레용 등을 사용하는 활동이었기 때문에 카슨은 물건을 요구할 다양한 기회를 가졌다. 또래가 카슨이 원하는 무언가를 갖고 있으면 교사는 카슨이 또래에게 손을 내밀도록 촉진하였다. 또한 또래에게는 카슨이 무엇을 말하는지 이해시키고 카슨에게 물건을 건네도록 촉진하였다. 교사는 또래가 카슨에게 무언가 요구할 때도 손을 내밀도록 촉진하였다. 카슨은 자신이 좋아하는 활동을 하며 성인과 또래에게 적절히 요구하는 연습 기회를 여러 번 가질 수 있었다.

여러 일과/활동에 걸쳐 다양한 교수 기회를 삽입하기

테일러(Taylor)는 차례 지키기에 어려움이 있는 유아로, 하고 싶은 활동인데 차례를 기다려야 하면 자주 다른 사람을 밀치고, 할퀴고, 때리며, 소리를 질렀다. 테일러의 팀은 테일러가 화내거나 다른 사람을 다치게 하지 않고도 자신의 차례를 기다릴 수 있기를 원하였다. 팀은 테일러에게 자신의 차례를 기다리는 방법을 지도하기 위한 단계를 적고, 이 기술을 집중적으로 지도할 수 있는 일과와 활동을 찾아 보았다. 그 결과 등원, 대집단 시간, 자유 선택 놀이 시간, 간식 시간, 점심시간에 차례 지키기를 지도하기로 하였다. 팀은 행동 매트릭스와 간단한 진보 점검 서식을 만들었다. 교사들은 그들 중 누가 매일 각 활동을 하는 동안 차례 지키기를 촉진할지 정하고, 자신들이 각각의 교수 기회에 준비되어 있는지 확인하였다.

3) 특별히 고려할 점

요구나 처한 상황이 각기 다른 여러 유아를 위해 다양한 교수 기회를 삽입할 때 특별히 고려할 점은 다음과 같다.

- 지적장애를 갖고 있거나 인지적 지연이 있는 유아 또는 새로운 기술 학습에 어려움이 있는 유아에게는 더 오랜 시간 동안 많은 촉진을 제공해야 한다.

4) 실행 관련 유의점

이 전략을 활용할 때 다음을 확인한다.

- 전략 실행 계획에는 유아에게 전략을 실행할 사람과 실행 시기 그리고 적절한 연습과 코칭에 대한 내용이 포함되어야 한다.
- 교수를 실시할 모든 영역에 필요한 자료를 준비해 두어 언제든지 사용할 수 있도록 한다.

5) 이 전략을 지지하는 연구

Pretti-Frontczak & Bricker (2004)

Sandall & Schwartz (2008)

3. 또래 관련 사회성 기술 지도하기

1) 개요

(1) 정의

이 전략은 사이좋게 나눠 쓰기, 다른 사람의 의견 따르기, 놀이에 잘 끼어들기를 포함하여 유아가 또래와 효과적으로 상호작용하는 기술을 직접 교수하는 것이다.

(2) 전략에 대한 설명

이 전략은 또래와 효과적이고 긍정적으로 상호작용하는 기술을 유아에게 명확하게 가르치는 것이다. 이 전략은 사회성 기술을 직접 교수하는 교실 실제(제6장 참조)와 관련되어 있는데, 여기에서는 도전행동을 보이는 유아에 초점을 둔다. 사회성 교수를 하려면 두 명 이상의 유아를 포함해야 하므로 이 개별화된 전략은 기본적으로 이전에 설명한 교실 실제의 확장이다. 또래 관련 사회성 기술 교수는 전체 학급을 대상으로 제공되는 것이 바람직하다. 팀이 필요하다고 판단할 경우 도전행동을 보이는 유아에게는 이 전략을 더 강조하여 세심하게 지도할 수 있다.

기능평가는 도전행동이 발생하는 맥락을 판별하기 위한 것이다. 도전행동 발생 맥락이 또래와의 상호작용이라면, 사회성 기술 교수가 우선적으로 고려되어야 한다. 팀은 사이좋게 나눠 쓰기, 요구하기, 상호작용 유지하기, 상호작용 시작하기, 또래의 실수를 참아 주기 등과 같은 여러 사회성 기술 중 어떤 기술을 목표로 할지 결정한다.

(3) 이 전략을 사용하는 이유

모든 유아는 또래와 상호작용하는 법을 배워야 한다. 또래와의 사회적 상호작용은 사실상 모든 발달을 위한 중요한 기반이며, 유아기, 청소년기, 성인기 동안 유아의 성공을 결정하는 필수 요소다. 또래와의 사회적 상호작용은 우정 형성과 모든 대인관계의 주요 기반이다. 또한 사회성 기술은 도전행동의 발생 여부를 좌우한다. 사회성 기술은 유아의 요구를 충족시켜 주므로 유아가 사회성 기술을 사용하여 요구를 성취할 수 있게 되면 도전행동을 할 필요가 거의 없어진다.

PTR-YC 평가 결과가 다음과 같을 때 이 전략의 사용을 고려한다.

- 나눠 쓰기가 필요한 상황에서 도전행동이 발생한다.
- 차례를 지켜야 할 때 도전행동이 발생한다.
- 또래/성인과 상호작용을 시작할 때 도전행동이 발생한다.
- 또래/성인에게 반응하거나 대답할 때 도전행동이 발생한다.
- 상호작용에 참여할 때 도전행동이 발생한다.
- 또래와 함께 장난감이나 교구를 갖고 놀 때 도전행동이 발생한다.
- 유아가 또래/성인과 관계를 형성하거나 유지하는 것에 어려움이 있다.

2) 실행 단계

(1) 전략 실행 절차

사회성 기술은 집단 상황에서 지도하기를 강력하게 추천한다. 또래와의 상호작용 시도하기, 또래의 상호작용 시도에 반응하기를 가르치는 것은 중요하므로, 교수 목표로 삼을 사회성 기술이 구체적으로 정의되어야 한다. 추가의 지원이 필요한 유아(도전행동을 보이는 유아)에게는 개별화된 교수와 지원을 통해 지도해야 한다.

체계적이고 잘 계획된 절차가 수립되어 있으면 교수는 다양한 방식으로 이루어질 수 있다. 교수 절차는 다음과 같다.

① 특정 사회성 기술과 그 기술이 중요한 이유 설명하기: 왜 이 기술이 중요한지 설명한다.

② 특정 사회성 기술을 명명하고 그 기술을 표현한 시각적 자료를 준비하기(예: 유아가 장난감을 사이좋게 나눠 쓰는 그림과 함께 '**나눠 쓰기**' 단어카드를 준비)

③ 올바른 방법을 시범 보이기: 그 기술이 어떤 모습으로 나타나는지 시범을 보인다.
④ 사회성 기술 연습하기: 교사와 유아, 또래와 또래가 함께한다.
⑤ 잘못된 방법을 보여 주기: 무엇이 잘못되었고 그 대신 어떻게 해야 하는지 유아가 교사에게 말하게 한다.
⑥ 사회성 기술과 올바른 방법 복습하기
⑦ 모든 유아에게 연습 기회 주기
⑧ 더 많은 연습과 지원이 필요한 유아를 위해 구조화된 연습 기회 조성하기

도전행동을 보이는 유아에게는 이러한 구조화된 기회 내에서 추가 지원(예: 언어적 촉진, 제스처 또는 신체적 촉진)을 제공한다.

(2) 전략 실행 아이디어

다음은 사회성 기술을 가르치고 그 기술을 연습할 기회를 삽입하는 아이디어의 예다.

대집단 활동

전체 모임 시간에 사회성 기술을 교수하는 것을 매일의 일과로 계획한다. 사회성 기술을 보여 주는 시각적 자료를 준비한다(예: 유아가 장난감을 사이좋게 나눠 쓰는 그림에 '**나눠 쓰기**'라는 단어가 쓰인 자료). 역할놀이를 통해 기술을 연습한다. 손 인형은 사회성 기술을 가르치기 위한 좋은 도구다. 도전행동을 보이는 유아가 수업에 집중하기 어려워할 경우, 유아가 좋아하는 손 인형을 사용할 수 있다. 또한 유아에게 동기를 부여하는 물건을 이용하여 나눠 쓰기를 연습할 수도 있다(예: 기차, 인형). 대집단 활동 시간 동안 유아에게 새로운 기술을 모델링하고 연습하게 하는 것도 도움이 된다.

자유 선택 놀이

자유 선택 놀이 시간에 사회성 기술을 가르치기 위해서는 계획이 필요하다. 먼저 목표 기술을 보여 주는 시각적 자료를 유아가 볼 수 있는 곳에 게시해야 한다. 자유 선택 놀이의 한 공간을 선택하여 목표 기술이 사용되어야 하는 놀이를 준비한다. 교사가 이 놀이를 촉진할 수 있어야 하므로 목표 기술을 염두에 두고 계획된 간단한 활동으로 놀이를 시작한다. 예를 들어, 자유 선택 놀이 중 하나로 게임 테이블을 설치하면, 유아는 게임에 참여하기 위해 차례 지키기를 연습하게 된다. 특정 유아에게 차례 지키기를 연습시키려는 교사는 그 유아가 매우 좋아하는 '얼음 깨기' 게임을 자유 선택 놀이 중 하나

로 넣을 수 있다. 목표 유아가 놀이하기 위해 다가오면, 시각적 지원을 사용하여 차례 지키기를 연습하도록 한다. 이 전략을 실시하기 위해서는 의도적으로 이러한 기회를 만들고, 계획을 세워야 한다.

소집단 활동

소집단 활동 시간에 특정 사회성 기술을 직접 교수한다. 수업 계획안을 준비하고 소집단 활동 시간에 그 기술을 지도하고 연습 기회를 제공한다. 예를 들어, 사회성 기술 교수의 목표가 나눠 쓰기라면, 유아가 무언가를 나눠 써야 하는 활동이 포함될 것이다. 유아에게 나눠 쓰기에 대한 추가 지원이 필요할 경우, 해당 활동에 유아가 특별히 좋아하는 자료를 활용한다. 유아가 우주를 좋아한다면 우주선을 만들고, 유아가 좋아하는 물건들을 사용한다. 교사는 모든 유아가 나눠 쓰는 방법을 기억하도록 시각적 자료와 지원을 준비해야 한다.

3) 특별히 고려할 점

요구나 처한 상황이 각기 다른 여러 유아에게 나눠 쓰기, 차례 지키기, 놀이에 잘 끼어들기, 다른 유아의 의견에 따르기와 같은 또래 관련 사회성 기술을 지도할 때 특별히 고려할 점은 다음과 같다.

- 인지적 지연이 있거나 새로운 기술 학습에 어려움이 있는 유아를 위해서는 단계를 더 작게 나누고, 그 단계를 유아에게 더 자주 가르치고 연습시켜야 한다(교수를 위한 다양한 기회 제공). 예를 들면, 친구의 관심 얻기는 '상호작용 먼저 시도하기' 대신 '대답하기(반응하기)'부터 가르치고 연습 기회를 충분히 제공한다.
- 기술 연습이 성공적으로 이루어지게 해야 한다. 마커스(Marcus)는 자신이 좋아하는 트럭보다는 마커 펜을 더 잘 양보할 것이다.
- 유아가 시각장애 또는 청각장애가 있거나, 정보 처리에 지연이 있거나, 기타 발달 지연이 있을 경우 사회성 기술은 1대1의 단시간 교수로 실시하고 교실과 기술 관련 환경에서 연습하게 한다. 새로운 사회성 기술의 사용을 촉진하기 위해 시각적 자료나 제스처가 필요할 수도 있다.
- 사회성 기술 지도 초반에 새로운 기술을 사용하는 데 흥미를 보이지 않는 유아에

게는 추가의 강화가 필요하다. 예를 들면, 소피(Sophie)는 이전에 또래의 장난감을 낚아채는 행동으로 그 장난감을 가질 수 있었다. 따라서 장난감을 요구한 후 대답 기다리기를 가르치려면 언어적 칭찬, 하이파이브, 또는 구체물과 같은 추가의 강화가 필요할 수 있다.

- 문제의 유아를 학급이나 특정 상황에서 분리하여 새로운 사회성 기술을 가르치는 것보다는 학급의 모든 유아에게 사회성 기술을 가르친 후 추가의 지원과 연습이 필요한 개별 유아에게 그 수업을 수정하여 가르치는 것이 더 유익하다. 교사는 가능한 한 집단 교수를 하도록 노력하고 이와 더불어 개별 유아에게 구체적으로 수정된 교수를 제공해야 한다.
- 유아가 도전행동을 하고 있을 때는 사회성 기술 훈련을 시도하지 않아야 한다. 재지시를 사용할 수는 있지만, 도전행동이 없을 때 효과적 교수가 가능하다.

4) 실행 관련 유의점

이 전략을 사용할 때 다음을 확인한다.

- 유아가 기술을 연습할 기회를 많이 계획해야 하며, 지원이 더 필요한 유아에게는 더 많은 시간을 계획해야 한다.
- 새로운 기술은 학급 또는 환경 내의 모든 성인이 직접 교수를 하고 모델링해야 한다.
- 유아가 자신이 새로운 기술을 사용하고 있음을 인식해야 한다[예: "와, 사라(Sarah)가 팀(Tim)에게 블록을 나누어 주었네! 사이좋은 친구구나!"]. 교사는 또래의 반응을 언급해 줄 수도 있다(예: "팀, 사라가 너를 부를 때 대답을 해 주었구나! 사라가 웃는 것을 보렴.").
- 새로운 기술을 사용하는 유아에게 더 많은 관심을 보여야 한다.
- 이 기술을 배워야 하거나 아직 기술을 능숙하게 사용하지 못하는 유아가 성공적으로 기술을 사용하려면 연습 기회가 많이 필요하다.

5) 이 전략을 지지하는 연구

Brown, McEvoy, & Bishop (1991)

Brown & Odom (1995)

Kohler & Strain (1999)

Strain (2001)

Strain & Danko (1995)

Strain & Kohler (1998)

Strain & Schwartz (2001)

4. 자기 점검 지도하기

1) 개요

(1) 정의

유아에게 자신의 행동을 스스로 점검하는 방법을 가르치는 전략이다.

(2) 전략에 대한 설명

자기 점검은 유아가 자신의 행동을 살펴보도록 가르치는 것을 말한다. 이 전략에서는 유아가 체크리스트나 계수기를 사용하여 행동을 기록하게 하기도 한다. 자기 점검은 유아에게 언제 행동이 발생했는지 표시하도록 가르치고, 성인은 유아가 자기 점검을 성공적으로 실시하고 행동에 변화를 보였을 때 보상을 제공하는 것이다. 연구 결과, 유아가 자신의 행동을 관찰하게 했을 때 행동이 향상되는 것으로 나타났다. 자기 점검 절차 중에는 매우 어린 유아들에게 적용된 것도 있지만, 일반적으로 이 전략은 4~5세의 유아에게 가장 적절하고 효과적이다. 이 절차는 중등도(moderate) 또는 중도(sever)의 장애를 가진 유아에게도 사용되지만, 이러한 유아에게 자기 점검을 적용할 때는 세심한 주의가 필요하다.

(3) 이 전략을 사용하는 이유

자신의 행동을 관찰하고, 행동에 대해 말하며, 발생 여부를 기록할 때 유아는 자신의 행동을 의식하게 된다. 이는 행동 변화와 자기 통제를 위한 매우 중요한 단계다. 유아가 자기 통제를 더 잘 할수록, 행동 변화는 유지되고 일반화될 가능성이 크다. 연구에 따르면 자기 점검은 구어, 과제 참여 반응, 학습 준비도, 학업 성취를 향상시키는 것으로 나타났다.

PTR-YC 평가 결과가 다음과 같을 때 이 전략의 사용을 고려한다.

- 특정 바람직한 행동을 증가시킬 필요가 있다.
- 유아가 자신의 행동을 인식할 수 있다.
- 자기 통제가 유아의 중요한 단기 목표다.

2) 실행 단계

유아에게 자기 점검을 가르치는 방법은 유아의 기능 수준과 행동의 성격에 따라 다양하다. 관찰하기 쉬운 행동은 일반적으로 점검하기도 쉽다. 유아에게 자기 점검을 가르치는 단계는 다음과 같다.

① 목표행동을 주의 깊게 정의한다. 유아에게 중요하고 명백하게 관찰 가능한 모든 행동은 목표행동이 될 수 있다. 이 행동은 당신이 증가시키려는 바람직한 행동이어야 한다. 예를 들면, 그간 자기 점검은 안경 쓰기, 의자에 앉아 있기, 조용히 말하기와 같은 행동을 증가시키기 위해 사용되었다. 교사나 유아가 명확히 이해할 수 있게 행동을 정의해야 한다.

② 효과적 보상을 판별한다. 자기 점검이 효과적이려면 자기 점검의 정확한 수행과 목표행동의 바람직한 변화에 대한 효과적 보상이 제공되어야 한다. 유아가 좋아하는 모든 것(예: 칭찬, 스티커, 특별한 간식)이 보상으로 사용될 수 있지만, 개별 유아에게 효과적인 것이어야 한다. 초기에는 강화를 자주 제공하되, 유아가 절차에 능숙해지고 행동이 개선되면 줄여 나간다.

③ 유아가 자기 점검 전략을 사용할 기간을 정한다. 이 기간은 목표행동과 그 행동

이 발생해야 하는 시간에 따라 달라질 수 있다. 예를 들면, 안경 쓰기는 하루 내내 중요한 목표행동이지만, 자신의 자리에 앉아 있기는 5~10분 정도 유지되면 충분할 것이다.

④ 유아가 행동을 관찰하고 점검할 방법을 정한다. 유아가 어떻게 행동의 발생 여부를 표시할지 생각한다. 처음에는 "안경 쓰고 있니?" 또는 "자리에 앉아 있니?"와 같은 교사의 질문에 답을 함으로써 표시할 수 있다. 유아가 정확히 응답하게 되면, 예/아니요 체크리스트나 계수기 또는 스티커 차트와 같은 간단한 방법을 이용하여 유아가 정확히 답하게 한다. 이 방법은 유아의 수준과 선호도에 따라 결정하면 된다.

⑤ 유아에게 자기 점검과 자기 점검 기록을 가르친다. 교수 초기에는 교사가 많이 개입해야 할 수도 있다. 교사는 유아가 정확히 답하도록 유아를 촉진해야 하며, 목표행동의 올바른 예와 잘못된 예를 보여 주어야 한다. 유아가 대부분의 시간에 올바르게 답하면, 기록 방식을 도입하고 유아가 그 방법으로 자신의 답을 기록하도록 지도한다. 유아가 이것을 성공적으로 했을 때는 열정적인 보상이 뒤따라야 한다.

⑥ 단계적으로 교사의 지원을 줄여 나간다. 목표는 유아가 성공적이고 독립적으로 자기 점검 도구를 사용하여 교사의 지원을 줄이는(점진적으로 소거하는) 것이다. 그러나 교사의 지원을 너무 갑자기 줄이면 안 된다. 또한 정확한 자기 점검과 목표행동의 바람직한 증가 모두에 대한 보상을 지속적으로 제공하는 것도 중요하다.

3) 특별히 고려할 점

요구나 처한 상황이 각기 다른 여러 유아에게 자기 점검을 지도할 때 특별히 고려할 점은 다음과 같다.

- 인지적 지연이 있거나 새로운 기술 학습에 어려움이 있는 유아를 위해서는 자기 점검 교수 단계를 더 작게 나누고, 더 자주 연습시키고 강화해야 한다.
- 최대한 자주 교수를 실시해야 한다(또한 교수하는 시점이 합리적이어야 한다).

- 자료는 유아의 수준에 적합해야 하고, 유아의 능력과 흥미를 반영해야 한다.
- 자기 점검을 잘하려는 유아의 모든 노력을 격려해야 한다.

4) 실행 관련 유의점

이 전략을 사용할 때 다음을 확인한다.

- 필요한 모든 자료를 완벽하게 준비하여 언제든지 사용할 수 있게 한다.
- 이 전략을 직접 지도할 짧은 시간을 할애해 둔다.
- 자기 점검과 목표행동을 잘하려는 유아의 노력과 발전을 인정해 주고 칭찬한다.

5) 이 전략을 지지하는 연구

Connell, Carta, Lutz, & Randall (1993)

Dunlap, Dunlap, Koegel, & Koegel (1991)

Koegel, Koegel, Boettcher, Harrower, & Openden (2006)

Sainato, Strain, Lefebvre, & Repp (1990)

5. 강화 지연을 참고 기다리는 기술 지도하기

1) 개요

(1) 정의
강화가 지연되는 상황에 대처하면서 기다리는 기술을 직접 교수하는 전략을 말한다.

(2) 전략에 대한 설명
이 전략은 강화나 욕구 충족이 지연될 때 이를 기다리는 방법을 유아에게 명확하게 가르치는 것이다. 타이머와 남은 시간을 알려 주는 기타 수단이 강화 기다리기를 가르치는 보조적 방법으로 사용된다. 처음에는 기다리는 시간을 짧게 하고, 점차 유아가 기다리는 것을 잘하면 기다리는 시간을 늘린다.

지연을 참고 기다리는 방법을 가르치려면 기다리기와 관련한 유아의 현행 수준을 알아야 한다. 예를 들어, 현재 전혀 기다릴 줄 모르는 유아라면 기다리는 시간을 1분 이하로 하거나 심지어 몇 초로 시작해야 할 것이다. 이 전략은 유아의 현재 능력에 맞게 구체화해야 한다. 기다리는 시간을 얼마로 하여 시작할지를 정하기 위해 PTR-YC 평가를 참고한다. 결정을 위한 충분한 정보가 없다고 생각된다면, 구체적 정보를 수집하기 위해 추가 관찰을 계획한다.

(3) 이 전략을 사용하는 이유

지연을 참고 기다려야 하는 상황은 일상적으로 발생한다. 따라서 모든 사람은 기다리는 방법을 배워야 한다. 기다리는 것은 누구에게나 어려울 수 있지만, 일부 유아는 기다려야 하거나 욕구 충족이 지연될 때 지속적으로 도전행동을 보인다. 잘 기다리는 방법을 직접 교수하면 활동에 참여하는 능력, 우정을 형성하고 유지하는 능력, 일과 및 일정표를 따르는 능력, 분노와 충동을 조절하는 능력을 증가시킬 수 있다.

PTR-YC 평가 결과가 다음과 같을 때 이 전략의 사용을 고려한다.

- 기다리라는 말을 듣는 것이 도전행동을 유발한다.
- 유아가 차례 기다리기를 어려워한다.
- 유아가 분노와 충동 조절을 어려워한다.
- 교사가 다른 사람에게 주의를 기울일 때 도전행동이 발생한다.
- 유아가 기다려야 하는 시간에 도전행동이 발생한다.

2) 실행 단계

(1) 전략 실행 절차

참고 기다리는 기술은 전체 유아를 대상으로 교수할 수 있다. 그러나 기다림 및 지연과 관련한 도전행동을 보이는 유아를 위해서는 종종 추가의 개별적 지원이 필요하다. 유아에게 기다리기를 효과적으로 교수하기 위해서는 체계적으로 계획한 기회와 직접 교수가 필요하다. 성인은 유아를 지원할 준비가 되어 있어야 한다.

이 기술을 가르치는 데는 다양한 방법이 있다. 이 전략에서 가장 중요한 교수 요소는 유아가 감당할 수 있는 기다림의 시간으로 시작하는 것, 남은 시간이 시각적으로 보이도록 기다리는 시간을 구조화하는 것, 칭찬 그리고 기다리는 시간이 끝나면 즉시 원하는 것을 갖게 하는 것이다. 교수 절차는 다음과 같다.

① 기다리는 것이 쉬운 일은 아니지만 기다려야 할 때도 있다는 것에 대해 유아와 대화한다. 유아의 경험과 관련된 구체적 상황을 사용한다(예: "쌓기 놀이에서 내 차례가 올 때까지 기다려야 할 때도 있는데, 기다리는 것은 어려워.")
② 기다리기에 대한 시각적 순서도를 만든다. 남은 시간을 보여 주기 위해 타이머나 모래시계를 사용한다.
③ 타이머가 작동하는 것을 보여 주며 유아에게 기다리기를 도와주는 타이머에 대해 직접 가르친다(예: "모래가 아래로 다 내려가면 네 차례야." "타이머에 빨간 부분이 모두 사라지면 네 차례야.").
④ 유아와 함께 타이머를 사용하여 기다리기를 연습한다.
⑤ 유아가 타이머를 사용하여 기다리는 것을 연습할 구체적이고 구조화된 기회를 만든다.
⑥ 유아가 침착하게 기다리는 모습을 보이면 반드시 이를 언급하면서 구체적인 칭찬을 해 준다.
⑦ 유아가 처음에 정한 시간동안 성공적으로 잘 기다리면 기다리는 시간을 점차 늘려야 한다.

(2) 전략 실행 아이디어

다음은 유아에게 강화 지연을 참고 기다리는 방법을 지도하기 좋은 상황의 예다.

자유 선택 놀이/차례 지키기

차례 지키기를 할 수 있는 공간을 조성한다(예: 게임 테이블). 이 테이블에서 실시하는 게임은 유아가 흥미를 가질 만한 것이어야 한다(유아의 흥미를 알아 두어야 한다). 예를 들어, 호세(José)는 신체 움직임이 포함된 활동을 좋아하는 남자 유아다. 교사는 아이들이 번갈아 가며 한 명씩 얼음 한 덩어리를 망치로 두드리는 '얼음 깨기' 게임을 자유 선택 놀이 시간에 하기로 했다. 호세는 이 게임을 정말 좋아하기 때문에 번갈아 가며(차례를 지키며) 이 게임을 함께할 친구를 거부감 없이 선택할 것이다. 교사는 유아들의 사진이 차례대로 배열되어 있으며 이동할 수 있는 화살표가 부착된 시각적 일정표를 만들었다. 처음에는 교사가 화살표를 움직여 이 놀이를 할 차례인 유아의 사진에 화살표가 놓이게 하였다. 얼마 지나지 않아 호세는 친구들의 놀이 순서를 자신이 관리할 수 있도록 화살표를 이동시키는 역할을 자신이 하게 해 달라고 요청하였다.

소집단 활동/미술 활동

소집단 활동은 기다리는 시간이나 강화 지연을 자연스럽게 포함하고 있어서 기다림을 연습할 좋은 기회다. 그러나 이 교수 전략을 실시할 때는 명확하고 체계적인 교수 기회를 구체적으로 계획해야 한다. 미술 활동 시간 동안 마커 펜의 수를 제한하여 유아의 요구, 기다림, 나눠 쓰기가 필요하도록 하는 것은 매우 간단하다. 하지만 카라(Kara)가 마커 펜에 관심이 없다면 이 교수 기회는 덜 성공적일 것이다. 대신, 교사는 반짝이(카라가 매우 좋아하는 것)를 제한하고 테이블에 있는 통 하나에만 담아 놓아 카라가 타이머를 이용하여 자신이 반짝이를 사용할 수 있는 차례를 기다리게 할 수 있다.

개별 활동

세스(Seth)는 FCT를 통해 교사의 관심을 원하면 손을 들어야 한다는 것을 배웠다. 처음에 교사는 세스가 손을 들 때 언제든 즉각적으로 반응하였고, 그 결과 세스가 관심을 원할 때 보이던 탠트럼은 더 이상 나타나지 않았다. 하지만 약 1주일 후 교사는 세스가 손을 들면 즉각 반응해 주는 것을 계속할 수는 없다고 생각했다. 해야 할 많은 업무가 있기 때문이었다. 교사는 세스가 자신이 원하는 것을 언제 얻을 수 있는지 알 수 있도록 타이머를 보는 방법을 3회의 개별 교수를 통해 가르쳤다. 교사는 벨이 울리면 세스에게 작은 보상을 주는 것으로 시작하였다. 교사는 5초 기다리기에서 시작하여 10초로 확장하였고, 이런 방식으로 세스는 2분간 기다릴 수있게 되었으며, 결국 이 시간은 5분으로 늘어났다. 세스가 타이머의 목적을 학습하자 교사는 세스가 교사의 관심을 위해 손을 들 때 타이머를 사용하도록 하였다. 교사는 처음에 1분의 짧은 간격을 사용하였고, 그 후 5분, 또 10분으로 간격을 연장하였다. 벨이 울리면 교사는 신속하게 세스에게 다가가 세스가 기다려 온 교사의 관심을 주었다. 지연을 인내하는 새로운 능력 덕분에 세스는 자신의 행동을 보다 성숙하게 조절하게 되었고, 교사는 세스가 손을 들 때 모든 것을 제쳐 두지 않고도 학급을 관리할 수 있게 되었다.

3) 특별히 고려할 점

요구나 처한 상황이 각기 다른 여러 유아에게 강화 지연을 참고 기다리는 기술을 지도할 때 특별히 고려할 점은 다음과 같다.

- 인지적 지연이 있거나 새로운 기술 학습에 어려움이 있는 유아의 경우 초기에 기다릴 수 있는 시간은 매우 짧을 수 있고, 이때 더 많은 격려와 칭찬이 필요하다.
- 타이머를 이용하거나 남은 시간을 말로 세는 등의 방법으로 기다리는 시간이 끝나는 시점을 명확히 하여 유아가 성공적으로 기다리기 기술을 연습하게 해야 한다.
- 팀은 유아가 시각장애 또는 청각장애, 처리 지연, 또는 기타 발달이 지연된 경우 유아의 학습 요구에 맞는 카운트다운 방법을 사용하여야 한다.
- 유아가 정말 좋아하는 것에 대한 기다림을 가르칠 때는 추가의 강화가 필요하다.
- 기다리는 시간을 구조화하여 유아가 시작과 끝을 분명히 볼 수 있게 해야 한다.
- 유아가 성공할 수 있게 해야 하며, 초기에는 기다리는 시간이 짧아야 한다.

4) 실행 관련 유의점

이 전략을 사용할 때 다음을 확인한다.

- 이 기술의 교수 기회는 체계적으로 계획해야 한다. 기다릴 기회가 자연스럽게 발생할 수도 있지만, 이 전략에서는 기다림의 기회를 계획해야 한다.

- 성인은 이 기술 교수 시 유아가 기다리는 동안 곁에 머물며 유아를 지원해야 한다. 추가의 지원이 가능할 때 교수를 실시해야 한다.
- 침착하게 기다리려는 유아의 노력을 언급해 주고 칭찬하며, 유아가 기다릴 때 많은 관심을 보여야 한다.
- 이 기술을 배워야 하나 아직 능숙하게 이 기술을 수행하지 못하는 유아에게는 성공 경험과 성공할 기회가 필요하다.

5) 이 전략을 지지하는 연구

Carr et al. (1994)

Halle, Bambara, & Reichle (2005)

6. 시각적 일정표를 이용한 자립기술 지도하기

1) 개요

(1) 정의

유아가 일정표를 사용하도록 직접 교수하여 자립성을 증진시키는 전략을 말한다.

(2) 전략에 대한 설명

이 전략은 개별 유아가 일정표를 따르고 사용하도록 학급 체계를 구축하는 것이다. 전체 모임 시간에 도전행동을 보이는 한 유아를 예로 들어 보자. 이 일과 동안 유아가 시각적 일정표를 따르도록 지원하려면 활동의 각 단계를 정의(일과를 여러 단계로 과제분석)한 후, 각 단계를 그림으로 보여 주는 시각적 일정표를 제작하고 일과가 진행됨에 따라 이미 끝낸 단계를 어떻게 일정표에서 제거할지 가르쳐야 한다. 이 교수 전략은 유아에게 시각적 자료를 활용하여 일정을 수행하는 방법을 하나의 장면(예: 전체 모임 시간) 또는 여러 장면에 걸쳐 가르치는 데 초점을 둔다. 시각적 일정표는 사건 순서를 이해하고 예측하는 데 많은 도움이 필요한 유아에게 추가의 안내를 제공한다. 이 전략을 실행하기 전, 교실 실제를 다시 살펴보고 일반적인 교실 실제가 잘 실행되고 있는지 확인한다. 이 전략은 예방 전략 중 하나인 시각적 지원 사용하기와 비슷하지만, 교수 절차가 포함되었다는 차이가 있으며, 유아의 독립적 수행을 목표로 한다.

(3) 이 전략을 사용하는 이유

어떻게 일정표를 따르는지 유아에게 직접 교수를 실시하면 유아는 보다 성공적으로 하루를 보낼 수 있다. 일부 유아는 자신의 일정표를 따르고 관리하는 방법을 배워야 하는데 이와 관련하여 직접 교수를 해야 할 수도 있다. 유아가 이 기술을 즉시 익힐 때도 있지만, 시각적 자료, 단계 세분화, 직접 교수, 추가 지원을 제공해야 할 때도 있다.

PTR-YC 평가 결과가 다음과 같을 때 이 전략의 사용을 고려한다.

- 활동 간 전이를 할 때 도전행동이 발생한다.
- 일과 중에 도전행동이 발생한다.
- 지시를 따라야 하는 상황에서 도전행동이 발생한다.
- 일정을 따라야 할 때 도전행동이 발생한다.
- 활동 참여를 유지해야 할 때 도전행동이 발생한다.
- 활동에 참여하게 하면 도전행동이 발생한다.

2) 실행 단계

(1) 전략 실행 절차

시각적 일정표로 자립기술을 지도하는 방법은 유아가 현재 어떤 기술을 가지고 있으며 적절한 다음 단계 기술은 무엇인지, 그리고 유아의 개별적 강점 및 학습 스타일에 따라 다를 수 있다. 이러한 정보의 대부분은 이미 모아 놓은 자료(예: 목표 기록지, 평가 자료)를 통해 수집할 수 있다. 하지만 만약 당신이 팀원으로서 유아가 현재 가진 기술이나 강점이 무엇인지 정확히 모를 경우, 구체적 정보 수집을 위한 관찰시간을 더 가져야 한다. 이는 교수 절차를 진행하는 데 필요하다. 교수 절차 및 방법은 다음과 같다.

① 유아의 현재 기술 수준과 학습 스타일을 판별한다. 유아가 좋아하는 것을 알아

두는 것도 도움이 된다.

- 예를 들어, 리암(Liam)은 전체 모임 시간 동안 지속적으로 도전행동을 보인다. 리암은 보통 소품을 들고 하루를 시작하는 노래를 부를 동안에는 초반 2분간 앉아 있을 것이다. 그다음 리암은 일어나 쌓기 놀이 공간으로 달려가 장난감을 갖고 놀기 시작할 것이다.
  현재 기술 수준: 2분간 착석이 가능함, 학습 스타일: 시각과 운동감각(조작 활동), 좋아하는 것: 쌓기 놀이

② 유아가 자기 관리를 하기 위해 배워야 할 기술을 판별한다.

- 팀은 전체 모임 시간에 하게 되는 각 활동의 그림에 벨크로를 부착하여 제작한 시각적 일정표를 이용하여 리암에게 전체 모임 시간의 일과를 지도하기로 하였다.

③ 유아에게 전략을 가르쳐 주고 전략의 목적과 사용 방법에 대해 이야기를 나눈다.

- 교사는 전체 모임 전 5분간 리암을 만나 전체 모임 일정표를 보여 주었다. 교사는 리암에게 일정표의 목적을 설명하고 각 활동을 완료하면 어떻게 일정표 상의 활동 그림을 제거하는지 보여 주었다. 교사와 리암은 일정표 사용을 연습하였는데, 각 활동 그림을 떼어 '끝' 주머니에 넣었다.

④ 초기에는 일정표 사용 방법을 말로 안내하면서 일정표의 사용을 촉진한다.

- "활동 그림을 떼어 내서 '끝' 주머니에 넣는 거야."

⑤ 유아가 기술을 사용하기 시작함에 따라 지원을 점차 소거한다.

- 리암은 촉진 없이도 활동 그림을 떼어 내기 시작했고, 다음 번 전체 모임 시간에는 독립적으로 하게 되었다.

⑥ 성공할 때마다 강화하고 축하한다.

- 처음에는 활동 그림을 떼어 낼 때마다 리암을 칭찬한다. 그다음에는 한 번은 칭찬하고 한 번은 건너뛰는 방식으로 강화를 줄인다. 다음으로는 모든 활동 그림을 스스로 떼어 냈을 때 관심과 강화를 준다. 궁극적으로는 리암이 전체 모임 시간 내내 스스로 잘 참여할 때만 관심과 강화를 준다.

(2) 전략 실행 아이디어

다음은 유아에게 일정표, 일과, 지시 따르기를 가르치는 아이디어의 예다. 이 교수 전략은 유아의 현재 기술 수준과 학습 스타일에 맞게 준비해야 하고 가능하면 유아의 선호도를 반영해야 한다.

등원 시간

조나스(Jonas)는 등원 시간에 20분 내내 울면서 바닥에 드러눕곤 한다. 교사인 크리시(Krissy)와 유치원 팀은 조나스가 성공적이고 독립적으로 전이할 수 있도록 그림 일정표를 개발하였다. 크리시는 월요일에 조나스에게 이 그림 일정표를 보여 주면서 사용법을 알려 주었다. 또한 크리시는 조나스와 함께 그림 떼어 내기를 연습하였다. 크리시와 조나스는 이 일정표를 아침에 사용해 보기로 하였다. 다음 날 아침, 크리시는 전날 연습한 일정표를 조나스에게 보여 주며 맞이하였고, 조나스가 각 일과를 따라오도록 도와주었다. 매시간 조나스가 그림 일정표를 사용하려고 노력하면 크리시는 "조나스가 일정표를 잘 사용하고 있구나."와 같이 행동에 대해 구체적으로 칭찬해 주었다. 또한 크리시는 조나스에게 다음 일정은 무엇인지, 그리고 언제 끝날지에 대해 상기시켜 주었다. 조나스가 일정표를 사용할 수 있게 되자, 크리시는 도움을 멈추었다. 하지만 계속하여 많은 긍정적 피드백을 제공하였다. 크리시는 이전 평가에서 조나스가 곤충과 스티커를 좋아한다는 것을 알고 있었다. 크리시는 조나스가 등원 일과를 완수하면 곤충 스티커를 주었다.

자유 선택 놀이

웨건휠(Wagon Wheel) 유치원의 교사들은 테런스(Terrance)가 자유 선택 놀이 시간 동안 어떤 놀이 활동에도 참여하지 않고 배회한다는 것을 알게 되었다. 교사들은 테런스의 참여를 증진시키고 자립성을 기르도록 자유 선택 놀이 그림 일정표를 만들었다. 팀은 테런스가 물놀이 테이블에서 노는 것을 좋아한다는 것을 알았다. 교사는 하루 두 번의 자유 선택 놀이 전에 테런스와 함께 이 일정표를 검토하였다. 교사는 테런스에게 2분간 쌓기 놀이 공간에서 놀고 나면 물놀이를 할 수 있음을 보여 주었다. 또한 교사는 테런스에게 모래시계를 보여 주고 어떻게 작동하는지 설명해 주었다. 교사는 테런스에게 자유 선택 놀이 시간에 이 일정표를 사용할 것임을 상기시켰다. 자유 선택 놀이가 시작되자, 교사는 테런스가 일정표에 따라 2분간 쌓기 놀이에 참여하는 것을 도와주었다. 테런스는 2분 후 물놀이 테이블로 전이할 때 일정표를 사용하였다. 교사는 테런스가 놀이에 참여하고 자신의 일정표에 따르면 긍정적 피드백과 칭찬을 제공하였다.

소집단 활동

소집단 시간의 모든 미술 활동에서는 활동의 시작, 중간, 끝 단계(예: 색칠하기, 오리기, 붙이기)를 보여 주는 시각적 지원이 모든 유아에게 제공되었다. 이러한 일반적인 학급 지원에도 불구하고, 올리버(Oliver)는 도전행동을 지속적으로 보여 이 시간 내내 성인의 도움이 필요하였다. 팀은 올리버를 위해 파일 폴더에 미술 활동의 단계를 벨크로로 붙인 개별 일정표를 만들었다. 교사는 올리버와 함께 각 단계를 떼어 내는 것과 각 단계를 완수하면 '끝' 폴더에 넣는 것을 연습하였다. 올리버는 도전행동을 보일 때 많이 받던 교사의 관심을 좋아했다. 따라서 교사는 올리버가 미술 프로젝트의 각 단계를 완수할 때마다 의도적으로 올리버에게 많은 관심을 보이고, 하이파이브하고, 칭찬하고, 언급해 주고, 적극적으로 반응하였다. 교사는 올리버가 활동에 참여하지 않을 때 올리버에게 시각적 일정표를 보라고 재지시하고 올리버가 다시 활동에 참여하면 열정적인 관심을 제공하였다.

3) 특별히 고려할 점

요구나 처한 상황이 각기 다른 여러 유아에게 시각적 일정표를 이용하여 자립기술을 지도할 때 특별히 고려할 점은 다음과 같다.

- 인지적 지연 또는 새로운 기술 학습에 어려움이 있는 유아의 경우 단계를 더 작게 나누고, 교수와 연습을 더욱 자주 하고, 강화를 더 자주 제공하여야 한다.
- 교수 장면은 짧고 긍정적인 경험이어야 한다. 긍정적 경험을 하게 하려면 유아의 관심사를 반영해야 한다.
- 유아가 시각장애 또는 청각장애, 처리 지연이 있거나 주로 시각적 학습자인 경우, 기타 발달상 지연이 있는 경우 자료는 유아의 능력과 흥미를 반영하여 개별화해야 한다.
- 자기 관리를 향한 유아의 모든 노력을 격려한다. 자기 관리를 향한 모든 단계가 중요하다.
- 유아가 자기 관리를 하기 시작하면 지원을 점차 소거해야 한다. 유아를 계속 지원하되 유아가 독립적으로 이 기술을 능숙하게 사용하도록 소거 계획을 세운다.

4) 실행 관련 유의점

이 전략을 사용할 때 다음을 확인한다.

- 필요한 모든 자료는 완벽하게 준비하여 언제든지 사용할 수 있게 한다.
- 새로운 자기 관리 기술을 가르치기 위한 시간은 짧게 계획하고, 직접 교수를 실시한다.
- 새로운 기술은 학급 또는 환경 내 모든 성인이 직접 교수하고 모델링해야 한다.
- 새로운 자기 관리 기술과 관련된 유아의 노력과 진보를 인정해 주어야 한다.

5) 이 전략을 지지하는 연구

Duda, Dunlap, Fox, Lentini, & Clarke (2004)

Quill (1997)

Sandall & Schwartz (2008)

Schmit, Alpers, Raschke, & Ryndak (2000)

부록 C 강화 중재

다음은 PTR-YC 강화 영역의 전략으로, 유아프로그램에서 일반적으로 사용할 수 있는 증거기반의 중재다. 이 중재는 양질의 교실 실제에도 불구하고 잘 해결되지 않는 도전행동을 보이는 개별 유아를 위해 개발되었다. 행동중재계획을 수립할 때는 한 가지 이상의 강화 중재를 포함해야 한다. 대부분의 행동중재계획은 두 가지 이상의 강화 중재를 포함하고 있다.

강화 중재의 사용과 관련하여 몇 가지 강조할 사항이 있다. 첫째, 우리는 종종 정적 강화제를 일컬을 때 **보상**이라는 용어를 사용하는데, 보상(또는 정적 강화제)은 정적 강화가 발생하게 하는 후속결과다. 이 책에서는 **보상**이라는 용어를 정적 강화제 또는 강화제와 동일한 의미로 사용한다. 강화제는 도전행동 및 바람직한 행동을 유지하는 후속결과를 뜻하기도 한다.

둘째, **정적 강화**란 특정 행동 직후 강화제가 뒤따르게 하는 행위를 통해 그 행동이 증가하는 현상을 말한다. 이 정의는 정적 강화가 행동에 미치는 영향력에 기초한다. 따라서 우리가 보상(또는 강화제)이라고 생각한 것이 실제로 일부 유아에게나 특정 행동에 보상으로 작용하지 않을 수도 있다. 예를 들어, 관심은 보상의 역할을 할 수 있지만, 그렇지 않을 수도 있다. 그것은 유아, 행동 그리고 상황에 따라 다르다. 때로 어떤 사물이 어느 날에는 강화제로 작용하지만(예: 과자) 다음 날에는 그렇지 않을 수도 있다. 핵심은 강화제로 사용된 것이 행동을 실제로 증가시키는지 확인해야 한다는 점이다. 강화제가 효과적이지 않았다면 강화제로 사용할 좀 더 효과적인 사물(또는 활동)을 찾아야 한다.

셋째, 강화제는 최대한 자연스러워야 한다. 칭찬은 자연스러운 것이다. 미소를 보이거나 하이파이브를 하는 것 또한 자연스러운 것이므로 만약 이러한 것들이 강화제로서 효과적이라면 사용하는 것이 좋다. 하지만 때로는 스티커, 과자, 또는 특별한 활동과 같이 추가적인 것이 필요할 때도 있다. 이것이 다소 인위적이거나 지나치다고 여겨지더라도 효과가 있다면 사용해야 한다. 행동의 변화가 정말 중요하다면, 얼마간 좀 더 강력한 강화제가 필요할 수도 있는데 최소한의 행동 변화가 시작될 때까지는 그러하다. 변화가 확고해진 다음에는 강화제를 점차 줄여 나갈 수 있다(줄여 나가야 한다!). 행동은 유아가 하는 일의 자연스러운 일부가 되어야 하며, 후속결과 또한 자연스러워야 한다.

넷째, 강화제는 항상 학급 환경의 주요 부분이 되어야 한다. 제6장에서 논의한 바와 같이, 양질의 교실 환경에서 가장 중요한 요소 중 하나는 부정적인 상호작용에 대한 긍정적 상호작용의 비율을 높이는 것이다. 도전행동을 보이는 유아를 포함하여 학급 내 모든 학생에게 긍정적 상호작용과 부정적 상호작용의 비율은 5:1로 유지되어야 한다.

1. 바람직한 행동 강화하기

1) 개요

(1) 전략에 대한 설명

이 강화 전략은 바람직한 행동을 구체적으로 판별하고 그 행동을 증가시키기 위해 정적 강화를 사용하는 것이다. PTR-YC에서 바람직한 행동이란 대부분 사회적 행동이며 여기에는 의사소통도 포함된다. 이 전략은 교수 전략 중 의사소통 기술 지도와 관련되어 있지만, 이 전략에서 바람직한 행동은 팀이 정한 거의 모든 것이 될 수 있으며, 유아의 도전행동과 기능적인 관련이 있는 행동일 필요는 없다는 점에서 더 광범위하다.

(2) 이 전략을 사용하는 이유

바람직한 행동을 증가시키는 것은 중요하며 정적 강화의 사용은 가장 직접적이고 효율적인 방법이다.

2) 실행 단계

① 강화할 바람직한 행동을 정의하되, 측정이 가능하고 행동 발생 여부에 대해 누구도 의문을 품지 않도록 정의한다.

② 효과적인 강화제를 판별한다. 바람직한 행동 직후에 강화제를 제공해야 행동이 증가한다. 강화제는 긍정적인 인정(예: 칭찬)의 형태일 수도 있고 더 강력한 구체물(예: 특별한 과자, 스티커)일 수도 있다.

③ 유아가 바람직한 행동을 할 때 어떻게 강화제를 제공할지 정확히 정하고 누가 강화제를 제공할지도 정한다.

④ 강화제는 바람직한 행동 발생 직후 즉시 제공해야 하며, 이는 강화 적용 초기에 특히 중요하다. 바람직한 행동이 만족할 만한 수준으로 증가하면 강화의 양을 줄이고 강화제가 가능한 자연스러운 것이 되도록 한다. 그러나 바람직한 행동이 다시 감소하면 이전의 강화 양과 유형으로 돌아가야 한다.

3) 이 전략을 지지하는 연구

Cooper, Heron, & Heward (1987)

Hester et al. (2004)

Kaiser & Rasminsky (2003)

Kern (2005)

Landy (2009)

Nunnelley (2002)

2. 물리적으로 양립할 수 없는 행동 강화하기

1) 개요

(1) 전략에 대한 설명

이 강화 전략은 도전행동과 양립할 수 없는 바람직한 행동을 판별하고, 정적 강화를 사용하여 그 행동을 증가시키는 것이다. 물리적으로 양립할 수 없는 행동이란 판별된 도전행동과 동시에 보일 수 없는 행동을 의미한다. 예를 들어, 유아의 도전행동이 학급을 배회하는 것이라면, 지정된 의자나 바닥에 조용히 앉아 있는 것은 양립할 수 없는 행동이다. 만약 도전행동이 또래를 때리는 것이라면, '손 무릎'을 하거나 두 손 내려놓기를 하는 것이 물리적으로 양립할 수 없는 행동이다. 그 외의 측면에서는 이 전략과 바람직한 행동 강화하기 전략은 동일하다.

(2) 이 전략을 사용하는 이유

바람직한 행동을 증가시키는 것은 중요하며, 정적 강화의 사용은 가장 직접적이고 효율적인 방법이다.

2) 실행 단계

① 강화할 바람직한 행동을 정의하되, 측정이 가능하고 행동 발생 여부에 대해 누구도 의문을 품지 않도록 정의한다.

② 효과적인 강화제를 판별한다. 바람직한 행동 직후에 강화제를 제공해야 행동이 증가한다. 강화제는 긍정적인 인정(예: 칭찬)의 형태일 수도 있고 더 강력한 구체물(예: 특별한 과자, 스티커)일 수도 있다.

③ 유아가 바람직한 행동을 할 때 어떻게 강화제를 제공할지 정확히 정하고 누가 강화제를 제공할지도 정한다.

④ 강화제는 바람직한 행동 발생 직후 즉시 제공해야 하며, 이는 강화 적용 초기에 특히 중요하다. 바람직한 행동이 만족할 만한 수준으로 증가하면 강화의 양을 줄

이고 강화제가 가능한 한 자연스러운 것이 되도록 한다. 그러나 바람직한 행동이 다시 감소하면 이전의 강화 양과 유형으로 돌아가야 한다.

3) 이 전략을 지지하는 연구

Cooper, Heron, & Heward (1987)
Kern (2005)

3. 도전행동에 대한 강화 제거하기

1) 개요

(1) 전략에 대한 설명

이 강화 전략은 도전행동을 유지하는 후속결과(강화제)를 판별하고 이를 조정하여 도전행동을 강화하는 후속결과가 더 이상 뒤따르지 않게 하는 것이다. 즉, 도전행동과 후속결과 간 연결고리를 끊어 도전행동이 더 이상 유아에게 효과가 없게 만드는 것이다. 이 전략은 소거라는 기술적 용어로도 불린다.

이 전략의 효과는 일반적으로 다음 세 가지에 달려 있다. 즉, ① 도전행동을 유지하는 후속결과를 정확히 판별하는 역량, ② 중재를 하는 동안 도전행동을 유지하던 후속결과가 도전행동 직후에 일어나지 못하게 하는 역량, ③ 도전행동에 뒤따르던 후속결과를 얻을 수 있는 합리적인 대안을 유아에게 제공하는 역량이다.

(2) 이 전략을 사용하는 이유

도전행동이 발생하는 이유는 도전행동이 후속결과를 얻는 데 효과적이기 때문이다. 만약 도전행동이 후속결과를 얻는 데 효과가 없다면, 그 도전행동은 감소할 것이다. 이것은 잘 알려진 행동의 원리다. 그러나 후속결과를 통제하기 어려울 때(예를 들어, 도전행동을 유지시키는 후속결과가 또래들의 관심일 때)는 이 전략을 실행하기가 곤란할 수도 있다. 하지만 팀이 창의적이고 성실한 자세로 임한다면 전략은 대부분 효과를 거둘 수 있으며, 특히 다른 중재와 이 전략을 결합하여 실행하는 것이 효과적이다.

2) 실행 단계

① 기능평가 과정에서 도전행동을 유지시키는 후속결과(강화제)를 판별한다. 때로 후속결과는 일과 또는 상황별로 판별해야 한다. 이는 같은 행동이 다른 상황에서는 다른 기능을 가질 수 있기 때문이다.

② 도전행동을 유지시키는 후속결과를 어떻게 제거 또는 중단시킬지 결정한다. 교사가 직접 통제할 수 있는 강화제라면(예: 강화제가 교사의 관심이거나 교사 요구의 철회일 때) 이는 간단하게 해결할 수 있다. 하지만 이렇게 간단하지 않을 수도 있다(예: 강화제가 또래의 관심이거나 또래가 자기 장난감을 내어 주는 것일 때). 이와 같이 복잡한 경우, 팀은 도전행동이 후속결과를 얻는 데 더 이상 효과가 없도록 상황을 어떻게 조정할지 알아내야 한다. 교사는 또래가 관련되어 있을 경우 직접 개입하거나, 또래의 협조를 구하여 도전행동에 관심을 보이지 않도록 지도할 수도 있다.

③ 유아가 도전행동 대신 적절한 방법으로 강화제(후속결과)를 얻을 수 있는 방법을 정한다. 이는 유아가 도전행동을 보이지 않을 때 또는 바람직한 행동을 할 때 강화제를 제공하는 간단한 방법으로 실행할 수 있다. 핵심은 도전행동을 하지 않고도 원하는 강화제를 얻을 수 있으면 도전행동을 하려는 유아의 동기가 감소한다는 점이다.

3) 중요한 유의점

- 이 전략을 사용할 때 일반적으로 고려할 점은 행동이 나아지기 전에 먼저 나빠질 수 있다는 점이다. 따라서 실행자는 초기에 발생할 수 있는 높은 강도의 도전행동 폭발에 대비해야 한다. 그러나 효과적인 예방 전략과 동일한 강화제를 얻을 수 있는 바람직한 행동을 교수하는 전략이 행동중재계획에 포함되어 있다면, 이와 같은 일시적인 도전행동의 증가가 일어나지 않을 수도 있다. 이러한 추가 전략을 준비하여 도전행동의 일시적 폭발이 일어나지 않도록 해야 한다.

- 이 전략은 항상 다른 PTR-YC 전략과 결합하여 사용해야 한다. 이 전략은 이전에 가능했던 강화제를 제거하는 것이기 때문에, 유아가 바람직한 행동을 통해 많은 강화제에 접근하게 하는 것이 특히 중요하다.
- 전략이 효과적이려면 도전행동에 대한 강화제(보상)로 작용해 온 사물이나 사건을 정확히 파악해야 한다. 이러한 후속결과는 유아가 도전행동을 보였을 때 얻을 수 있었던 것(예: 관심, 신체적 접촉, 인형), 또는 유아가 회피하거나 제거할 수 있었던 것(예: 요구, 전이, 싫어하는 학급 친구)이다. 즉, 이 전략의 성패는 기능평가를 얼마나 잘 하느냐에 달려 있다.

4) 이 전략을 지지하는 연구

Cooper, Heron, & Heward (1987)
Kern (2005)

4. 위기 중재계획

이 전략은 유아가 매우 폭력적이어서 유아 자신 또는 또래에게 실질적 위험이 존재하는 상황에만 아주 드물게 사용한다. 이 전략은 모든 유아와 성인의 안전을 보장하는 계획과 학급 일과가 재개될 수 있도록 상황을 진정시키는 계획으로 구성되어 있다.

위기 중재계획은 PTR-YC 접근으로 다룰 수 있는 사안은 아니며, 행동 변화를 위한 노력으로 볼 수는 없다. 그러나 드문 경우지만 극적으로 통제 불가능한 행동의 발생이 예상될 때, 팀이 완벽하게 준비되어 있는 것은 중요하다. 여기서 준비란 안전을 확보하고 행동을 점차 진정시키는 계획을 말한다.

사회정서 중재에 대한 기술지원센터(Technical Assistance Center on Social Emotional Intervention, http://www.challengingbehavior.org)에서 펴낸『유아에게 신체적 제지와 분리의 적용 금지』보고서를 읽어보기 바란다. 이 보고서에는 폭발 행동을 다루고 신체적 제지와 분리를 피할 수 있는 긍정적 전략에 대한 정보가 제공되어 있다.

참고문헌

Arndorfer, R. E., Miltenberger, R. G., Woster, S. H., Rortvedt, A. K., & Gaffaney, T. (1994). Home-based descriptive and experimental analysis of problem behaviors in children. *Topics in Early Childhood Special Education*, *14*, 64–87.

Asher, S. R. (1995). The academic lives of neglected, rejected, popular, and controversial children. *Child Development*, *66*, 754–763.

Asmus, J. M., Wacker, D. P., Harding, J., Berg, W., Derby, M., & Kacis, E. (1999). Evaluation of antecedent stimulus parameters for the treatment of escape-maintained aberrant behavior. *Journal of Applied Behavior Analysis*, *32*, 495–513.

Bambara, L., & Kern, L. (Eds.). (2005). *Individualized supports for students with problem behaviors: Designing positive behavior plans*. New York, NY: Guilford Press.

Blair, K. C., Umbreit, J., & Bos, C. S. (1999). Using functional assessment and children's preferences to improve the behavior of young children with behavioral disorders. *Behavioral Disorders*, *24*, 151–166.

Blair, K. C., Umbreit, J., Dunlap, G., & Jung, G. (2007). Promoting inclusion and peer participation through assessment-based intervention. *Topics in Early Childhood Special Education*, *27*, 134–147.

Branson, D., & Demchak, M. (2011). Toddler teachers' use of teaching pyramid practices. *Topics in Early Childhood Special Education*, *30*, 196–208.

Bredekamp, S., & Copple, C. (Eds.). (1997). *Developmentally appropriate practice in early childhood programs* (Rev. ed.). Washington, DC: National Association for the Education of Young Children.

Brown, W. H., McEvoy, M. A., & Bishop, J. N. (1991). Incidental teaching of social behavior: A naturalistic approach for promoting young children's peer interactions. *Teaching Exceptional Children*, *24*, 35-38.

Brown, W. H., & Odom, S. L. (1995). Naturalistic peer interventions for promoting preschool children's social interactions. *Preventing School Failure*, *39*, 38-43.

Carr, E. G., Dunlap, G., Horner, R. H., Koegel, R. L., Turnbull, A.P., Sailor, W., ... Fox, L. (2002). Positive behavior support. Evolution of an applied science. *Journal of Positive Behavior Interventions*, *4*, 4-16.

Carr, E. G., & Durand, V. M. (1985). Reducing behavior problems through functional communication training. *Journal of Applied Behavior Analysis*, *18*, 111-126.

Carr, E. G., Horner, R. H., Turnbull, A. P., Marquis, J., Magito-Mclaughlin, D., McAtee, M. L., ... Doolabh, A. (1999). *Positive behavior support for people with developmental disabilities: A research synthesis*. Washington, DC: American Association on Mental Retardation.

Carr, E. G., Levin, L., McConnachie, G., Carlson, J. I., Kemp, D. C., & Smith, C. E. (1994). *Communication based interventions for problem behavior: A user's guide for producing positive change*. Baltimore, MD: Paul H. Brookes Publishing Co.

Chafouleas, S., Riley-Tillman, T. C., & Sugai, G. (2007). *School-based behavioral assessment: Informing intervention and instruction*. New York, NY: Guilford.

Christie, J. F. (1988). The effects of play period duration on children's play patterns. *Journal of Research in Childhood Education*, *3*, 123-131.

Clarke, S., Dunlap, G., Foster-Johnson, L., Childs, K. E., Wilson, D., White, R., & Vera, A. (1995). Improving the conduct of students with behavioral disorders by incorporating student interests into curricular activities. *Behavioral Disorders*, *20*, 221-237.

Connell, M. C., Carta, J. J., Lutz, S., & Randall, C. (1993). Building independence during in-class transitions: Teaching in-class transition skills to preschoolers with developmental delays through choralresponse-based self-assessment and contingent praise. *Education and Treatment of Children*, *16*, 160-174.

Conroy, M. A., Davis, C. A., Fox, J. J., & Brown, W. H. (2002). Functional assessment of behavior and effective supports for young children with challenging behavior. *Assessment for Effective Intervention*, *27*, 35-47.

Conroy, M. A., Dunlap, G., Clarke, S., & Alter, P. J. (2005). A descriptive analysis of positive behavioral intervention research with young children with challenging behavior. *Topics in Early Childhood Special Education*, *25*, 157-166.

Cooper, J. O., Heron, T. E., & Heward, W. L. (1987). *Applied behavior analysis*. Upper Saddle River, NJ: Merrill.

DePaepe, P., Reichle, R., & Reichle, J. (1993). Applying general case instructional strategies when teaching communicative alternatives to challenging behavior. In J. Reichle & D. Wacker (Eds.), *Communicative approaches to the management of challenging behavior* (pp. 237–262). Baltimore, MD: Paul H. Brookes Publishing Co.

Duda, M. A., Dunlap, G., Fox, L., Lentini, R., & Clarke, S. (2004). An experimental evaluation of positive behavior support in a community preschool program. *Topics in Early Childhood Special Education, 24*, 143–155.

Dunlap, G. (2006). The applied behavior analytic heritage of PBS: A dynamic model of action-oriented research. *Journal of Positive Behavior Interventions, 8*, 58–60.

Dunlap, G., & Carr, E. G. (2007). Positive behavior support and developmental disabilities: A summary and analysis of research. In S. L. Odom, R. H. Horner, M. Snell, & J. Blacher (Eds.), *Handbook of developmental disabilities* (pp. 469–482). New York, NY: Guilford Press.

Dunlap, G., Carr, E. G., Horner, R. H., Zarcone, J., & Schwartz, I. (2008). Positive behavior support and applied behavior analysis: A familial alliance. *Behavior Modification, 32*, 682–698.

Dunlap, G., dePerczel, M., Clarke, S., Wilson, D., Wright, S., White, R., & Gomez, A. (1994). Choice making to promote adaptive behavior for students with emotional and behavioral challenges. *Journal of Applied Behavior Analysis, 27*, 505–518.

Dunlap, L. K., Dunlap, G., Koegel, L. K., & Koegel, R. L. (1991). Using self-monitoring to increase students' success and independence. *Teaching Exceptional Children, 23*, 17–22.

Dunlap, G., Ester, T., Langhans, S., & Fox, L. (2006). Functional communication training with toddlers in home environments. *Journal of Early Intervention, 28*, 81–96.

Dunlap, G., & Fox, L. (1999). A demonstration of behavioral support for young children with autism. *Journal of Positive Behavior Interventions, 1*, 77–87.

Dunlap, G. & Fox, L. (2009). Positive behavior support and early intervention. In W. Sailor, G. Dunlap, G. Sugai, & R.H. Horner (Eds.), *Handbook of positive behavior support* (pp. 49–71). New York, NY: Springer.

Dunlap, G., & Fox, L. (2011). Function-based interventions for children with challenging behavior. *Journal of Early Intervention, 33*, 333–343.

Dunlap, G., Iovannone, R., Kincaid, D., Wilson, K., Christiansen, K., Strain, P. S., & English, C. (2010). *Prevent-Teach-Reinforce: A school-based model of individualized positive behavior support*. Baltimore, MD: Paul H. Brookes Publishing Co.

Dunlap, G., Iovannone, R., Wilson, K., Kincaid, D., & Strain, P. (2010). Prevent-Teach-Reinforce: A standardized model of school-based behavioral intervention. *Journal of Positive Behavior Interventions, 12*, 9–22.

Dunlap, G., & Kern, L. (1996). Modifying instructional activities to promote desirable behavior: A conceptual and practical framework. *School Psychology Quarterly, 11*, 297-312.

Dunlap, G., Kern-Dunlap, L., Clarke, S., & Robbins, F. R. (1991). Functional assessment, curriculum revision, and severe behavior problems. *Journal of Applied Behavior Analysis, 24*, 387-397.

Dunlap, G., & Koegel, R. L. (1980). Motivating autistic children through stimulus variation. *Journal of Applied Behavior Analysis, 13*, 619-627.

Durand, V. M. (1990). *Severe behavior problems: A functional communication training approach*. New York, NY: Guilford Press.

Foster-Johnson, L., Ferro, J., & Dunlap, G. (1994). Preferred curricular activities and reduced problem behaviors in students with intellectual disabilities. *Journal of Applied Behavior Analysis, 27*, 493-504.

Fox, L., Dunlap, G., Hemmeter, M. L., Joseph, G. E., & Strain, P. S. (2003, July). The teaching pyramid: A model for supporting social competence and preventing challenging behavior in young children. *Young Children*, 48-52.

Fox, L., & Hemmeter, M. L. (2009). A program-wide model for supporting social emotional development and addressing challenging behavior in early childhood settings. In W. Sailor, G. Dunlap, G. Sugai, & R. Horner (Eds.), *Handbook of positive behavior support* (pp. 177-202). New York, NY: Springer.

Frea, W. D., & Hepburn, S. L. (1999). Teaching parents of children with autism to perform functional assessments to plan interventions for extremely disruptive behaviors. *Journal of Positive Behavior Interventions, 1*, 112-116.

Halle, J., Bambara, L. M., & Reichle, J. (2005). Teaching alternative skills. In L. Bambara & L. Kern (Eds.), *Individualized supports for students with problem behaviors* (pp. 237-274). New York, NY: Guilford Press.

Harding, J. W., Wacker, D. P., Berg, W. K., Cooper, L., Asmus, J., Mlela, K., & Muller, J. (1999). An analysis of choice making in the assessment of young children with severe behavior problems. *Journal of Applied Behavior Analysis, 32*, 63-82.

Hemmeter, M. L., Ostrosky, M., & Fox, L. (2006). Social and emotional foundations for early learning: A conceptual model for intervention. *School Psychology Review, 35*, 583-601.

Hemmeter, M., Smith, B., Sandall, S., & Askew, L. (2005). *DEC recommended practices workbook*. Missoula, MT: Division for Early Childhood.

Hester, P. P., Baltodano, H. M., Hendrickson, J. M., Tonelson, S. W., Conroy, M. A., & Gable, R. A. (2004). Lessons learned from research on early intervention: What teachers can do to prevent children's behavior problems. *Preventing School Failure, 49*, 5-10.

Iovannone, R., Greenbaum, P., Wang, W., Kincaid, D., & Dunlap, G. (in press). *Reliability of an individualized behavior rating scale tool for progress monitoring.* Assessment for Effective Intervention.

Iovannone, R., Greenbaum, P., Wei, W., Kincaid, D., Dunlap, G., & Strain, P. (2009). Randomized control trial of a tertiary behavior intervention for students with problem behaviors: Preliminary outcomes. *Journal of Emotional and Behavioral Disorders, 17*, 213-225.

Joseph, G. E., & Strain, P. S. (2003). Comprehensive evidence-based social-emotional curricula for young children: An analysis of efficacious adoption potential. *Topics in Early Childhood Special Education, 23*, 65-76.

Kaiser, B., & Rasminsky, J. S. (2003). *Challenging behavior in young children: Understanding, preventing, and responding effectively.* Boston, MA: Allyn & Bacon.

Kern, L. (2005). Responding to problem behavior. In L. Bambara & L. Kern (Eds.), *Individualized supports for students with problem behaviors* (pp. 275-302). New York, NY: Guilford Press.

Kern, L., & Dunlap, G. (1999). Assessment-based interventions for children with emotional and behavioral disorders. In A.C. Repp & R.H. Horner (Eds.), *Functional analysis of problem behavior: From effective assessment to effective support* (pp. 197-218). Belmont, CA: Wadsworth Publishing.

Kern, L., Vorndran, C. M., Hilt, A., Ringdahl, J. E., Adelman, B. E., & Dunlap, G. (1998). Choice as an intervention to improve behavior: A review of the literature. *Journal of Behavioral Education, 8*, 151-169.

Koegel, R. L., & Koegel, L. K. (2012). *The PRT pocket guide: Pivotal response treatment for autism spectrum disorders.* Baltimore, MD: Paul H. Brookes Publishing Co.

Koegel, L. K., Koegel, R. L., Boettcher, M. A., Harrower, J., & Openden, D. (2006). Combining functional assessment and self-management procedures to rapidly reduce disruptive behaviors. In R. L. Koegel & L.K. Koegel (Eds.), *Pivotal response treatments for autism: Communication, social, and academic development* (pp. 245-258). Baltimore, MD: Paul H. Brookes Publishing Co.

Kohler, F. W., & Strain, P. S. (1992). Applied behavior analysis and the movement to restructure schools: Compatibilities and opportunities for collaboration. *Journal of Behavioral Education, 2*, 367-390.

Kohler, F. W., & Strain, P. S. (1999). Maximizing peer-mediated resources within integrated preschool classrooms. *Topics in Early Childhood Special Education, 19*, 92-102.

Kontos, S. (1999). Preschool teachers' talk, roles, and activity settings during free play. *Early Childhood Research Quarterly, 14*, 363-383.

Krantz, P. J., & Risley, T. (1977). Behavioral ecology in the classroom. In K. D. O'Leary & S. G. O'Leary (Eds.), *Classroom management: The successful use of behavior modification* (2nd ed., pp. 349-366). New York, NY: Pergamon Press.

Landy, S. (2009). *Pathways to competence: Encouraging healthy social and emotional development in young children* (2nd ed.). Baltimore, MD: Paul H. Brookes Publishing Co.

Lane, K. L., Wehby, J. H., & Cooley, C (2006). Teacher expectations of student's classroom behavior across grade span. *Exceptional Children, 22*, 153-167.

McCormick, K. M., Jolivette, K., & Ridgley, R. (2003). Choice making as an intervention strategy for young children. *Young Exceptional Children, 6*, 3-10.

Neilsen, S. L., Olive, M. L., Donovan, A., & McEvoy, M. (1998). Challenging behaviors in your classroom? Don't react, teach instead. *Young Exceptional Children, 2*, 2-10.

Nunnelley, J. C. (2002). *Powerful, positive, and practical practices: Behavior guidance strategies*. Little Rock, AR: Southern Early Childhood Association.

Odom, S. L., & Strain, P. S. (1986). Combining teacher antecedents and peer responses for promoting reciprocal social interaction of autistic preschoolers. *Journal of Applied Behavior Analysis, 19*, 59-71.

Pretti-Frontczak, K., & Bricker, D. (2004). *An activity-based approach to early intervention* (3rd ed.). Baltimore, MD: Paul H. Brookes Publishing Co.

Quill, K. (1997). Instructional considerations for young children with autism: The rationale for visually cued instruction. *Journal of Autism and Developmental Disorders, 27*, 697-714.

Ratcliff, N. (2001). Use the environment to prevent discipline problems and support learning. *Young Children, 56*, 84-87.

Reeve, C. E., & Carr, E. G. (2000). Prevention of severe behavior problems in children with developmental disorders. *Journal of Positive Behavior Interventions, 2*, 144-160.

Rosenkoetter, S. E., & Fowler, S. A. (1986). Teaching mainstreamed children to manage daily transitions. *Teaching Exceptional Children, 19*, 20-23.

Sailor, W., Dunlap, G., Sugai, G., & Horner, R. (Eds.). (2009). *Handbook of positive behavior support*. New York, NY: Springer.

Sainato, D. M. (1990). Classroom transitions: Organizing environments to promote independent performance in preschool children with disabilities. *Education and Treatment of Children, 13*, 288-297.

Sainato, D. M., Strain, P. S., Lefebvre, D., & Repp, N. (1990). Effects of self-evaluation on the independent work skills of preschool children with disabilities. *Exceptional Children, 56*, 540-549.

Sandall, S., Hemmeter, M., Smith, B., & McLean, M. (Eds.). (2005). *DEC recommended practices: A comprehensive guide for practical application*. Longmont, CO: Sopris West Educational Services.

Sandall, S. R., & Schwartz, I. S. (2008). *Building blocks for teaching preschoolers with special needs* (2nd ed.). Baltimore, MD: Paul H. Brookes Publishing Co.

Schmit, J., Alpers, S., Raschke, D., & Ryndak, D. (2000). Effects of using a photographic cueing package during routine school transitions with a child who has autism. *Mental Retardation, 38*, 131-137.

Smith, B., & Fox, L. (2003). *Systems of service delivery: A synthesis of evidence relevant to young children at risk of or who have challenging behavior*. Tampa: University of South Florida.

Snyder, P. A., Crowe, C. D., Miller, M. D., Hemmeter, M. L., & Fox, L. (2011). *Evaluating implementation of evidence-based practices in preschool: Psychometric evidence for the Teaching Pyramid Observation Tool*. Paper presented at the annual meeting of the American Educational Research Association, New Orleans, LA.

Strain, P. S. (2001). Empirically-based social skill intervention. *Behavioral Disorders, 27*, 30-36.

Strain, P. S., & Bovey, E. H. (2011). Randomized, controlled trial of the LEAP model of early intervention for young children with autism spectrum disorders. *Topics in Early Childhood Special Education, 31*, 133-154.

Strain, P. S., Bovey, E. H., Wilson, K., & Roybal, R. (2009). Leap preschool: Lessons learned of over 28 years of inclusive services for young children with autism. *Young Exceptional Children, Monograph Series 11*, 49-68.

Strain, P. S., & Danko, C. D. (1995). Caregivers' encouragement of positive interaction between preschoolers with autism and their siblings. *Journal of Emotional and Behavioral Disorders, 3*, 2-12.

Strain, P. S., & Kohler, F. W. (1998). Peer-mediated social intervention for young children with autism. *Seminars in Speech and Language, 19*, 391-405.

Strain, P. S., & Schwartz, I. (2001). Applied behavior analysis and social skills intervention for young children with autism. *Focus on Autism and Other Developmental Disorders, 8*, 12-24.

Strain, P., Wilson, K., & Dunlap, G. (2011). Prevent-Teach-Reinforce: Addressing problem behaviors of students with autism in general education classrooms. *Behavioral*

Disorders, *36*, 160–171.

Waldron-Soler, K. M., Martella, R. C., Marchand-Martella, N. E., & Ebey, T. L. (2000). Effects of choice of stimuli as reinforcement for task responding in preschoolers with and without developmental disabilities. *Journal of Applied Behavior Analysis*, *33*, 93–96.

Walker, H. M., Ramsey, E., & Gresham, F. M. (2004). *Antisocial behavior in school: Evidence-based practices* (2nd ed.). Belmont, CA: Wadsworth.

Wien, C. A. (1996). Time, work, and developmentally appropriate practice. *Early Childhood Research Quarterly*, *11*, 377–393.

Winterling, V., Dunlap, G., & O'Neill, R. E. (1987). The influence of task variation on the aberrant behavior of autistic students. *Education and Treatment of Children*, *10*, 105–119.

Zanolli, K. M., Saudargas, R. A., & Twardosz, S. (1997). The development of toddlers' responses to affectionate teacher behavior. *Early Childhood Research Quarterly*, *12*(1), 99–116.

찾아보기

인명

인명

◆ 저자 소개 ◆

Glen Dunlap, Ph.D.

Glen Dunlap 박사는 미국 탬퍼에 위치한 사우스플로리다대학교와 리노에 위치한 네바다대학교의 연구교수다. 그는 지난 40년간 긍정적 행동지원, 아동보호, 조기개입, 발달장애, 가족지원 분야의 연구, 훈련, 시범 프로젝트를 수행해 왔다. 40년이 넘는 기간 동안 장애인 분야에 몸담았으며, 교사, 행정가, 연구자, 대학교수로 일하였다. Dunlap 박사는 수많은 연구와 훈련 프로젝트의 책임자였으며, 이를 위한 많은 연방과 주 정부의 연구비를 받았다. 그는 220편 이상의 논문과 단행본 챕터를 집필하였고, 단행본 4권의 공동편집인이었으며, 15종의 전문 학술지 편집위원으로 봉사하였다. Dunlap 박사는『Journal of Positive Behavior Interventions』의 창간호 편집위원장 중 한 명이며,『Topics in Early Childhood Special Education』의 편집위원장을 역임하였다.

Kelly Wilson, B.S.

Kelly Wilson은 실행과학(implementation science)의 원리를 이용하여 시스템 변화와 증거기반 실제의 실행이 보편적 실제와 아동 성과에 영향을 미칠 만큼 높은 충실도를 갖도록 직접 지원하는 두 개의 프로젝트에서 일하고 있다. 그녀는 시스템 변화를 지원하는 역할 외에도 피라미드 모델(Pyramid Model)에 참여 중이며 예방 · 교수 · 강화 절차를 통해 도전행동에 대처하려는 교직원, 교사, 가족들에게 훈련과 집중 지원을 제공하고 있다. 예전에 Kelly Wilson은 미국 덴버에 위치한 콜로라도대학교에서 13년 동안 연구 보조원으로 근무하였으며, 5년 동안 PTR 연구에 참여하면서 심각하고 만성적인 도전행동을 보이는 아동의 가족, 교사, 교직원들을 지원하였다. 그녀는 또한 '배움의 경험: 유아와 부모를 위한 대안적 프로그램(Learning Experiences: An Alternative Program for Preschoolers and Parents: LEAP)' 아웃리치 프로젝트의 자문위원으로 일하면서 자폐성장애아동과 도전행동을 보이는 아동이 다니는 유아프로그램 및 초등학교에 자문을 제공하기도 하였다. Kelly Wilson은 조기개입 그리고 일반교육 및 특수교육의 모든 측면에 관여해 왔으며, 특히 도전행동을 보이는 아동에게 매우 관심이 많다. 그녀는 취약 X 증후군을 가진 네 자녀의 어머니로, 개인적으로도 전문가로서도 도전행동 관련 경험이 풍부하다. 그녀는 훈련자, 코치, 멘토로서의 경험이 많으며, 주요 관심 분야는 도전행동과 통합교육이다.

Phillip Strain, Ph.D.

Phillip Strain 박사는 미국 덴버에 위치한 콜로라도대학교의 교육 및 인간 발달 대학 교육심리학과 교수이자 긍정적인 유아 학습경험 센터의 소장이다. 그는 자폐성장애유아, 도전행동의 예방, 통합을 위한 실제에 초점을 둔 300편 이상의 학술 논문을 집필하였다. 그는 40여 년간 이 분야에 종사하면서 교사, 조기개입 프로그램 행정가, 대학교수로 일해 왔다. 그는 5천만 불 이상의 연구비를 수주하여 도전행동과 자폐성장애에 관한 연구를 수행하였으며, 이러한 연구를 통해 수차례에 걸쳐 연구 업적상을 받았다.

Janice K. Lee, M.Ed.

Janice K. Lee는 미국 르노에 위치한 네바다대학교의 연구원으로, 네바다 북부 지역에서 실행되고 있는 PTR-YC 무작위 통제 실험연구의 코디네이터다. 그녀는 프로그램 차원의 피라미드 모델 실행과 관련 자료를 네바다주의 모든 어린이집과 유아교육기관으로 확대하는 주 차원(statewide) 시범사업의 코디네이터로서 네바다에서 실시되고 있는 긍정적 행동지원에서도 일익을 담당하고 있다. 그녀의 경험 분야와 관심 영역은 유아기, 도전행동, 긍정적 행동지원, 사회정서발달, 자폐성장애, 가족지원이다. 그녀는 유아특수교육 석사학위를 가지고 있으며, 1995년부터 지역, 주, 전국 단위의 자문가, 코치, 훈련자, 기술지원 제공자로 일하면서 아동, 가족, 전문가들을 지원해 왔다.

◆ 역자 소개 ◆

박지연(Park, Jiyeon)

미국 캔자스대학교 대학원 철학박사(특수교육 전공)

현 이화여자대학교 특수교육과 교수

서울시교육청 긍정적 행동지원단장

서울시교육청 행동중재 특별지원단 위원

〈관심 연구 분야〉

긍정적 행동지원, 정서행동장애, 장애인 가족지원

김지원(Kim, Ji Won)

이화여자대학교 일반대학원 특수교육학박사(정서행동장애 전공)

현 안양과천교육지원청 장애학생 긍정적 행동지원단

〈관심 연구 분야〉

긍정적 행동지원, 정서행동장애, 장애영유아 가족지원, 부모교육

긍정적 행동지원 시리즈 ②

도전행동을 보이는 장애유아와 일반유아를 위한

유아프로그램에서의 예방 · 교수 · 강화 모델

Prevent-Teach-Reinforce for Young Children
The Early Childhood Model of Individualized Positive Behavior Support

2021년 1월 30일 1판 1쇄 인쇄
2021년 2월 10일 1판 1쇄 발행

지은이 • Glen Dunlap · Kelly Wilson · Phillip Strain · Janice K. Lee
옮긴이 • 박지연 · 김지원
펴낸이 • 김진환
펴낸곳 • (주) 학지사
04031 서울특별시 마포구 양화로 15길 20 마인드월드빌딩
대표전화 • 02)330-5114 팩스 02)324-2345
등록번호 • 제313-2006-000265호

홈페이지 • http://www.hakjisa.co.kr
페이스북 • https://www.facebook.com/hakjisa

ISBN 978-89-997-2315-5 93370

정가 18,000원